LES MOTS

METHUEN'S TWENTIETH CENTURY FRENCH TEXTS

Founder Editor: W. J. STRACHAN, M.A. (1959–78)
General Editor: J. E. FLOWER, M.A., Ph.D.

ANOUILH: *L'Alouette* ed. Merlin Thomas and Simon Lee
BAZIN: *Vipère au Poing* ed. W. J. Strachan
CAMUS: *Caligula* ed. P. M. W. Thody
CAMUS: *La Chute* ed. B. G. Garnham
CAMUS: *Selected Political Writings* ed. Jonathan King
CAMUS: *L'Etranger* ed. Germaine Brée and Carlos Lynes
CAMUS: *La Peste* ed. W. J. Strachan
DURAS: *Moderato Cantabile* ed. W. J. Strachan
DURAS: *Le Square* ed. W. J. Strachan
GIRAUDOUX: *Amphitryon 38* ed. R. K. Totton
GIRAUDOUX: *Electre* ed. Merlin Thomas and Simon Lee
GRACQ: *Un Balcon en Forêt* ed. P. Whyte
MORTELIER (ed.) *Anthologie Prévert*
LAINE: *La Dentellière* ed. M. J. Tilby
ROBBE-GRILLET: *La Jalousie* ed. B. G. Garnham
SARTRE: *Huis clos* ed. Jacques Hardré and George Daniel
SARTRE: *Les Jeux sont faits* ed. M. R. Storer
SARTRE: *Les Mains sales* ed. Geoffrey Brereton
SARTRE: *Les Mots* ed. David Nott
CONLON (ed.) *Anthologie de Contes et Nouvelles modernes*

METHUEN'S TWENTIETH CENTURY TEXTS

Jean-Paul Sartre

LES MOTS

Edited by
David Nott
Lecturer in Modern Languages
School of Education,
University College of North Wales,
Bangor

Methuen Educational Ltd

First published Editions Gallimard, 1964
Text © 1964 by Editions Gallimard
French text offset from the Editions Gallimard edition

This edition first published 1981 by
Methuen & Co. Ltd
11 New Fetter Lane, London EC4P 4EE

Chronology, Introduction and Notes © 1981 by David Nott

Phototypeset in Linotron 202 Bodoni by
Western Printing Services Ltd, Bristol
Printed in Great Britain by
Richard Clay (The Chaucer Press) Ltd
Bungay, Suffolk

British Library Cataloguing in Publication Data

Sartre, Jean-Paul
Les mots. – (Methuen's twentieth century texts)
I. Title   II. Nott, David
843'.912   PQ2637.A82

ISBN 0–423–50560–2

CONTENTS

LIST OF ILLUSTRATIONS

ACKNOWLEDGEMENTS

The editor and publishers are grateful to Editions Gallimard for permission to prepare a critical edition of this work. All rights are reserved.

They are also grateful to Liliane Siegel for permission to reproduce illustrations 1, 2, 3, 4 and 5; and to Gisele Freund (photograph by courtesy of the John Hillelson Agency, Ltd) for illustration 6.

CHRONOLOGY OF SARTRE'S LIFE AND WORKS

Note: Sartre's works are published in Paris by Gallimard, unless otherwise stated; the quotations are by Sartre himself, unless otherwise attributed.

1905	(21 June) Birth, in Paris (2 rue Mignard), of Jean-Paul, son of Jean-Baptiste Sartre, a naval officer, and Anne-Marie, née Schweitzer.
1906	Death of Sartre's father. He and his mother move to Meudon to live with her parents, Charles ('Karl') and Louise Schweitzer.
1909	Learns to read.
1911	The Schweitzers move to Paris (1 rue Le Goff) where Karl opens a language school.
1911–12	Begins to write stories.
1912–13	Reads *Madame Bovary*, Corneille's plays; *Michel Strogoff*, Zévaco's adventure stories.
1913–15	Enters the junior section of the Lycée Montaigne. His first dictation is a disaster and the headmaster suggests he move down two classes, to

learn spelling. Karl withdraws him and engages private tutors. He briefly attends primary school in Arcachon and, in Paris, a private school.

1915–17   Attends the Lycée Henri IV (6ᵉ, 5ᵉ). His first report includes these comments: 'Excellent petit enfant, mais très irréfléchi. . . . Doit s'habituer à penser davantage.' He thrives on being given special attention and eventually settles down well.

1917–20   'Les trois ou quatre plus mauvaises années de ma vie.' His mother marries M. Mancy, a naval engineer, and moves to La Rochelle. Sartre joins them in the summer and attends the Lycée for three years (4ᵉ, 3ᵉ, 2ᵉ); for the first two years his school work is poor.

1917   His mother's remarriage is followed by 'une rupture intérieure avec ma mère'. His stepfather 'estimait . . . qu'il n'avait pas à jouer le rôle de père mais simplement à éviter, de loin, que je ne fasse des bêtises.'

1919   Sartre falls out with his grandfather when the latter learns that he has been stealing small sums from his mother's handbag.

1920–4   The family return to Paris; Sartre attends the Lycée Henri IV (1ᵉʳᵉ, terminale); after the baccalauréat, he spends two years at the Lycée Louis-le-Grand, preparing for entry to the Ecole normale supérieure. His last school report at Henri IV includes this appreciation: 'Excellent petit élève . . . mais doit compter un peu moins sur lui-même.'

1922   Intensification of his belief that truth lay in words, in books, rather than in things, in reality.

1924–8   Studies philosophy and also psychology at the Ecole normale supérieure: 'Beaucoup peuvent dire, comme je fais, qu'ils y ont eu quatre ans de bonheur.'

1929–34   In his philosophical discussions and writings, he seeks to assert the sovereign nature of individual consciousness, while taking full account of the reality of the world: 'Ce n'est pas dans je ne sais quelle retraite que nous nous découvrirons: c'est sur la route, dans la ville, au milieu de la foule, chose parmi les choses, homme parmi les hommes.'

1929   Meets Simone de Beauvoir. He and she come top and second, respectively, in the Agrégation de philosophie. She later wrote of him at this period: 'Je ne pouvais concevoir de vivre sans écrire mais lui, c'est pour écrire qu'il vivait.' (November) Begins 18 months' military service during which he writes poems and several pieces of fiction and drama.

1931   (April) Philosophy teacher at the Lycée du Havre, until 1933. Writes the first version of *La Nausée*.

1933–4   Scholarship to the Institut français in Berlin. Finishes a second version of *La Nausée*, provisionally entitled 'Melancholia'.

1934   (October) Philosophy teacher at the Lycée du Havre, until 1936. A former pupil described him thus: 'Immédiatement Sartre subjugua ses élèves par sa cordiale autorité et son non-conformisme.'

1935–9   Sartre's psychological theories are based on moral hypotheses; his basic assertion is that we are free; we can all *imagine*, so we are not limited to 'what is'.

1935   (February) Experiments with mescalin result in six months of depression and hallucinations:

monstrous faces, crabs, etc. Then: 'Sartre me dit abruptement qu'il en avait assez d'être fou.' (S. de B.)

1936   *L'Imagination* (Paris, Alcan, P.U.F.): critical introduction to a longer, theoretical work, eventually published as *L'Imaginaire* in 1940. Gallimard turn down the manuscript of 'Melancholia'; it is accepted for publication, with the title *La Nausée*, the following year.

(July) Beginning of the Spanish Civil War. While feeling that, as a writer, he might one day commit himself for a time to a particular cause (cf. Zola and the Dreyfus affair or Gide and colonialism), Sartre does not become publicly involved.

1936–9   Teaches in Laon, then in Paris (Lycée Pasteur).

1938   (March) *La Nausée*, 'l'aboutissement littéraire de la théorie de l'homme seul.'

1939–45   The war years make a decisive break in his life: up to 1939 Sartre retains the idea of the individual, free man living independently of society. By 1945 he was obliged to recognize the social and political dimension to everyone's existence.

1939   (January) *Le Mur*. These stories show people who fail to do and to be what they intend to; the focus is on the individual rather than his victims or society.

(September) Sartre is called up; he works on *L'Age de raison* and *L'Etre et le néant* and begins to formulate the idea of commitment ('engagement').

1940   (June) Taken prisoner and transferred in August to Stalag XII D in Trier. This experience marks a watershed in his life.

(December) Writes and produces for his fellow-prisoners a Nativity play, *Bariona ou le Fils du tonnerre*. 'Le texte était plein d'allusions à la situation du moment et parfaitement claires pour chacun d'entre nous.'

1941   (March) Released from captivity.

(April) Resumes his post at the Lycée Pasteur. Forms a short-lived Resistance group of intellectuals.

(September) Teaches senior classes at the Lycée Condorcet in Paris until 1944.

(October) Begins writing *Les Mouches*: the play 'représentait l'unique forme de résistance qui lui fût accessible' (S. de B.).

1943   Joins a Communist resistance group.

(April) *Les Mouches*. The play is a close allegory of contemporary events in its call to revolt against the tyrant.

(June) *L'Etre et le néant*. In this long essay he analyses human relations from a psychological and moral viewpoint without placing them in a historical, social or political context. Man defines himself by what he strives to attain but is afraid of his ability to change and tries to deny his fundamental freedom.

Meets Albert Camus.

Gabriel Marcel launches the term 'existentialism'.

1944   (May) First performance of *Huis clos*. 'Si j'avais le souci de dramatiser certains aspects de l'existentialisme, je n'oubliais pas le sentiment que j'avais eu, au stalag, de vivre constamment, totalement sous le regard des autres, et l'enfer qui s'y établissait naturellement.'

Resigns his teaching post ('pour convenance personnelle').

(September) The editorial committee of *Les Temps modernes* is set up.

1945–50   After the war Sartre gradually abandons a 'moralistic' approach to personal, social and political questions, seeking instead a 'realist' view, placing political effectiveness above abstract ideals of justice.

1945   (January) Death of M. Mancy, Sartre's stepfather.

Sartre and Camus refuse the 'Légion d'honneur'.

(March) *Huis clos*, first published in Lyon in April 1944, with the title *Les Autres*.

(September) *L'Age de raison, Le Sursis*: the first two novels of *Les Chemins de la liberté*, reflecting the pre-war situation, rather than pointing to the problems of 1945 and after.

(October) In his 'Présentation' of the first issue of *Les Temps modernes*, he outlines his conception of 'littérature engagée': 'nous nous rangeons du côté de ceux qui veulent changer à la fois la condition sociale de l'homme et la conception qu'il a de lui-même.'

Sudden celebrity comes to Sartre and with it long-lasting controversies about 'existentialism', a label which he reluctantly accepts for his ideas.

1946   Moves into his mother's flat, rue Bonaparte.

(March) *L'Existentialisme est un humanisme* (Paris, Nagel). This essay and the lecture given in October 1945, on which it is based, caused a storm of controversy.

(October) *La Putain respectueuse* (Paris, Nagel).

(November) *Morts sans sépulture* (Lausanne, Marguerat): these two plays were produced as a double bill.

(November) *Réflexions sur la question juive* (Paris, Paul Morihien). The English title

Portrait of the anti-semite gives a better idea of the aim and direction of this essay.

1947   *Baudelaire.* This essay was written in 1944 as an introduction to Baudelaire's *Ecrits intimes.*

(February–July) Publication of 'Qu'est-ce que la littérature?' in *Les Temps modernes.* In this essay, Sartre attempts to determine the theoretical and practical bases for committed literature: 'The function of the writer is to ensure that no one can avoid what is happening and therefore claim innocence.'

(September) *Les Jeux sont faits* (Paris, Nagel). In 1943 he was asked to write a number of film scripts. This was the only one to be produced as a film; one other, *L'Engrenage* (Paris, Nagel) was published in 1948.

1948   Sartre joins a political group, the 'Rassemblement démocratique révolutionnaire', with the aim of supporting a 'third force' between the USA and the USSR. He leaves the RDR in October 1949.

(June) *Les Mains sales.* The play, first produced in April, ran for eighteen months. Despite Sartre's view that the position adopted by Hoederer, the communist party leader who accepts compromise, was the only tenable one, critics and audiences saw the play as anti-communist and identified with Hugo, the young bourgeois who vainly seeks, in the Party, an instrument of absolute ideals and values. Nevertheless, Hugo's refusal at the end of the play to be 'recuperated', with his past wiped out, for service in the Party, is reflected sixteen years later in Sartre's refusal of the Nobel Prize for literature, following the publication of *Les Mots.*

1949   (September) *La Mort dans l'âme*, the third volume of *Les Chemins de la liberté*.

1950–52   With the outbreak of the Korean war, he sides with the USSR, motivated more by dislike of the bourgeoisie and its governments than by attraction to the French communist party.

Gives up the idea of writing the book on ethics which was promised at the end of *L'Etre et le néant*: 'La morale, c'est un ensemble de trucs idéalistes pour vous aider à vivre ce que la pénurie des ressources et la carence des techniques vous imposent.'

1950   (January) Protests against the existence of labour camps in the Soviet Union.

1951   (October) *Le Diable et le bon Dieu*. His stated aim in this play: to show the impossibility of introducing absolute values, whether good or evil, into the real world; to change the world, one must join with others and accept compromises. (December) Joins the communist-led campaign for the release of Henri Martin, sentenced to five years' imprisonment for campaigning against the Indo-China war, while serving in the French Navy. Sartre later wrote a hundred-page commentary for *L'Affaire Henri Martin* (1953).

1952–6   Sartre becomes a fellow-traveller ('compagnon de route') with the communists until November 1956, when he condemns the Soviet intervention in Hungary. His rapprochement with the communists was political, owing little to marxist theory, whereas his attacks on the USSR and the French communist party after 1956 were made on the basis of marxist principles. The strain of the post-war years' activities begins to take its toll in 1954 (fatigue, high blood-pressure).

1952   (June) *Saint Genet, comédien et martyr*. Sartre
            investigates Jean Genet's life and works: 'le génie
            n'est pas un don mais l'issue qu'on invente dans
            les cas désespérés'; just as *Les Mots* shows the
            child's 'vocation' to be a writer developing in
            response to the pressures of his family environ-
            ment.

            The break between Sartre and Camus is made
            final, after five years' divergence on political
            questions, by a quarrel over Camus' *L'Homme
            révolté*. Sartre later described Camus as 'probably
            the last good friend I had'.

1953   'L'essentiel des *Mots* a été écrit en 1953.'

1954   (February) *Kean*, adapted from a play by
            Dumas. For Sartre, Kean represents 'L'acteur
            qui ne cesse plus de jouer': an adult version of the
            child's dilemma, recounted in *Les Mots*, where
            he struggles to find his real identity within, and
            then despite, the *Comédie familiale*.

1956   *Nekrassov*. 'Ma pièce est ouvertement une satire
            sur la propagande anticommuniste.'

1957–62   Repeatedly protests against the Algerian war and
            the use of torture by the French army. 'Si, dans
            une société d'oppression et d'exploitation, tout le
            monde apparaît consentant, il faut qu'il y ait des
            écrivains pour témoigner de la vie de ceux qui ne
            sont pas consentants.'

1957   (September–October) 'Questions de méthode'
            appears in *Les Temps modernes*; in this essay,
            republished in 1960 in *La Critique de la raison
            dialectique* Sartre's discussion of the problems of
            biography illuminates the method used in *Les
            Mots* to approach his own childhood, and in his
            later study of Flaubert.

1958   (May) Strongly critical of de Gaulle's return to power.

Writes an immense script (800 pages) for a film on the life of Freud; John Huston's *Freud, the secret passion* (1962) bears little resemblance to Sartre's original script.

(October) Almost suffers a stroke.

1960   (April) *Critique de la raison dialectique.* The effort of writing this long essay (nearly 400,000 words) with the 'help' of 20 corydrane tablets a day, puts his health at risk. In this essay he sets out to investigate and understand the process by which History, the product of men's actions, becomes in its turn an inhuman force, making man the object of the historical process.

Les Séquestrés d'Altona. Although Sartre denied that he had transposed the Algerian war to the Second World War, there are clear parallels between the two in the play.

1963   Finishes *Les Mots*; the complete text is published in *Les Temps modernes*: 'Lire' in October, 'Ecrire' in November.

1964   (January) *Les Mots.* Critical response to the work is favourable and it becomes a bestseller.

(April) 'Jean-Paul Sartre s'explique sur *Les Mots*'; this interview with Jacqueline Piatier in *Le Monde* is an indispensable first-hand commentary on *Les Mots* and a useful summary of Sartre's philosophical and political position in the closing stages of his 'realist' period. 'J'ai souvent pensé contre moi-même', ai-je écrit dans *Les Mots.* Cette phrase-là non plus n'a pas été comprise. On y a vu un aveu de masochisme. Mais c'est ainsi qu'il faut penser: se soulever contre tout ce qu'on peut avoir d'inculqué en soi.'

(October) He is awarded the Nobel Prize for literature but refuses to go to Stockholm to receive the award. 'Le succès des *Mots* a sans doute été un élément déterminant dans l'attribution du prix Nobel de littérature à Sartre; une bonne compréhension de l'œuvre permet de voir aussi pourquoi il l'a refusé' (*Les Ecrits de Sartre*, p. 387).

(December) Takes part in a public debate on the theme 'Que peut la littérature?'

1965–8   Sartre reverts to a more moralistic view of politics, particularly after the events of May 1968.

1965   (March) His adaptation of Euripides' *Troyennes* is staged at the Théâtre national populaire.

(December) Reluctantly supports François Mitterrand, 'candidat unique de la gauche', in the presidential election.

1966–7   Participates in the Russell War Crimes Tribunal which sought to 'try' the USA for its conduct of the war in Vietnam.

1967   Refuses to take sides in the Arab–Israeli conflict.

1968–71   He preaches and practises direct action in politics, bypassing the traditional democratic processes. In 1970 he denounces the French communist party as 'le plus grand parti conservateur de France'; he also says that the French bourgeoisie were pleased to see, in Prague, the defeat of 'le socialisme à visage humain'.

1968   (May) In the 'Events of May', Sartre is a respected but marginal figure.

(August) The Soviet intervention in Czechoslovakia leads to a definitive break with the communists.

1969   (January) Death of Sartre's mother. 'Vers 62, elle se sentait tout à fait libérée: "C'est seulement maintenant, à quatre-vingt-quatre ans, que je me suis vraiment affranchie de ma mère", nous dit-elle.' (S. de B.)

(May) Supports Alain Krivine, the trotskyist candidate in the presidential election.

1970   (January) *Les Ecrits de Sartre*. Modestly sub-titled 'Chronologie, bibliographie commentée' by its authors, Michel Contat and Michel Rybalka, this compilation of Sartre's published works, with the text of many unpublished pieces, forms an indispensable portrait of Sartre.

(April) Becomes editor of *La Cause du peuple* whose young Maoist editors had been prose-cuted.

(October) Stands on a barrel outside the Renault works at Billancourt to harangue a small group of workers.

1971   *L'Idiot de la famille*, vols 1 and 2. Sartre's monumental study of Flaubert (a third volume appeared in 1972) is a practical illustration of the theoretical problems of biography discussed in *Questions de méthode*: 'J'ai voulu montrer un homme et montrer une méthode.' In this sense *L'Idiot de la famille* is a successor to *Les Mots*.

1972–80   The 'realist' period, which began in the early 1950s, is at an end and moral preoccupations have returned to the fore but Sartre no longer sees himself, the intellectual, as a privileged observer.

1973   (January) Advocates, in an article entitled 'Elections, piège à cons', a boycott of the parliamentary elections.

(February) Helps launch a daily newspaper *Libération* which gradually establishes a place for itself as the organ of the non-conformist, libertarian left in Paris.

1974 (May) *On a raison de se révolter.* In discussion with Philippe Gavi and Pierre Victor, Sartre retraces the development of his political ideas and welcomes the growth of new forms of political action outside the scope of traditional parties and revolutionary movements.

(December) Describes as 'torture' the conditions under which Andreas Baader and other leaders of an urban terrorist group were being detained while awaiting trial in Stuttgart.

1975 'Autoportrait à 70 ans' (republished in *Situations X*). The serenity of this interview is a further step on from the 1954 and 1963 versions of *Les Mots.* Having lost the sight of his 'good' eye, Sartre can no longer read or write: 'Privé de mes capacités de lire et d'écrire, je n'ai plus aucune possibilité de m'activer comme écrivain: mon métier d'écrivain est complètement détruit. Cependant, je peux encore parler.'

1977 (February) *Sartre, un film*: the transcript of a film, *Sartre par lui-même* (directed by Alexandre Astruc and Michel Contat) made in 1972 and screened in 1976. Sartre talks to some of his friends about the various stages of his life, including his adolescence.

1980 (15 April) Dies, in Paris, of a pulmonary thrombosis.

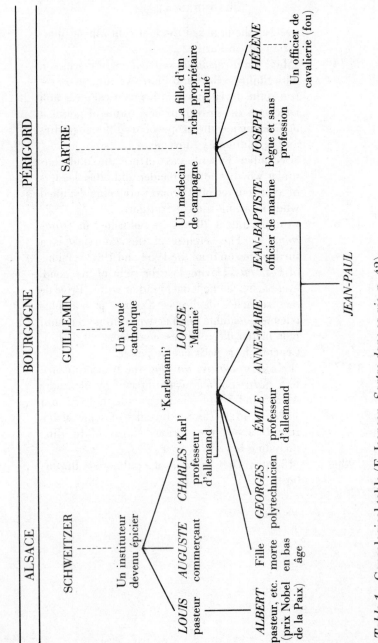

Table 1 Genealogical table (F. Jeanson, *Sartre dans sa vie*, p. 42)

INTRODUCTION

Why look back to one's childhood?

> L'essentiel des *Mots* a été écrit en 53. . . . A ce moment-là,
> . . . j'ai constaté que j'avais vécu dans une véritable né-
> vrose, depuis le moment où j'ai commencé à écrire, même
> avant, depuis [l'âge de] neuf ans, jusqu'à 50. La névrose
> étant au fond que . . . je considérais que rien n'était plus
> beau ni supérieur au fait d'écrire. . . . Alors j'ai eu envie de
> la comprendre, de comprendre qu'est-ce qui avait pu faire
> qu'un garçon de neuf ans se mette dans cette névrose de
> littérature alors que d'autres sont normaux.
>
> (*Sartre, un film*, pp. 111–12)

For Sartre, the impetus to write *Les Mots* came from the
realization that he could no longer believe in certain things
which, for thirty years, had formed the basis of his life and
work; by the time *Les Mots* was completed, Sartre was still
getting used to his new state of mind: 'depuis à peu près dix
ans je suis un homme qui s'éveille, guéri d'une longue, amère
et douce folie et qui n'en revient pas' (p. 211). Thirty years of
misplaced idealism, another ten – or more – in which to
recover from the shock of realization: these facts, spanning

the best part of a whole human life, are in themselves of sufficient weight to ensure that *Les Mots* is always firmly based in reality: the thoughts and actions of a child growing up between 1911 and 1915, recalled and commented on by a grown man between 1953 and 1963.

Les Mots is not a conventional chronological autobiography but a presentation and analysis of certain key attitudes, together with the moment and the circumstances in which they were formed. Sartre tries to convey to the reader the uniqueness of his character as a living, developing entity, showing how it was shaped by his reactions to his family environment. In this way the book reaches beyond the first eleven years of one particular life and raises questions of more general significance: about the nature of growth, development and conditioning: 'Si j'ai écrit *Les Mots* c'est pour répondre à la même question que dans mes études sur Genet et sur Flaubert: comment un homme devient-il quelqu'un qui écrit, quelqu'un qui veut parler de l'imaginaire?' (*Situations IX*, pp. 133–4). Although the question is the same, the answer, in each case, was uniquely different; from childhood onwards Genet, Flaubert, or Sartre, grew up with a set of ideas and beliefs which represented their individual response to the society in which they lived. In doing so, they lost their way, became alienated from themselves, from reality, and from their fellow-men: 'On se perd toujours dans l'enfance: les méthodes de l'éducation, le rapport parents-enfants, l'enseignement, etc., tout cela donne un moi, mais un moi perdu' (*Situations X*, p. 98). The task of the biographer is to trace back to their origins in childhood the steps by which this alienation came about.

At an early stage of his study of Flaubert, Sartre emphasized the crucial importance of the early years in the formation of character: 'Sans la petite enfance, c'est peu de dire que le biographe bâtit sur le sable: il construit sur la brume avec du brouillard' (*L'Idiot de la famille* I, p. 55). This importance has been recognized, through the centuries, by groups and individuals as diverse as the Jesuits, Rousseau and Freud; more recently, it has been suggested that our experience of life in the womb should also be taken into account. What interested Sartre, however, was the age at which the child becomes capable of making conscious choices, based on his growing awareness of himself as an individual different and distinct from those around him, with his own finite life to lead. This stage in a child's life is often described as the 'age of reason'; it is generally reached around the age of eight. In *Les Mots* the centre of gravity of the first part of the book, 'Lire', is, approximately, Jean-Paul's seventh birthday; the focus of the second part, 'Ecrire', is his ninth.

Sartre wrote *Les Mots* from the standpoint of someone who is convinced he has begun to find himself again, someone for whom an awareness of his past conditioning, and the ability to live and work in the present as a free, or at least, freer man, go hand in hand: the general significance Sartre gives to *Les Mots* is that of a demonstration that, if we are all conditioned by our childhood, we can all, to a greater or lesser extent, through becoming aware of that conditioning, regain control over our lives.

The two versions of *Les Mots*

By the end of 1953, the idea which was to develop into *Les Mots* had begun to take shape: an autobiographical work centred on the link between his own growth and the society in which he grew up: 'A travers mon histoire, c'est celle de mon époque que je veux transcrire' (*Les Ecrits de Sartre*, p. 269).

In 1954 a first draft, entitled 'Jean sans terre' was written. The title is reminiscent of Oreste's words at the end of *Les Mouches*: 'Je veux être un roi sans terre et sans sujets'; it is also reflected, in terms of Sartre's childhood, in a passage from *Les Mots* itself: 'Dans mes rares minutes de dissipation, ma mère me chuchotait: "Prends garde! Nous ne sommes pas chez nous!" Nous ne fûmes jamais chez nous: ni rue Le Goff ni plus tard, quand ma mère se fut remariée' (pp. 70–1). Around this central negative focus, Sartre paints a picture of a child deprived of any constant identity; the absence of any clear stake, through, for example, a property-owning father, in the material world (hence 'Jean sans terre') leads him to seek reality elsewhere: in *Les Mots*.

This first draft remained uncompleted and unpublished, partly because at the time Sartre saw it as part of a larger work which his other commitments did not leave him time to complete: he spoke of filling 'Un épais volume ou deux au maximum' (*Le Monde*, 1 June 1955: see Document 1, p. lxiii), with the first volume covering the period up to his twentieth year (*Les Ecrits de Sartre*, p. 313). A further reason for his failure to complete the work in the 1950s was that the changes in his attitude to life and literature were too recent for the contrast between present and past to be seen in perspective. Ten years later, he was able to view the changes with greater serenity, and *Les Mots* was revised and completed. In contrast to his original intentions, the time-span of *Les Mots* is basically restricted to the first eleven years of his life.

In the years up to 1954, Sartre had replaced one absolute (literature, of which he saw himself as high priest) with another (political commitment and action); by 1963, he had come to realize this (see Document 2, p. lxv). His 'neurosis' had consisted not simply in seeking his salvation through literature but in believing that *any* absolute could justify his existence.

The new attitude is reflected in the final pages of *Les Mots* where the general tone is one of greater serenity, almost resignation, certainly self-acceptance. Sometimes the old and new attitudes are reflected in two consecutive sentences: 'La culture ne sauve rien ni personne. . . . Mais c'est un produit de l'homme . . .' (p. 211). In 1954 Sartre was not ready to accept the image of himself which his critical mirror reflected: 'Et puis le lecteur a compris que je déteste mon enfance . . .' (p. 137); in 1963 the picture was still the same but the viewer had become more tolerant.

The overall impression given by *Les Mots* is of a work complete in itself: the evocation of the past has served its purpose of illuminating the present and the reader does not feel that the narrative has stopped at any particular point in time; Sartre begins his summing-up with 'Voilà mon commencement' (p. 207) and not, for example, 'mon enfance'.

Nevertheless, traces of Sartre's original conception of the work remain: 'J'ai changé. Je raconterai plus tard . . . (p. 210). The events of his adolescence are still seen in their chronological place: something to be related in a later work; this may be because he is not ready to face and analyse the period of his life which began with his mother's remarriage and the move to La Rochelle when he was just twelve.

The nearest equivalent to a continuation of *Les Mots* is the film *Sartre par lui-même*, mostly shot in 1972; the full text was published in 1977 as *Sartre, un film réalisé par Alexandre Astruc et Michel Contat*. The film provides interesting material on all the stages of Sartre's life. Sartre also talks about his mother's remarriage in an interview with Francis Jeanson, published in *Sartre dans sa vie*, pp. 289–93.

Sartre's method of investigation

Writing an autobiography in order to discover how he came to be a writer, Sartre came up against the question of how social circumstances shape an individual life. In 1955 he described his autobiography as 'des mémoires où me définir par rapport à la situation historique en utilisant comme

système d'investigation aussi bien une certaine psychanalyse
que la méthode marxiste' (*Le Monde*, 1 June 1955). Sartre
sees psychoanalysis and Marxism not as opposed disciplines
or schools of thought, but as complementary, in that the one
studies the individual and the other, society. Alone, neither is
sufficient for his purpose:

> What Marxists lack is what one might describe as the point
> of insertion between the individual and the social. So
> Flaubert *is* a petty bourgeois, and one takes it that he will
> react like one. But why is he a petty bourgeois? Why does
> he react like one? . . . Marxism cannot give us the answers
> because it lacks what one might call mediations.
>
>   (*The Listener*, 6 June 1957)

In the case of a child, this mediation is provided first and
foremost by the family unit, both positively, in transmitting
values and ideas to the child, and negatively, in acting as a
screen between the child and the outside world. Within the
family unit, the influence of parents or parent-figures is
paramount: their interpretations of events, and of the child's
reactions to them, constantly interfere with his perception of
himself, of the world, and of his place in it. In *Questions de
méthode*, written in 1957, Sartre describes vividly the situation of the child within the family and the possible outcome
of his attempts to find his way:

> Seule, aujourd'hui, la psychanalyse permet d'étudier à
> fond la démarche par laquelle un enfant, dans le noir, à
> tâtons, va tenter de jouer sans le comprendre le person-
> nage social que les adultes lui imposent; c'est elle seule qui
> nous montrera s'il étouffe dans son rôle, s'il cherche à s'en
> évader ou s'il s'y assimile entièrement. Seule, elle permet
> de retrouver l'homme entier dans l'adulte, c'est-à-dire
> non seulement ses déterminations présentes mais aussi le
> poids de son histoire.
>
>   (*Questions de méthode*, pp. 85–6)

le projet.

The object of study is neither the individual in isolation, nor society as a whole, but their interaction; the focus, in a biographical study, will shuttle backwards and forwards between the two: 'la méthode existentialiste . . . n'aura d'autre moyen que le "va-et-vient": elle déterminera progressivement la biographie (par exemple) en approfondissant l'époque, et l'époque en approfondissant la biographie' (ibid., p. 188).

This dynamic relationship between the individual and society can be investigated only if the past is reconstituted as a present: 'The problem is to rediscover an actual *significance* as it struck me while I was living it through' (*The Listener*, 6 June 1957). The reference-point must be the world as it was seen at the time by the individual, for whom the future was still unknown. The 'progressive-regressive' method, therefore, operates along a time-scale, illuminating the present by the past (in *Les Mots*, by going back to Sartre's childhood) and the past by the present (by seeing what has become, now, of the child's view of the future). As a result, *Les Mots* becomes as much a work of imagination as of observation (See Document 3, p. lxvi). Only if the reader stops to consider how a traditional autobiography would have presented a particular incident or facet of character, can he appreciate this method, on which the whole of *Les Mots* is constructed (see for example, the sequences on pp. 70–1, 78–83, 121–3, 145–50, 162–5 and 195–6). Finally, Sartre compresses the whole process into a single sentence, saying that the forces that brought his childhood heroes into being, and set him on his way, are no longer valid: 'Je ne relève que d'eux qui ne relèvent que de Dieu et je ne crois pas en Dieu' (p. 212). The 'progressive-regressive' method is destroyed in the moment of its apotheosis: no complete account of the process by which Jean-Paul became Sartre is possible. To what extent, therefore, *does* Sartre aim at an objective, truthful presentation of his childhood?

Truth in autobiography: the limits of self-knowledge

In an interview given in 1960, recalling a former fellow
prisoner of war who had turned to writing (though writing
badly) in order to express a deep emotional shock, Sartre
recommends a book by Blanchot in which the author 'explique merveilleusement comment ce premier désir de tout dire
aboutit à tout cacher' (*Situations IX*, p. 37). No experience
can be entirely conveyed in words and no amount of words
can explain the whole of experience; complete truth, says
Sartre in his 'Autoportrait à 70 ans', is unattainable: 'La
vérité reste toujours à trouver, parce qu'elle est infinie. Ce
qui ne veut pas dire qu'on n'obtienne pas *des* vérités' (*Situations X*, p. 148). In any case, what one cannot do is simply
turn a searchlight on oneself and expect to see oneself objec-
tively.

The question of sincerity was not new to Sartre at the time
of writing *Les Mots*: it also is discussed in *L'Etre et le néant*
and in his novels and plays, generally in contexts which
demonstrate the impossibility of deciding whether, at any
given moment, one is sincere and spontaneous or acting and
calculating; one can only conclude that both elements are
present in all behaviour. One can *be* oneself and one can
observe oneself being: but never completely and simultaneously. Looking back on one's past self and actions, one is
ultimately faced with the same problem, complicated by the
passage of time: 'je courais aux livres. Sincèrement? Qu'est-
ce que cela veut dire? Comment pourrais-je fixer – après tant
d'années, surtout – l'insaisissable et mouvante frontière qui
sépare la possession du cabotinage?' (p. 55).

In *Les Mots*, therefore, the adult Sartre's view of life
constantly interferes with his account of his childhood –
necessarily, since he is part of the picture which he is observ-
ing. Sartre himself has emphasized how much the original
outlook, indeed the very existence of the book, owed to his

thoroughgoing political commitment in the early 1950s (see, for example, Documents 1 and 2, pp. lxiii–lxvi). The reality which the adult Sartre finally discovered was that in social, political and national conflicts there were opposed, not principles or abstractions such as good and evil, but groups of people: humans all.

When Sartre comes to view his own childhood, however, his new awareness is in danger of distorting his view of the world of values within which he was brought up. He is justly scornful of the smugness with which the bourgeoisie considered the way of life it had created for itself, bringing up its children with no awareness of the reality of human conflict and suffering. In the adventure stories which Jean-Paul eagerly devoured at the age of six or seven, evil was present, but well under control: 'C'était le Mal pur. Mais il n'apparaissait que pour se prosterner devant le Bien: au chapitre suivant, tout serait rétabli' (p. 59). What Sartre does not point out is that in children's books evil is normally rendered harmless: good triumphs, and the child's need for security is satisfied. The three-page paragraph concludes with an assertion that goes beyond the evidence: 'De ces magazines et de ces livres j'ai tiré ma fantasmagorie la plus intime: l'optimisme' (p. 60). In the search for the springs of our conduct, it is possible to look too far, and succeed too well. There is nothing particularly significant in these adventure stories, and 'bourgeois optimism' has its limits as an explanation of human conduct. Sartre is on safer ground in saying that the stories answered a need in the child, and in showing the lasting effects of his clandestine excursions into the world of cheap fiction: 'aujourd'hui encore, je lis plus volontiers les "Série Noire" que Wittgenstein' (p. 61). Though even here one might ask what is exceptional or significant about such preferences.

A similar problem arises when, on pp. 75–8, Sartre describes the boredom and pointlessness of his comfortable bourgeois childhood: 'ma profonde inutilité. . . . Je me sentais de trop' (p. 78). One could see in these pages an account of how the absence of a father and the usual unchanging ritual of a bourgeois household combined to make Jean-Paul feel superfluous, 'de trop'. This feeling is shared by many of Sartre's characters in his plays, novels and stories, associated with a bourgeois background (for example Hugo in *Les Mains sales* or Roquentin in *La Nausée*; in Sartre's philosophical writings, however, the feeling of being 'de trop' is shown to be an awareness of the inescapable contingency of human life. To what extent, therefore, does Sartre's presentation of his own childhood feeling of being 'de trop' have personal, social or universal significance? Is it a state of awareness which we must all come to, whatever our childhood and social conditioning, or is it something that Sartre is acutely, even uniquely aware of, as a direct result of the particular circumstances of his own upbringing?

Another possible distortion of the picture presented in *Les Mots* arises when Sartre traces the stages of his attitude to his own mortality (pp. 162–5). The reader might be inclined to envy Sartre's freedom from all anxiety on this point but that is not how he sees it: 'à l'âge de neuf ans, une opération m'a ôté les moyens d'éprouver un certain pathétique qu'on dit propre à notre condition' (p. 162). This enviable state is rejected by Sartre as a limitation, and he readily embraces an alternative view: that of Nizan (see note to p. 163) and his fellow students, obsessed with the possible imminence of their own mortality: 'Aujourd'hui, je leur donne raison' (p. 164). The reader has to resist Sartre's advocacy, in order to stop and consider what other limitations may have bound Nizan and his fellows: was their way of life, with its regular two-day drinking bouts, its feverish desperate anxiety, so particularly life-enhancing? Would it be an unfair application of the 'progressive-regressive' method to see these students as reflecting in their lives the *Zeitgeist* of the 1920s? No doubt Sartre was mistaken in believing himself immortal but that does not automatically make Nizan right. Not only at the time of writing the first draft of *Les Mots* but also at a later stage in his life (for example in his championing of the cause of the young Maoists in post-1968 France) Sartre seems willing to back up any twenty-year-old's judgement, so long as it runs counter to what Sartre himself thought or did at that age; one is again reminded of the twenty-year-old Hugo in *Les Mains sales*, struggling to cast off an obsession with his past life, with his father's class and authority: Sartre is not Hugo, but in these pages of *Les Mots* he does give the impression that he has not completely shrugged off his past. Indeed, it would not be too much of a paradox to say that the book's achievement in enabling the reader to form a composite picture of Jean-Paul Sartre, child and man, is due in no small measure to the tensions and distortions which affect his perspective on his childhood.

Sartre and his grandfather

In the opening pages of *Les Mots* the reader has the impression that he is turning the pages of the Schweitzer family album, while, at his ear, the voice of Sartre brings the old photographs to life one by one in a series of brilliant, irreverent sketches inspired by the sight of these faces from his past: grandfather, grandmother, uncles, his mother, his father, himself, then a 'sister': his mother, widowed at twenty.

Perhaps we could wish for the whole book to continue in this vein; perhaps also Sartre has set before us these leaves from the family album precisely in order to knock them down like a house of cards, as a warning that we cannot settle down to read *Les Mots* as if it were a traditional autobiography, as comfortable as our favourite armchair, crammed with unforgettable 'characters' and retellable anecdotes. In-

1
Jean-Baptiste
Sartre (Jean-Paul
Sartre's father)

2
Anne-Marie
Schweitzer (Jean-Paul
Sartre's mother)

3
Charles Schweitzer
(Jean-Paul Sartre's
grandfather)

4
Jean-Paul Sartre
as a child

deed, it is clear from the start that all is not for the best in the best of all possible autobiographies: we have hardly turned the first page before Charles Schweitzer's voice booms out, mouthing platitudes in a prize-giving speech, or praising his own intelligence at family gatherings. His self-importance is soon cut down to size by the voice of his wife, Louise, complaining, fifty years after the event, of his selfishness with the leek salad on their honeymoon: 'Il prenait tout le blanc et me laissait le vert' (p. 4). As the photographs come to life, they are scrutinized at close range, warts and all; they are stripped of the dignity and respectability which distance and sentimentality normally lend to figures from the past. Very soon (after about p. 17) the family album is closed: from now on, it will be opened only to illustrate a particular point in Sartre's account. We gradually pay more attention to Sartre's voice, above all to its tone; we realize that the figure of Karl is coming to dominate the story and that Sartre has a grudge against him.

In Sartre's perspective – that of the 'progressive-regressive' method – Karl is seen as a representative of his class, the 'mediator' between his class and his grandson. In this role, he is no passive agent of mysterious social forces: he consciously represents and transmits to Jean-Paul the views and values of his class. This class sought to create a solid and stable image of themselves; they watched and admired themselves as they conformed to this image and expected other people also to respond to this image. Karl imprisons Jean-Paul for as long as possible in the confines of the family circle, instead of enabling him to test and correct his vision of life through contact with his contemporaries at school; he also seeks to direct Jean-Paul's literary ambitions into minor, harmless, well-defined channels, while at the same time providing the raw material for the monumental errors of vision which, for thirty years or more, marked Sartre's view of his place in the world. Not that Jean-Paul was always obliged to conform in thought, word, deed, or appearance to his grandfather's prescriptions: in practice, he enjoyed, from an early age, a good deal of personal freedom – more so than his mother, until her remarriage. The process of conditioning was deeper, less immediate, and harder to shake off, involving as it did his whole view of his place in the present and future scheme of things.

What Jean-Paul needed was a cause to fight for; instead of opening the way for his grandson's involvement in the great issues of the day, Karl is made responsible for the process in which the 'écrivain-chevalier' becomes an 'écrivain-martyr' (p. 147) and Jean-Paul assembles, largely from elements provided by Karl, a coherent but sterile view of his mission as a writer. Imagining himself called to account, in the court of public opinion, for having believed in so much nonsense ('sales fadaises', p. 148) for so long, Sartre defends himself: 'Je plaide les circonstances atténuantes' (p. 150). His 'defence', based on the isolation and ignorance of the real world in which he was brought up in the Schweitzer household, constitutes the last, and perhaps the most fundamental, condemnation of Karl in *Les Mots*. Some pages later, however, Sartre returns to the question of who is to blame for the topsy-turvy view of his place in life which he took on before his tenth birthday: 'Ce n'est pas entièrement ma faute: mon grand-père m'avait élevé dans l'illusion rétrospective. Lui non plus, d'ailleurs, il n'est pas coupable et je suis loin de lui en vouloir' (pp. 165–6). This exoneration of Karl points to a more deep-seated ambiguity within Sartre as to the role played by Karl in the formation of his grandson's character.

Throughout the first two-thirds of *Les Mots*, Sartre is intensely critical of Karl's life-style and outlook; at several points in the first half of the book, however, he stresses that Karl's direct influence on him was significantly less than that of a father would have been, and that this was all to the good, since it gave him greater freedom to develop in his own way, rather than according to prescribed patterns. In the second half of *Les Mots*, Sartre is unable to sustain this dual attitude of saying 'Karl got it all wrong, but anyway it didn't affect me too much': as he investigates the process by which he became a writer, with a particular view of his mission, the evidence accumulates that Karl's role has been as decisive as any father's. In pp. 127–37, above all, there is a growing irritation, even agitation, in the writing, which reaches crisis point on p. 137. It is as if a demon has been painfully exorcised: hitherto, Karl could do nothing right; now, Sartre can face the evidence and describe at last the formation of his 'neurosis' (the 'nœud de vipères', p. 149) admitting Karl's role in the process. How did the white-bearded ancestral figure of p. 14 come, after all, to play a father's role?

It all starts with a short paragraph written in the casual, throwaway style that characterizes the early pages of *Les Mots*: 'Il n'y a pas de bon père, c'est la règle' (p. 11). This is followed, however, by several unsupported assertions: 'Eût-il vécu, mon père . . . m'eût écrasé. Par chance, il est mort en bas âge . . . Fut-ce un mal ou un bien? Je ne sais; mais je souscris volontiers au verdict d'un éminent psychanalyste: je n'ai pas de Sur-moi' (p. 11). The nonchalant pose is an open invitation to the reader to wonder what Sartre really does feel about having known his father only as a portrait in naval uniform.

Later, he describes in classic Freudian terms how the superego is formed, only to assert that in his own case this did not take place: 'Un père m'eût lesté de quelques obstinations durables' (p. 70). In general terms, the demonstration is admirable: pleasing to moralists and Freudians alike; but it is questionable as a sufficient explanation of character-formation in any specific case: not all authoritarian fathers produce power-seeking or obedient children and not every boy brought up without a father shows Sartre's indifference to the respect or exercise of authority.

If Sartre claims not to be burdened with a superego, he also asserts that his father's death spared him the full rigours of an Oedipus complex: 'En vérité, la prompte retraite de mon père m'avait gratifié d'un "Œdipe" fort incomplet . . . Ma mère était à moi, personne ne m'en contestait la tranquille possession' (p. 17). As with the pages on Sartre's (absent) superego, the presentation is consistent in general terms, but insufficient as an explanation of Sartre's particular case. For although Sartre suggests that Karl's paternal reflexes would have come into play if Jean-Paul had been his son instead of his grandson, the reason why they do not is one of individual character and not of biological law. Similarly, when Karl discovers Jean-Paul secretly reading cheap books and magazines Sartre explains Karl's reaction in terms of the family relationship: 'Père, Charles Schweitzer eût tout brûlé; grand-père, il choisit l'indulgence navrée' (p. 60).

Both in the general statement (pp. 14–15) and in the particular example (p. 60) Sartre seems to be saying 'Fortunately I had no father and so I grew up without a superego'; but this would be to see Karl's character entirely in terms of his role as grandfather. If one goes beyond such a view, other questions arise: why does Sartre apparently seek to deny Karl any fatherly role? Why does Sartre present so many scenes which tend to diminish Karl's moral and personal stature? Why, if Karl is so indulgent and Jean-Paul had no superego, does he lead a 'double life' as far as reading is concerned? Could it be that Jean-Paul, in common with everyone else, did develop a superego, in his case through his grandfather, and that in writing Les Mots he gradually recognized this and eventually came to terms with it?

It is not until pp. 127–37 of Les Mots that the reader is given the evidence on which answers to these questions can be based. Faced with Jean-Paul's discovery of himself through writing ('Je commençais à me découvrir', p. 127), Karl talks to him man-to-man and attempts, over a period of time, to steer Jean-Paul's new-found vocation into prudent, reasonable channels. This section of the book, pp. 127–52, forms a parallel with pp. 29–53 which showed Jean-Paul's initiation into reading.

Sartre makes one attempt to deny this father's role by explaining it as yet another case of Karl misunderstanding and not realizing the effect of his own words on Jean-Paul. 'Charles avait deux visages' (p. 130) says Sartre: one, the kindly grandfather; the other, the figure of authority (we may note in passing that if Sartre allows Karl, like Janus, to have two faces, neither is genuine!): 'pour la première fois j'eus affaire au patriarche' (p. 131). Sartre claims that he mistook Karl's voice for that of his father: 'Pourquoi lui [i.e. Karl's voice] ai-je prêté l'oreille ce jour-là, au moment qu'elle mentait le plus délibérément? . . . C'est qu'elle avait changé: asséchée, durcie, je la pris pour celle de l'absent qui m'avait donné le jour' (p. 130). In other words Jean-Paul took in Karl's words as if they had been spoken by a father-figure, bearing ultimate authority. On p. 91 Sartre spoke of 'l'absence du rude Moïse qui m'avait engendré' (i.e. his father) now, on p. 131, 'C'était Moïse dictant la loi nouvelle' – in and through the person of Karl. The passage quoted above suggests that everything stemmed from one crucial occasion ('ce jour-là'): yet if these talks were 'cent fois recommencés' (p. 135), the possibility of a momentary aberration or lapse of attention is ruled out.

Eventually Sartre can bear no longer the growing realization that his grandfather's influence, reaching out across forty years, is still at work in him; he gives up all attempts to define, defy or deny it: 'la voix de mon grand-père, cette voix enregistrée qui m'éveille en sursaut et me jette à ma table, je ne l'écouterais pas si ce n'était la mienne' (p. 137). The full force and significance of this passage can be appreciated if one refers back to p. 11 and reads the first paragraph beginning 'Il n'y a pas de bon père . . . je n'ai pas de Sur-moi'. The easy assertions which Sartre made when setting out to discover his past have had to be severely qualified, or even withdrawn, in the face of the evidence. Instead of the cheerful assertion, 'on ne m'a pas appris l'obéissance' (p. 13), there is Jean-Paul trimming his sails 'pour obéir à Karl' (p. 135); in place of the rhetorical question, 'qu'eût-il exigé de moi?' (p. 15), here is Sartre still scribbling away 'dans l'unique et fol espoir de plaire à mon grand-père' (p. 135). Beneath the irony, malice and sheer exasperation of these pages, lies the inescapable conclusion that Karl has, in every sense, played the role of father to his grandson, in providing him with an imperative justification for his existence.

The *Comédie familiale* of the Schweitzer household

Throughout his works of fiction and philosophy Sartre shows how we look to each other for confirmation of our own existence, treating other people as absolute judges of our being and behaviour, often sadly or completely oblivious of the fact that these same people see us as their judge and elevate our moods or expressions to the status of objective pronouncements. The originality of *Les Mots*, both in Sartre's work and as autobiography, is that the main protagonist in this real-life game of 'relationships', is a small boy, and therefore a newcomer to the game. He is taught his part by his grandfather: already by the age of five he is an actor with a wide repertoire: 'Nous jouions une ample comédie aux cent sketches divers' (p. 17).

On p. 55 Sartre coins the expression *Comédie familiale* to refer to the way in which all the everyday events and situations of the Schweitzer household are turned, for Karl's benefit, into rituals and roles: a perpetual play in which Karl is director, actor and spectator. The child is eager to play his part and quick to pick up the rules as practised in the Schweitzer household. There is no respite from the game:

play-acting and therefore the possibility of self-deception are brought into his private thoughts: 'Jusque dans la solitude, j'étais en représentation' (p. 55). He feels his own actions to be unreal: the *Comédie familiale* is like a fog, removing colour and contour from his map of himself and the world. He has no way of knowing whether his family were playing according to universal rules but he senses that there is a reality beyond their game: 'Le pis, c'est que je soupçonnais les adultes de cabotinage. Les mots qu'ils m'adressaient, c'étaient des bonbons; mais ils parlaient entre eux sur un tout autre ton' (p. 68). The sudden appearance of an outsider ('l'oncle Emile, brouillé avec toute la famille', p. 68) is the occasion for Jean-Paul to see through the veil. He hears Emile telling his mother 'que j'étais le seul innocent de la famille' (p. 68); not that he can understand the implications of this remark but a period of his life is at an end: 'Je vécus dans le malaise' (p. 69).

On pp. 69–89 Sartre brings together themes and incidents which were, in reality, spread over a number of years; they all tend to portray Jean-Paul's sense of the aimlessness of his existence, his inability to find anything which could replace, for him, the discredited *Comédie familiale*.

Paradoxically, it is the adult's concern for appearances which enables reality, in the shape of Jean-Paul's disfigurement, to make a brutal intrusion into the household scene. Karl decides it is time his seven-year-old grandson looked like a boy and not like the curly-headed angel cultivated by his mother; the visit to the barber's, however, has unexpectedly momentous consequences: 'Il y eut des cris mais pas d'embrassements et ma mère s'enferma dans sa chambre pour pleurer' (p. 85).

Sartre concludes this stage of *Les Mots* with incidents dating from two and three years later: in the first, Jean-Paul misbehaves at a children's play and is disowned by his family, speaking through Louise: '"Tu vois ce qu'on gagne à se mettre en avant!"' (p. 86); in the second, he again acts up to what he believes is expected of him and is cut down this time by Mme Picard: '"Tu sais, mon petit ami, ce n'est intéressant que si l'on est sincère"' (p. 88). Mme Picard's words sum up the impossibly contradictory nature of the demands made on him by the *Comédie familiale*; the adults have used him as entertainment (Sartre describes Mme Picard as 'mon meilleur public', p. 87) and for reassurance as to the boundaries of their world, but when he goes beyond these bounds, they in return criticize him for insincerity.

On both occasions, his sole recourse is to run away and pull faces in a mirror: 'je courus à notre chambre . . . et je grimaçai longtemps' (p. 86); 'j'allai grimacer devant une glace' (p. 88). In this way, Jean-Paul symbolically destroys the identity which he has composed for his family audience but discovers that he has nothing to put in its place. He is finally face to face with the truth that the *Comédie familiale* had encouraged him to ignore: 'La glace m'avait appris ce que je savais depuis toujours: j'étais horriblement naturel. Je ne m'en suis jamais remis' (p. 89). In front of the mirror, Jean-Paul is both actor and audience: the game is up.

Jean-Paul's search for a role in life

The scenes described on pp. 85–9 mark the collapse of the *Comédie familiale*. Thematically, a sequence is closed; chronologically, the account has jumped ahead to anticipate events that took place two or three years later. The next eighty pages of *Les Mots* (pp. 89–173) bring together the ways and stages by which, in reading and in writing, the child struggles to construct a *Comédie* of his own; but the reader has been forewarned: there will be no 'happy ending'.

Meanwhile Jean-Paul, in his search for an identity, is obliged to rely on his own resources: 'je n'avais, à sept ans, de

recours qu'en moi qui n'existais pas encore' (p. 89). He
re-tells to himself children's stories, taking the leading roles:
'Rassasié de gestes et d'attitudes, je fis de vrais actes en rêve'
(p. 93) – a substitute for the unsatisfactory roles offered him
by his family. In the cinema, too (pp. 96–102), he is both
spectator and actor; in addition, the accompanying music
gives the magic stamp of necessity to the heroes' existence. At
home, he tries to re-create the conditions of the cinema but
the result is a heightened awareness of the gap between
dream and reality: 'je restais enfermé dans cette geôle: la
répétition . . . je rêvais d'avoir un destin' (p. 106).

Since neither the *Comédie familiale* nor his own imagination can provide Jean-Paul with an identity, it is not surprising if he is only too ready to invest outsiders with a sense of
reality, especially if they appear to have no doubts themselves on that score. On pp. 72–4 Jean-Paul ascribes to M.
Simonnot a solidity and self-assurance which Sartre covers
with corrosive ridicule; a remark by Karl underlines for
Jean-Paul his own unreality and the vivid 'presence' of the
absent M. Simonnot: '"Il y a quelqu'un qui manque ici: c'est
Simonnot"' (p. 73). Jean-Paul's need to feel as indispensable as this, is underlined by his use of Karl's words in his
own fantasies: '"Il y a quelqu'un qui manque ici: c'est
Sartre"' (p. 93). The incantatory phrase returns when he
sees an illustration of the New York crowds waiting for
Charles Dickens: 'Je murmurai: "Il y a quelqu'un qui manque ici: c'est Dickens!" et les larmes me vinrent aux yeux' (p.
140). By this stage, Jean-Paul has reached the conclusion
that in writing, he will answer a real and universal need.

Sartre suggests that school might have represented one
way of encountering reality; by leaving the Lycée Montaigne
after only a brief spell, he says, 'J'avais perdu . . . l'occasion
de devenir vrai' (p. 62). When, years later, he attends the
Lycée Henri IV, his delight has an air of triumph: at last he
has escaped from the double trap of the family, where he has

his place but no reality, and the real world, where he has no place: 'Enfin j'avais des camarades! Moi, l'exclu des jardins publics (a reference to the desolate scene described on pp. 110–11), on m'avait adopté du premier jour' (p. 184).

If the usual pattern of *Les Mots* is for truth to appear to Jean-Paul as a characteristic of the world outside the family, the opposite temptation is also present, namely that of looking to the inner world of his own ideas and imagination, as a refuge from the *Comédie familiale*. Secrecy thus becomes the guardian of sincerity and authenticity: Karl, for example, must not find out that Jean-Paul reads the same books and comics as any other child of his age: 'Ces lectures restèrent longtemps clandestines . . . je n'en soufflai pas mot à mon grand-père' (p. 60).

Similarly, Jean-Paul's first steps in writing are taken 'dans une semi-clandestinité' (p. 121), out of Karl's sight. Indeed, Jean-Paul's answer to his dilemma, caught between the *Comédie familiale* which he had seen through, and his own self-awareness, growing up in isolation from the usual influences and identities provided by classmates and playmates of his own age, was to evolve the idea that he had a 'mandate' to write. The meaning of this word lies somewhere between 'vocation', where the emphasis is on the writer himself, and 'mission', which looks to those for whom he is writing. The idea is central to Sartre's preoccupations in writing *Les Mots*: 'Il m'importe beaucoup d'essayer d'expliquer ce pour quoi j'écris. C'était la préoccupation de Kafka lorsqu'il disait: "J'ai un mandat, mais personne ne me l'a donné"' (*Le Monde*, 1 June 1955).

In *Les Mots*, the words *mandat*, *vocation*, and *mission* are used thematically to link several passages concerned with the question 'what am I living, or writing for?' The first reference is associated with Jean-Paul's role in the *Comédie familiale*: 'Un seul mandat: plaire; tout pour la montre' (p. 22). But the part assigned to him has no internal coherence

or consistency: the *mandat* it provides is empty and soon
wears off.

A more lasting influence springs from his growing fami-
liarity with books and their authors. He is set on this path by
Karl but also identifies with authors in opposition to Karl's
views; at all events, the seed has been sown: 'sans aucun
doute j'étais voué . . . je serais sentinelle de la culture,
comme Charles Schweitzer' (p. 53).

It is to his reading that Jean-Paul turns, as an escape from
the discredited *Comédie familiale*; in particular, to Jules
Verne's *Michel Strogoff*, whom he feels is 'chargé . . . d'une
mission unique et capitale' (p. 107). But Strogoff's subser-
vience is unacceptable, even as a 'mandat de vivre' (p. 108).
Neither his own life nor fiction provides Jean-Paul with an
answer to the central question: 'En un mot, je ne pouvais ni
tirer de moi le mandat impératif qui aurait justifié ma
présence sur cette terre ni reconnaître à personne le droit de
me le délivrer' (p. 109). At this stage in Sartre's account, the
repetition of the word *mandat* serves to maintain the dramatic thread, the suspense as to how the dilemma will be
resolved.

When, between the ages of seven and eight, Jean-Paul
begins to reel off countless stories, his pleasure in exercising
his new-found power is such that any question of why or
wherefore seems to be forgotten, but it is not long before Karl
realizes that it is time to take matters in hand. As usual, when
showing Karl exercising the functions and duties of his class,
Sartre's tone is ironic, parodying Karl's stance: 'J'atteignais
l'âge où l'on est convenu que les enfants bourgeois donnent
les premières marques de leur vocation' (p. 127).

Indeed, in those passages on pp. 127–35 which describe
the transmission through Karl to Jean-Paul, of a social status, the word *mandat* is absent; instead, it is seen through
Karl's eyes (not that he is enthusiastic about it) as a vocation.
What we are to witness is the child's appropriation of his

grandfather's words, as he takes up, 'dans l'arrogance, le mandat soi-disant impératif que j'avais reçu dans l'humilité' (p. 137).

Jean-Paul's response to the 'creative paralysis' induced in him by Karl's solemn intervention is described on pp. 137–73: over a period of two years he composes a series of roles for himself as a writer, as hero (pp. 139–45), as saint (pp. 147–56) and finally as his own books, bringing him posthumous glory (pp. 159–71). This sequence is prepared, thematically, by reverting to the word *mandat* which appears on pp. 141–2 for the first time since p. 109, instead of *vocation*.

The role of writer-hero fails for want of real enemies; that of writer-saint leads him further still away from life, to the idea that fame is inevitably preceded or followed by death: 'l'appétit d'écrire enveloppe un refus de vivre' (p. 159). Here, instead of the word *mandat*, Sartre uses adjectives such as 'élu', 'marqué' (p. 155), or nouns such as 'mission' (p. 158) and 'vocation' (p. 160).

On pp. 172–3 Sartre sums up the whole sequence starting from p. 137: 'Je n'avais pas *choisi* ma vocation: d'autres me l'avaient imposée' (p. 172); 'rien ne pouvait confirmer ni démentir mon mandat' (p. 173). Isolation from the real world and his inner quest for sincerity have combined, throughout the strategies described from the end of p. 89 to p. 173, to provide Jean-Paul with a distorted and limiting view of his place in the scheme of things and which is poised to affect, no longer merely his reading and writing, but his whole life as a child, as an adolescent, and as a man.

The next stage of the process is announced dramatically: 'Deux ans plus tard on m'eût donné pour guéri. . . . Or j'étais devenu tout à fait fou' (pp. 173–4). (The two events described on pp. 174–91 are roughly contemporary with the unfortunate scenes of play-acting on pp. 85–9: here, as elsewhere, the reader of *Les Mots* who painstakingly pieces together the chronological order which Sartre has so deliberately fragmented, can make some interesting comparisons and confrontations.) The apparent paradox of being 'tout à fait fou' just when he was happy with his mother and his schoolmates – for the descriptions on pp. 174–91 contain many shades of happiness – is explained by the fact that he brings to the 'normal' world of family affections and schoolboy relationships, the traits and attitudes born of his attempts to find his identity as a writer: 'entre l'été 14 et l'automne de 1916 mon mandat est devenu mon caractère' (p. 191).

In the final three pages of *Les Mots* the word *folie* appears again, embracing childhood, adolescence and maturity, gathering its full force, as concept and reality, now that Sartre has emerged from its clutches, and has to look the opposite state in the face. But what *is* the opposite of his *folie* – sanity, normality, reality? Or simply the void which is his original freedom, his from birth, and which has never left him:

> depuis à peu près dix ans je suis un homme qui s'éveille, guéri d'une longue, amère et douce folie et qui n'en revient pas et qui ne peut se rappeler sans rire ses anciens errements et qui ne sait plus que faire de sa vie. (p. 211)

The clauses, linked by 'et', run on and on, like the words of someone emerging from a trance. Perhaps it is simple: perhaps the key to the door out of all madness is, simply, self-acceptance, acceptance of this void which is at the heart of each of us, if we try to look in on ourselves. Perhaps Jean-Paul was no different from any child in being unable to accept his own freedom, inventing instead, with greater or lesser success, a fixed framework for his life. This child has grown up and taken with him into adulthood these artificial constraints on his freedom. For this *folie*, any cure is relative and consists in acknowledging that, in devising, as a child, strategies to cope with life as we see it, we lay the foundations of our lifelong character: 'ce vieux bâtiment ruineux, mon imposture, c'est aussi mon caractère: on se défait d'une névrose, on ne se guérit pas de soi' (p. 211). The tone of these pages is not tragic, indeed its serenity and even playfulness are themselves evidence for the reality of Sartre's 'cure', even though he is quite willing to admit that he may still be playing the same game as ever, manoeuvring constantly to achieve a position where victory can always be snatched from the jaws of defeat, and Being from the clutch of Nothingness: 'je me demande parfois si je ne joue pas à qui perd gagne' (p. 212). In fact, for all his protestations, for example on pp. 198–9, of his disloyalty to his past, Sartre is, at the end of *Les Mots*, as perhaps throughout, thoroughly loyal to Jean-Paul: 'Ce que j'aime en ma folie, c'est qu'elle m'a protégé, du premier jour, contre les séductions de "l'élite"' (p. 212).

Does Sartre have the last word in *Les Mots*?

Several of Sartre's critics find his final statements in *Les Mots* unsatisfactory, in that they remind the reader how Sartre has shaken off both religious faith and faith in writing, without indicating what new bases he now sees for writing or action. In this view *Les Mots* is a book which primarily looks backwards, in order to destroy the mystique and myths of childhood, a self-contained effort to achieve lucidity. There is, however, no reason why *Les Mots* has to be either a critical autobiography, or a blueprint for future action (Sartre's or the reader's); nor is there any reason to see these aims as in some way conflicting, requiring separate treatment by Sartre or a second volume.

Nevertheless, the questions posed in the concluding pages of *Les Mots* invite a response – for example: 'j'écris toujours. Que faire d'autre?' (p. 211). When Sartre himself sets out to answer such questions, as in an interview given in 1964 (see Document 2, p. lxv), he is no more privileged, as regards the quality and validity of his response, than any of his readers. Certainly the question of the presence or absence, in Sartre, of an *absolu*, cannot be easily answered.

At all events, Sartre rejects the idea that charitable condescension can form a valid link between men and men; instead, there is the idea that what is in one man, is in all men, and that it is to this basic equivalence that we should look for the true link between the individual and those around him. Similarly, all the creations and aspirations of mankind are simply the expression of the humanity which is in each individual: 'La culture ne sauve rien ni personne, elle ne justifie pas. Mais c'est un produit de l'homme' (p. 211). This last quotation may be seen as a statement, in minor key, of Sartre's bid to express – and claim his place in – the bond which links one to all; for the development of the idea in major key, Sartre, appropriately, chooses the last words of *Les Mots*: 'Si je range l'impossible Salut au magasin des accessoires, que reste-t-il? Tout un homme, fait de tous les hommes et qui les vaut tous et que vaut n'importe qui' (p. 213). This last sentence seeks to close the circle, to sum up in one impregnable statement, the individual that was and is Jean-Paul Sartre, what he shares with all humanity, what distinguishes him, and the impossibility of setting men in a hierarchy of value. The sentence thus epitomizes the work as a whole, where chronological progression and anecdotal illustration are made subordinate to the interplay of past and present, and of individual and society (through the family); it is, in effect, a formulation in words of Sartre's 'general theory of relativity', as applied to men and their relationships. In itself, the idea expressed by Sartre in the final sentence of *Les Mots* is not new – indeed it is reminiscent, in both form and content, of Montaigne who, seeing no essential difference of humanity between rich and poor, had written four centuries ago: 'Chaque homme porte la forme entière de l'humaine condition' (*Essais II*, ch. 2).

It is perhaps not surprising that Sartre's attempt to have the last word should have been challenged; still less surprising, that he was ready to take up the challenge:

> *Que vous le vouliez ou non, Sartre, vous n'êtes pas n'importe qui.* . . . *Des gens ont été choqués par la phrase finale des* Mots . . . *D'après eux, pour revendiquer d'être n'importe qui, il faut déjà ne plus l'être.*
>
> C'est une erreur monumentale. Demandez, au hasard, à un type dans la rue ce qu'il est: il est un homme, tout un homme et rien d'autre, comme tout le monde. . . . Mais être n'importe qui, ce n'est pas être anonyme! C'est être soi, pleinement soi, dans son village, dans son usine ou dans sa grande ville, et avoir des rapports avec les autres au même titre que n'importe qui. . . . Pourquoi faudrait-il que l'individu ce soit l'anonyme?
>
> (*Situations X*, pp. 158–9)

Sartre's attempt to confer absolute status on a statement about relative value was an invitation to misunderstanding, particularly by those who would themselves confer some absolute value on Sartre's status as a famed and privileged writer. In any case, the formula ('Tout un homme. . .' p. 213) serves to close the book, not to express its deepest meaning. For that we may look instead at the sequence which begins with 'Je devins traître et je le suis resté' (p. 198) and ends with 'la jeune ivresse de l'alpiniste' (p. 201). Leaving behind the child of 1913, Sartre observes how he is now, how he moves through life and time; he has in him the ineradicable certainty that the present moment must always move on. Whereas to other people Sartre appears to cast off the past too readily – and there is, he admits, a measure of conscious aim in this ('pour me convaincre que j'en étais détaché', p. 198) – he can envisage no other way of approaching life. Although there are losses ('Faute de m'aimer assez, j'ai fui en avant; résultat: je m'aime encore moins', p. 198), Sartre emphasizes the positive side of this attitude to life: he is willing to let *anything*, more or less, be said about the past, so long as he can believe that the present is better, and that the future can be better still. This trait of character is central to Sartre's make-up, and is confirmed over and over again in his life and works; if justification for it were needed, it may be found in his matter-of-fact attitude, at the age of 70, to being blind and thus unable to read or write. His refusal to conform to other people's desire to have a fixed image of him, lent him a unique capacity to adapt to new circumstances, in the twilight of his life as well as in full maturity. In *Les Mots* Sartre is concerned to show all the ambiguities surrounding his upbringing, his development, the way in which his character was formed; losses, by some sleight of hand, become gains, sincerity is indistinguishable from its opposite; his ability to look back dispassionately at his past life, and move on, may itself be based on an illusion, on the need to convince himself that he has at all times the possibility of moving onwards and upwards; finally, the ironic standpoint from which *Les Mots* is written, is demolished in its turn, and a phrase of his grandmother's, previously quoted on p. 5, reappears as an ironic comment on the whole enterprise: '"Glissez, mortels, n'appuyez pas"' (p. 212).

Although *Les Mots* is in many ways closer in conception to a novel or drama than to traditional autobiography, the framework within which it is composed is sufficiently flexible for many of the traditional elements to appear. There are the portraits, whether of members of the Schweitzer household, such as his grandmother, Louise, described in what might seem acid terms, were it not for the fact that she is shown in context: 'Entourée de vertueux comédiens, elle avait pris en haine la comédie et la vertu' (p. 5) or of 'unforgettable characters' from outside the family, such as M. Simonnot. Anecdotes enliven the account, generally conveying the essence of a character or situation, or both, as in the case of the picture of Karl waiting, watch in hand, for his recently-widowed daughter to be brought back from an innocent dinner party: 'Sur le dernier coup de dix heures, il tonnait. Les invitations se firent plus rares et ma mère se dégoûta de plaisirs si coûteux' (p. 11). Some of the key sequences in *Les Mots* enable the reader to re-live them through Jean-Paul's eyes: for example the description on pp. 33–6 of his mother reading to him, and his successful determination to read for himself; alongside this child's-eye view of the events, there are also the comments and interpretations of the adult Sartre. This dual perspective is also apparent in a passage on pp. 98–9 which re-creates the experience for Jean-Paul of going to the cinema, while at the same time weaving the scene into the overall adult fabric of *Les Mots*. At other times the emphasis is less on the imaginative retelling of an event than on its personal and moral implications: for example, the family's failure to admit and deal with the growing infirmity of Jean-Paul's right eye or the shocking extent of Anne-Marie's subjection and self-sacrifice in the years from her widowhood to her remarriage. These last two features (the world as seen through the eyes of a child, and the adult's mature reflections on the past) are often kept separate in traditional autobiography; in *Les Mots* they are woven together.

The open structure of *Les Mots*

Traditionally, biographers are scrupulously exact in establishing dates, anchoring the events of the subject's life firmly in their place in the course of history: 'Le deuxième événement se produisit en octobre 1915: j'avais dix ans et trois mois, on ne pouvait songer à me garder plus longtemps sous

ACTE I *SITUATION ET LIBERTÉ*
    (3–11)

ACTE II *LES COMÉDIES PRIMAIRES*

La singerie, usage externe (11–66)
A *Comédie familiale* (11–29)
    1 La comédie (11–24)
    2 Contradictions virtuelles (24–9)
    3 Résolution (29)
B *Comédie littéraire* (29–66)
    1 La comédie (29–54)
    2 Contradictions virtuelles: la sincérité (54–7); les vraies lectures
       (57–61); l'école (61–6)
    3 Résolution (66)

ACTE III *LA PRISE DE CONSCIENCE DU VIDE*

La nausée (66–89)
A 1 Prise de conscience de l'imposture (66–70)
    2 Prise de conscience de la contingence (70–5)
    3 L'ennui, l'angoisse de la mort (75–8)
       Le saint (échec de la religion familiale) (78–83)
    4 Les échecs de la comédie (83–9)
    5 La nausée devant le miroir (89)

ACTE IV *LES COMÉDIES SECONDAIRES*

La bouderie, usage interne (89–173)
B Les héros (la bouderie épique, précaire) (89–110)
C L'écrivain (115–73)
       Événement 1 (7 ans)
       Initiation à l'écriture ⟶   *Période 1* (de 7 à 8 ans)
           littéraire (115–73)   Pratique concrète de l'écriture (117–27)

       Événement 2 (8 ans) ⟵   Joie précaire (127–8)
       Voué à la carrière de gratte-
       papier (128–37) ⟶   *Période 2* (de 8 à 10 ans)
                                        Reprise du mandat dans l'arrogance (137–73)
                                        A *L'écrivain-héros* (138–45)
                                               Échec: absence d'ennemi (145–7)
                                        B *L'écrivain-saint* (147–56)
                                               Modulation (156–60)
                                        C *L'écrivain: La gloire et la mort* (160–71)
                                               Cela reste une comédie (171–3)

ACTE V *LA FOLIE* (176–213)

A *La guérison apparente* (173–91)
    1 La guerre de 14 → l'amour de la mère
    2 Le lycée en 15 → la camaraderie
B *La folie réelle* (191–210)
       L'optimisme et le dynamisme de 1916 à 1939
C *La guérison relative* (210–13)
       J'ai changé. Annonce d'un second livre

Table 2 Plan of *Les Mots* (Ph. Lejeune, *Le pacte autobiographique*,
p. 211). Page numbers correspond to this edition.

séquestre' (p. 183). Such exactitude is, in *Les Mots*, an exception: Sartre, being concerned with the past solely through its link with the present, refuses to see his childhood as a chronological sequence of events. Many of the dates and their chronological indications seem not so much inaccurate as arbitrary: irony and parody have their part to play in this.

Sartre's account of his childhood has the effect of making time its servant, instead of allowing the passage of time to follow in a mechanical succession of dates: an event is situated by giving the year or his approximate age and no more. Although certain events or processes are arranged in an overall chronological sequence, in the book as a whole Sartre ranges freely through time, not only between 1905 and 1963, but also back to events prior to his birth and forward to an imagined future.

This freedom from the constraints of chronology is in fact an open invitation to the reader to exercise an equal freedom whenever he opens the book: by bringing together for comparison incidents which, although contemporary, are dozens of pages apart; by comparing and contrasting an assertion made at one point, for one purpose, with another made elsewhere; above all, by opening the book at random and becoming absorbed in one of the many sequences, outbursts or portraits which exist in their own right as well as through their place in Sartre's scheme of things.

The result is that the numerous statements and assertions which appear throughout the book are liable to be misunderstood if taken out of their context and made into definitive pronouncements. This need for caution in interpreting *Les Mots* may be underlined by considering two aspects of the ironic structure of the book: the distance maintained between the adult Sartre and the child Jean-Paul, and some of the elements of parody in the book as a whole.

The double perspective (past and present) is well illustrated in the 'portrait' of M. Simonnot, who always knew

exactly who he was and what he thought: Sartre simultaneously portrays Jean-Paul's envy of the man and de-
molishes this envy; the inflated language of much of p. 72
leaves the reader little room in which to respect M. Simonnot,
but the focus is in fact on Jean-Paul, who would so dearly
have loved to be like him.

At other times in *Les Mots* the ironic structure is more
complex, particularly when Sartre is presenting Jean-Paul's
image of himself as a writer. When he re-reads *L'Enfance des
hommes illustres* he begins to see himself as a future 'great
man' whose every childhood word or deed is prophetic of his
future greatness; the central irony of pp. 170–1 springs from
Sartre's attitude to Jean-Paul: the reader is invited to view
these childhood imaginings with amused detachment, but
the almost flippant tone of the passage, far from concealing
the serious content, alerts the reader to its importance. The
ironic distance between Sartre and Jean-Paul is not between
truth and falsehood, but between two illustrations of the
impossibility of total sincerity. *Les Mots* is, at all levels, a
critical work whose irony encompasses Jean-Paul, Sartre,
and autobiography itself.

In the final twenty pages of the book, Sartre moves freely
between past and present and from one level of irony to
another, while giving what is basically an account (pp. 191–
207) of the final crystallization of his 'neurosis'. In the course
of this critical account, Sartre frequently establishes a distance between his present view of things and what he was. In
particular, the final ten pages of *Les Mots* leave an impression of urgency, even of incoherence, as if Sartre is anxious to
'get in first' and point out, before anyone else can, the ironies
of his present situation; he contrives to be just one jump
ahead of his reader, as we approach the finishing line in this
race to have the last word. The reader is taunted by one last,
direct question, but before he can answer 'rien', Sartre has
answered 'tout': 'Si je range l'impossible Salut au magasin

des accessoires, que reste-t-il? Tout un homme, fait de tous
les hommes et qui les vaut tous et que vaut n'importe qui' (p.
213). At last there is *no* ironic distance: this *is* Sartre. The
earnest seeker after truth (or irony) will ask in vain: 'But
what is a man worth?' – Sartre is no longer there to reply.

Irony and parody in *Les Mots*

In *Les Mots* the dividing lines between seriousness and play-
acting, reality and imagination are constantly blurred: the
book, rather than being the attempt of an observer (Sartre)
to give as faithful as possible an account of the upbringing of
a child (Jean-Paul), is a kaleidoscope of observers and sub-
jects. The *je* who narrates the account is both Sartre and
Jean-Paul, and the reader is not always allowed to pin them
down: reading *Les Mots* is like playing a game of hide-and-
seek with the author, who appears to be everywhere at once
and yet nowhere in particular: 'Fut-ce un mal ou un bien? Je
ne sais' (p. 11). Here it is Sartre's attitude which is ambi-
guous; elsewhere this ambiguity is admitted and accepted:
'Ce que je viens d'écrire est faux. Vrai. Ni vrai ni faux comme
tout ce qu'on écrit sur les fous, sur les hommes' (p. 54).

The author is always one jump ahead of the reader, fore-
stalling all possible objections, answering in advance any
imaginable accusations of imprecision or alternatively of
over-definition. After a long dissertation on the question of
sincerity (as regards Jean-Paul), Sartre appears to hand the
evidence over to the reader with the challenge to make sense
of it (p. 57). The same formula is developed still further
when, near the end of the book, Sartre states explicitly what
has been implicit throughout *Les Mots*: that his childhood
dreams and heroes live on in the adult Sartre (pp. 211–12).
The edifice is complete: behind his nonchalant pose, the
author has constructed a hall of mirrors with infinite
ramifications, answering (reflecting) every possible objec-

tion the reader may make. If the reader began by seeking evidence about Jean-Paul Sartre ('Allez conclure!' p. 57), he ends up face to face with himself ('Allez vous y reconnaître' p. 212).

The ironic distance which Sartre maintains between himself and his past is frequently expressed in *Les Mots* as parody: page after page of the traditional family album is turned into burlesque comedy. If the book tells the story of Jean-Paul's attempts to make sense of the *Comédie familiale* and shows the lasting effects of this process on Sartre, the manner in which this story is told makes of *Les Mots* a *Comédie autobiographique*, a parody of autobiography itself. Sartre's wit, in *Les Mots*, is intentionally corrosive: one of the earliest, and perhaps the best, of the many deflating barbs aimed at Charles Schweitzer illustrates Sartre's wider intentions: 'c'était un homme du XIXᵉ siècle qui se prenait, comme tant d'autres, comme Victor Hugo lui-même, pour Victor Hugo' (p. 15). In saying that his grandfather was not what he thought he was, Sartre is above all concerned to make the point that we are, none of us, what we think we are.

Sartre also demonstrates the impossibility of discovering the real Jean-Paul by parodying such an enterprise; the ironic perspective enables him simultaneously to investigate his childhood and to demolish the myth of 'childhood'. Sartre himself is serious in seeking an answer to the question 'How did I become what I am?' but this involves the investigation of a process, not the description of a portrait. Sartre is unlikely to take himself for 'Jean-Paul Sartre', in the way suggested by the joke about Victor Hugo and Charles Schweitzer.

The language of religion is parodied throughout *Les Mots*: almost every page contains some word, phrase or image taken from the vocabulary of belief, of the priesthood, of the church, and applied to a worldly situation or person, beginning with Jean-Paul himself: 'Petit-fils de clerc, je suis, dès l'enfance, un clerc; j'ai l'onction des princes d'Eglise, un enjouement sacerdotal' (p. 23). The Schweitzer household is dedicated, not to God, but to books: pp. 29–36 recount Jean-Paul's initiation into the sacred mystery of literacy, through his grandfather, his grandmother and his mother. This ironic parody which Sartre derives from his family's deep-seated belief in the articles of a substitute religion is reinforced by the presentation, particularly in pp. 78–83, of their lukewarm, or even hollow, commitment to religion itself; religion and belief are presented parodically as a danger which threatens the child: 'je risquais d'être une proie pour la sainteté' (p. 81) but from which he is 'saved' by his grandparents, especially Karl: 'Mon grand-père m'en a dégoûté pour toujours' (p. 81) and by his own efforts: 'L'indignation me sauva' (p. 83).

The mocking tone of these pages springs not so much from antipathy towards religion or belief as such, as from Sartre's resentment at his family having instilled in him, largely through the intermediary of Karl, a substitute religion, in the service of which Jean-Paul's vocation was to be a writer-priest, with the mission of saving the world. 'Saved' from belief at an early age, he is 'condemned' to serve for thirty years an absurd religion. The process is described succinctly, and without irony, at the beginning of Sartre's summing-up of *Les Mots* (pp. 207–8).

In pp. 78–83 religion is parodied without malice; but when the 'parody of religion' that is his belief in the writer's mission, takes hold of Jean-Paul, Sartre's writing takes on an unprecedented virulence, reaching a peak on pp. 148–9. Here the flood of religious imagery is no longer mere parody; irony gives way to sarcasm: 'je confondis la littérature avec la prière, j'en fis un sacrifice humain' (p. 149). The force of these pages – uneven though they are in their overall effectiveness – rests in part on the parody of religion which Sartre has sustained from an early stage of *Les Mots*.

Sartre's parody of religious ideas and terminology, therefore, becomes a parody of *all* literature, a demolition of the
whole edifice of 'Jean-Paul Sartre', as both reader and
writer; if the whole enterprise of the previous thirty or forty
years now lies in ruins, it is Sartre himself who, at every stage
of *Les Mots*, has delivered the first blow and who finally calls
into question the instrument he has used for the demolition
job, namely *Les Mots* itself! The danger of this attempt to
remain always out of reach, is that the reader may feel that
he has indeed been given nothing to 'get hold of': 'la complaisance avec laquelle il s'analyse, toujours ironiquement,
recouvre non seulement un triomphe vis-à-vis de la disci-
pline dont il se défie par ailleurs, mais aussi une fuite devant ce
qu'il cherche à analyser';[1] 'en introduisant le pamphlet dans
l'autobiographie sous la forme de la parodie, Sartre a assuré
le succès littéraire de son livre, mais en a désamorcé la portée
contestataire'.[2] By giving free rein to the ironic possibilities
of every stage of *Les Mots* and by making parody an all-
purpose weapon has Sartre in fact lost sight of the reality
which he set out to investigate and the folly he intended to
denounce?

Critical reaction to *Les Mots*

The general and critical reactions to the publication of *Les
Mots* illustrate the misunderstandings that can arise once a
work becomes public property: the originality of the work
was taken at its face value, ignoring the possibility that
Sartre might be using the traditional tools of literature

[1] M. Bensimon, 'D'un mythe à l'autre', *Revue des sciences
humaines* (July–Sept. 1965), p. 424.
[2] J. Lecarme, '*Les Mots* de Sartre: un cas limite de l'autobiographie', *Revue d'histoire littéraire de la France* (Nov.–Dec. 1975),
p. 1060.

as ironic weapons against the whole concept of the 'great writer':

> Les critiques et le public qui ont vu en 1964 dans ce livre le chef d'œuvre qui classait Sartre sans conteste parmi les grands écrivains, avaient certainement de bonnes raisons. . . . Mais on voit à quel point cet hommage . . . représente un pavé infernal: voici Sartre sacré grand écrivain, bien culturel, maître des traditions littéraires, à l'occasion d'un livre où il a entendu détruire le mythe du 'grand écrivain'. . . . Que *Les Mots* soit 'le mieux écrit possible', ses lecteurs en conviennent, et y applaudissent, mais que cet objet – ce livre – se conteste lui-même, et avec lui, la littérature, ils ne le perçoivent en aucune manière.
>
> (J. Lecarme, '*Les Mots* de Sartre: un cas limite de l'autobiographie', *Revue d'histoire littéraire de la France* (Nov.–Dec. 1975), pp. 1048–9)

A brief review of some of the lasting qualities which have been recognized in *Les Mots* might include the following points.

The role of humour and irony

Bensimon insists that the whole structure and style of the work are ironic: every feature is at one and the same time itself and its opposite:

> Il en découle (des pp. 57–60) un humour dévastateur qui met en question les affirmations même qu'il avance . . . cette ironie . . . court dans *tout* l'ouvrage pour peu qu'on y regarde de plus près . . . il n'est pas un élément du livre où l'exagération, la simplification jusqu'à l'absurde, le raccourci, le choix des exemples, l'organisation antithétique des phrases, des paragraphes même, ne produise cet effet. Là encore, le rire, quoiqu'il varie en intensité et par sa

nature, est volontairement imposé dans ce curieux livre. Il
en est la chair, l'ossature. Pour Sartre l'humour est à la fois
un mécanisme de défense, une arme politique et sociale,
un geste dramatique, enfin une manière de triompher.

(M. Bensimon, 'D'un mythe à l'autre', *Revue des
sciences humaines* (July–Sept. 1965), p. 419)

The dual nature of Les Mots

Lejeune shows that the book is at one and the same time
recognizable as a 'traditional' autobiography, and yet also its
very antithesis:

> Les lecteurs d'autobiographies traditionnelles n'ont pas
> été déroutés en lisant *Les Mots*, car ils y ont trouvé tous les
> grands airs classiques des souvenirs d'enfance: mes pre-
> miers livres, mes souvenirs d'école primaire, mes contacts
> avec la mort, ma découverte du cinéma, etc . . . jusqu'aux
> classiques souvenirs d'entrée au lycée, des portraits de
> bons camarades . . . Mais ils n'ont pas assez pris garde que
> ces couplets étaient 'agents doubles' et n'avaient pas l'in-
> nocence et la relative insignifiance qu'ils ont dans des
> autobiographies courantes. C'est d'ailleurs là la grande
> réussite des *Mots*, d'avoir su concilier les techniques les
> plus traditionnelles du genre des souvenirs d'enfance, avec
> une construction dialectique rigoureuse.

(P. Lejeune, *Le Pacte autobiographique* (1975), p. 233)

The future place of Les Mots in Sartre's work

Lejeune's study, 'L'ordre du récit dans *Les Mots*' (pp. 197–
243 of his book *Le Pacte autobiographique*) provides a
masterly analysis of the structure of *Les Mots* and, through
this, of its meaning and significance in Sartre's work as a
whole. In his summing-up he suggests that the book is

destined to become *the* work of Sartre. Perhaps it is fitting
that this appraisal should have the last word:

> Sartre a été, pour ses contemporains, l'auteur de *La
> Nausée*, de *l'Etre et le néant*, de *Saint Genet, comédien et
> martyr*, d'une œuvre dramatique fascinante; pour la
> postérité il risque de devenir avant tout l'auteur des *Mots*.
> *Les Mots*, en 1964, étaient peut-être une œuvre de com-
> bat, pamphlet autant qu'autobiographie. . . . Mais c'est
> sans doute leur destinée d'être un livre virtuellement
> posthume, parce que le seul à avoir réussi, par sa *forme*
> même, à totaliser une vie.
>
> (P. Lejeune, op. cit., p. 243)

Documents

1. *1955: Sartre on his autobiography*

> je rédige . . . une autobiographie qu'il m'importe et me
> plaît bien d'écrire. C'est l'histoire — la mienne — d'un
> homme de cinquante ans, fils de petits bourgeois et qui
> avait neuf ans à la veille de 1914 et se trouvait déjà
> marqué par ce premier avant-guerre. Entre les deux guer-
> res il a poussé ses études assez loin, mais n'a vécu pourtant
> qu'en se trompant totalement sur le sens de la vie. Il fut le
> jouet d'une mystification jusqu'au matin de découvrir que
> l'on pouvait devenir le jouet des circonstances: un matin
> de 1939 où vous tombent sur les épaules un uniforme, un
> numéro matricule et l'obligation de remplir un 'engage-
> ment' que d'autres auront signé pour lui. Dès lors il
> décidera de s'engager tout seul . . .
> — *De quoi remplir de gros bouquins, non?*
> — Non. Un épais volume ou deux au maximum.
> Je voudrais éviter le romanesque, l'anecdotique même,
> dans la mesure où il n'aurait pas d'importance. Ce seront

5 Jean-Paul Sartre in 1964 in his apartment
at 222, boulevard Raspail. He is correcting
the proofs of *Les Mots*.

6 Jean-Paul Sartre as an adolescent

plutôt des *Mémoires* où me définir par rapport à la situation historique en utilisant comme système d'investigation aussi bien une certaine psychanalyse que la méthode marxiste. Il m'importe beaucoup d'essayer d'expliquer ce pour quoi j'écris. C'était la préoccupation de Kafka lorsqu'il disait: 'J'ai un mandat, mais personne ne me l'a donné.'

(Interview with Henry Magnan, *Le Monde*, 1 June 1955)

2. *1964: The changes in Sartre's viewpoint between 1953 and 1963*

– Des contradictions, il y en a dans *Les Mots*, d'ordre chronologique. On a eu raison de les souligner. Elles viennent de ce que le gros de l'ouvrage a été écrit en 1954 puis retouché, nuancé dix ans plus tard dans les mois qui ont précédé sa publication. Je n'ai pas unifié les dates.

– *Quand vous dites: 'Depuis dix ans je suis un homme qui*

s'éveille, guéri d'une longue, amère et douce folie', c'est
bien à 1954 qu'il faut faire remonter ce changement?

— Oui. A ce moment-là, à la suite d'événements politiques,
mes rapports avec le parti communiste m'ont vivement
préoccupé. Jeté dans l'atmosphère de l'action j'ai soudain
vu clair dans l'espèce de névrose qui dominait toute mon
œuvre antérieure. Je n'avais pas pu la reconnaître auparavant: j'étais dedans. . . . Par besoin de justifier mon existence, j'avais fait de la littérature un absolu. Il m'a fallu
trente ans pour me défaire de cet état d'esprit . . .

— *On dirait, à vous lire, que vous regrettez d'avoir été*
contraint de choisir la littérature.

— Le fait est qu'en 1954 j'étais très près de le regretter. . . .
Mais voyez-vous, il y a deux tons dans *Les Mots*: l'écho de
cette condamnation et une atténuation de cette sévérité. Si
je n'ai pas publié cette autobiographie plus tôt et dans sa
forme la plus radicale, c'est que je la jugeais excessive. Il
n'y a pas de raison de traîner un malheureux dans la boue
parce qu'il écrit. D'ailleurs, entre-temps, je m'étais rendu
compte que l'action a ses difficultés et qu'on peut y être
conduit par la névrose.

　　On n'est pas plus sauvé par la politique que par la
littérature.

— *On est sauvé par quoi?*

— Par rien. Il n'y a de salut nulle part. L'idée de salut
implique l'idée d'un absolu. Pendant quarante ans j'ai été
mobilisé par l'absolu, la névrose. L'absolu est parti. Restent des tâches, innombrables, parmi lesquelles la littérature n'est aucunement privilégiée.

　　('Jean-Paul Sartre s'explique sur *Les Mots*', interview
　　　with Jacqueline Piatier, *Le Monde*, 18 April 1964)

3. *1975: truth, fiction and autobiography*

— *Vous m'avez dit, une fois, vers 1971: 'Il serait temps que je dise enfin la vérité.' Vous aviez ajouté: 'Mais je ne pourrai la dire que dans une œuvre de fiction.' Pourquoi cela?*

— Je projetais alors d'écrire une nouvelle dans laquelle j'aurais voulu faire passer de manière indirecte tout ce que je pensais précédemment dire dans une sorte de testament politique qui aurait été la suite de mon autobiographie, et dont j'avais abandonné le projet. L'élément de fiction aurait été très mince; j'aurais créé un personnage dont il aurait fallu que le lecteur pût dire: 'Cet homme dont il est question, c'est Sartre.'

Ce qui ne signifie pas que, pour le lecteur, il aurait dû y avoir coïncidence du personnage et de l'auteur, mais que la meilleure manière de comprendre le personnage aurait été d'y chercher ce qui lui venait de moi. C'est ça que j'aurais voulu écrire: une fiction qui n'en soit pas une. Cela représente simplement ce qu'est écrire aujourd'hui. Nous nous connaissons peu, et nous ne pouvons pas encore nous donner nous-mêmes jusqu'au bout. La vérité de l'écriture, ce serait que je dise: 'Je prends la plume, je m'appelle Sartre, voici ce que je pense . . .'

— *Diriez-vous alors que vous avez davantage approché votre vérité à travers Roquentin ou Mathieu qu'en écrivant* Les Mots?

— Probablement, ou plutôt, je pense que *Les Mots* n'est pas plus vrai que *La Nausée* ou *Les Chemins de la liberté*. Non pas que les faits que j'y rapporte ne soient pas vrais, mais *Les Mots* est une espèce de roman aussi, un roman auquel je crois, mais qui reste malgré tout un roman.

('Autoportrait à 70 ans,' in *Situations* X, pp. 145–6)

BIBLIOGRAPHY

1. Books on Sartre

S. De Beauvoir, *Mémoires d'une jeune fille rangée* (1958);
La Force de l'âge (1960); *La Force des choses* (1963); *Tout
compte fait* (1972), Paris: Gallimard.
F. Jeanson, *Sartre par lui-même*, Paris: Seuil, 1955.
F. Jeanson, *Sartre dans sa vie*, Paris: Seuil, 1974.

2. Books on *Les Mots*

A. J. Arnold and J.-P. Piriou, *Genèse et critique d'une autobiographie*: *Les Mots* de Jean-Paul Sartre. 'Archives des
lettres modernes', No. 144, Paris: Minard, 1973.
Philippe Lejeune, *Le Pacte autobiographique*, pp. 197–
243: 'L'ordre du récit dans *Les Mots* de Sartre', Paris: Seuil,
1975.
E. Morot-Sir, Les Mots *de Jean-Paul Sartre*, 'Lire
aujourd'hui', Paris: Hachette, 1975.

3. Articles on *Les Mots*

M. Bensimon, 'D'un mythe à l'autre', *Revue des sciences
humaines* (July–Sept. 1965).

V. Brombert, 'Sartre et la biographie impossible', *Cahiers de l'association internationale des études françaises*, No. 19 (March 1967).

C. Camproux, 'La langue et le style de Jean-Paul Sartre', *Les Lettres françaises* (15 October 1964).

R. Girard, 'L'anti-héros et les salauds', *Mercure de France* (March 1965).

J. Lecarme, '*Les Mots* de Sartre: un cas limite de l'autobiographie?' *Revue d'histoire littéraire de la France* (Nov.–Dec. 1975).

G. Picon, 'Sur *Les Mots*', *Mercure de France* (October 1964).

P.-H. Simon, '*Les Mots* de Jean-Paul Sartre', *Le Monde* (22 January 1964).

P. Thody, 'Sartre's autobiography: existential psychoanalysis or self-denial?' *The Southern Review* V. 4 (Autumn 1969)

4. Interviews by Sartre

M. Contat, Autoportrait à 70 ans. *Situations X*, Paris: Gallimard, 1976.

H. Magnan, 'Sartre nous dit . . .', *Le Monde* (1 June 1955).

J. Piatier, 'Jean-Paul Sartre s'explique sur *Les Mots*', *Le Monde* (18 April 1964).

O. Todd, 'Jean-Paul Sartre on his autobiography', *The Listener* (6 June 1957), pp. 915–16.

LES MOTS

I

Lire

À Madame Z.

En Alsace,* aux environs de 1850, un instituteur accablé d'enfants consentit à se faire épicier. Ce défroqué* voulut une compensation : puisqu'il renonçait à former les esprits, un de ses fils formerait les âmes ; il y aurait un pasteur dans la famille, ce serait Charles.*Charles se déroba, préféra courir les routes sur la trace d'une écuyère. On retourna son portrait contre le mur et fit défense de prononcer son nom. A qui le tour ? Auguste se hâta d'imiter le sacrifice paternel : il entra dans le négoce et s'en trouva bien. Restait Louis, qui n'avait pas de prédisposition marquée : le père s'empara de ce garçon tranquille et le fit pasteur en un tournemain. Plus tard Louis poussa l'obéissance jusqu'à engendrer à son tour un pasteur, Albert Schweitzer,*dont on sait la carrière. Cependant, Charles n'avait pas retrouvé son écuyère ; le beau geste du père l'avait marqué : il garda toute sa vie le goût du sublime et mit son zèle à fabriquer de grandes circonstances avec de petits événements. Il ne songeait pas, comme on voit, à éluder la vocation familiale : il souhaitait se vouer à une

forme atténuée de spiritualité, à un sacerdoce qui
lui permît les écuyères. Le professorat fit l'affaire :
Charles choisit d'enseigner l'allemand. Il soutint une
thèse* sur Hans Sachs,* opta pour la méthode directe
dont il se dit plus tard l'inventeur, publia, avec la
collaboration de M. Simonnot,* un *Deutsches
Lesebuch* estimé, fit une carrière rapide : Mâcon,
Lyon, Paris.* A Paris, pour la distribution des prix,
il prononça un discours qui eut les honneurs d'un
tirage à part :* « Monsieur le Ministre, Mesdames,
Messieurs, mes chers enfants, vous ne devineriez
jamais de quoi je vais vous parler aujourd'hui ! De
la musique ! » Il excellait dans les vers de circonstance. Il avait coutume de dire aux réunions de
famille : « Louis est le plus pieux, Auguste le plus
riche ; moi je suis le plus intelligent. » Les frères
riaient, les belles-sœurs pinçaient les lèvres. A
Mâcon, Charles Schweitzer avait épousé Louise
Guillemin, fille d'un avoué catholique. Elle détesta
son voyage de noces : il l'avait enlevée avant la fin
du repas et jetée dans un train. A soixante-dix ans,
Louise parlait encore de la salade de poireaux qu'on
leur avait servie dans un buffet de gare : « Il prenait
tout le blanc et me laissait le vert. » Ils passèrent
quinze jours en Alsace sans quitter la table ; les
frères se racontaient en patois des histoires scato-
logiques ; de temps en temps, le pasteur se tournait
vers Louise et les lui traduisait, par charité chré-
tienne. Elle ne tarda pas à se faire délivrer des
certificats de complaisance qui la dispensèrent du
commerce conjugal et lui donnèrent le droit de
faire chambre à part ; elle parlait de ses migraines,
prit l'habitude de s'aliter, se mit à détester le bruit,

Louise feels herself surrounded by bizarre comedians.

Charles' wife
She reads alot looking at the packaging of meaning.

LIRE   5

la passion, les enthousiasmes, toute la grosse vie
fruste et théâtrale des Schweitzer. Cette femme
vive et malicieuse mais froide pensait droit et mal,
parce que son mari pensait bien et de travers;*
parce qu'il était menteur et crédule, elle doutait
de tout : « Ils prétendent que la terre tourne;
qu'est-ce qu'ils en savent? » Entourée de vertueux
comédiens, elle avait pris en haine la comédie et
la vertu. Cette réaliste si fine, égarée dans une
famille de spiritualistes grossiers*se fit voltairienne*
par défi sans avoir lu Voltaire. Mignonne et replète,
cynique, enjouée, elle devint la négation pure; d'un
haussement de sourcils, d'un imperceptible sourire,
elle réduisait en poudre toutes les grandes attitudes, pour elle-même et sans que personne s'en
aperçût. Son orgueil négatif et son égoïsme de refus
la dévorèrent. Elle ne voyait personne, ayant trop
de fierté pour briguer la première place, trop de
vanité pour se contenter de la seconde. « Sachez,
disait-elle, vous laisser désirer. » On la désira beaucoup, puis de moins en moins, et, faute de la voir,
on finit par l'oublier. Elle ne quitta plus guère son
fauteuil ou son lit. Naturalistes et puritains*— cette
combinaison de vertus est moins rare qu'on ne
pense — les Schweitzer aimaient les mots crus qui,
tout en rabaissant très chrétiennement le corps,
manifestaient leur large consentement aux fonctions
naturelles; Louise aimait les mots couverts.* Elle
lisait beaucoup de romans lestes dont elle appréciait moins l'intrigue que les voiles transparents
qui l'enveloppaient : « C'est osé, c'est bien écrit,
disait-elle d'un air délicat. Glissez, mortels, n'appuyez pas! »*Cette femme de neige*pensa mourir

de rire en lisant *La Fille de Feu* d'Adolphe Belot.
Elle se plaisait à raconter des histoires de nuits
de noces qui finissaient toujours mal : tantôt le
mari, dans sa hâte brutale, rompait le cou de sa
femme contre le bois du lit et tantôt, c'était la
jeune épousée qu'on retrouvait, au matin, réfugiée
sur l'armoire, nue et folle. Louise vivait dans le
demi-jour; Charles entrait chez elle, repoussait les
persiennes, allumait toutes les lampes, elle gémis-
sait en portant la main à ses yeux : « Charles! tu
m'éblouis! » Mais ses résistances ne dépassaient pas
les limites d'une opposition constitutionnelle :
Charles lui inspirait de la crainte, un prodigieux
agacement, parfois aussi de l'amitié, pourvu qu'il
ne la touchât pas. Elle lui cédait sur tout dès qu'il
se mettait à crier. Il lui fit quatre enfants par surprise : une fille qui mourut en bas âge, deux garçons, une autre fille. Par indifférence ou par respect, il avait permis qu'on les élevât dans la
religion catholique. Incroyante, Louise les fit
croyants par dégoût du protestantisme. Les deux
garçons prirent le parti de leur mère; elle les éloigna doucement de ce père volumineux; Charles
ne s'en aperçut même pas. L'aîné, Georges, entra
à Polytechnique;* le second, Emile, devint professeur d'allemand. Il m'intrigue : je sais qu'il est
resté célibataire mais qu'il imitait son père en tout,
bien qu'il ne l'aimât pas. Père et fils finirent par
se brouiller; il y eut des réconciliations mémo-
rables. Emile cachait sa vie; il adorait sa mère et,
jusqu'à la fin, il garda l'habitude de lui faire, sans
prévenir, des visites clandestines; il la couvrait de
baisers et de caresses puis se mettait à parler du

père, d'abord ironiquement puis avec rage et la quittait en claquant la porte. Elle l'aimait, je crois, mais il lui faisait peur : ces deux hommes rudes et difficiles la fatiguaient et elle leur préférait Georges qui n'était jamais là. Emile mourut en 1927, fou de solitude : sous son oreiller, on trouva un revolver; cent paires de chaussettes trouées, vingt paires de souliers éculés dans ses malles.

Anne-Marie, la fille cadette, passa son enfance sur une chaise. On lui apprit à s'ennuyer, à se tenir droite, à coudre. Elle avait des dons : on crut distingué de les laisser en friche; de l'éclat : on prit soin de le lui cacher. Ces bourgeois modestes et fiers jugeaient la beauté au-dessus de leurs moyens ou au-dessous de leur condition; ils la permettaient aux marquises et aux putains. Louise avait l'orgueil le plus aride : de peur d'être dupe elle niait chez ses enfants, chez son mari, chez elle-même les qualités les plus évidentes; Charles ne savait pas reconnaître la beauté chez les autres : il la confondait avec la santé : depuis la maladie de sa femme, il se consolait avec de fortes idéalistes, moustachues et colorées, qui se portaient bien. Cinquante ans plus tard, en feuilletant un album de famille, Anne-Marie s'aperçut qu'elle avait été belle.

A peu près vers le même temps que Charles Schweitzer rencontrait Louise Guillemin, un médecin de campagne*épousa la fille d'un riche propriétaire périgourdin et s'installa avec elle dans la triste grand-rue de Thiviers, en face du pharmacien. Au lendemain du mariage, on découvrit que le beau-père n'avait pas le sou. Outré, le docteur

Sartre resta quarante ans sans adresser la parole à
sa femme; à table, il s'exprimait par signes, elle
finit par l'appeler « mon pensionnaire ». Il parta-
geait son lit, pourtant, et, de temps à autre, sans
un mot, l'engrossait : elle lui donna deux fils et
une fille; ces enfants du silence s'appelèrent Jean-
Baptiste, Joseph et Hélène. Hélène épousa sur le
tard un officier de cavalerie qui devint fou; Joseph
fit son service dans les zouaves* et se retira de
bonne heure chez ses parents. Il n'avait pas de
métier : pris entre le mutisme de l'un et les criail-
leries de l'autre, il devint bègue et passa sa vie à
se battre contre les mots. Jean-Baptiste voulut préparer Navale,* pour voir la mer. En 1904, à Cher-
bourg, officier de marine et déjà rongé par les
fièvres de Cochinchine,* il fit la connaissance
d'Anne-Marie Schweitzer, s'empara de cette grande
fille délaissée, l'épousa, lui fit un enfant au galop,
moi, et tenta de se réfugier dans la mort.

    Mourir n'est pas facile : la fièvre intestinale mon-
tait sans hâte, il y eut des rémissions. Anne-Marie
le soignait avec dévouement, mais sans pousser
l'indécence jusqu'à l'aimer. Louise l'avait prévenue
contre la vie conjugale : après des noces de sang,*
c'était une suite infinie de sacrifices, coupée de tri-
vialités nocturnes. A l'exemple de sa mère, ma mère
préféra le devoir au plaisir. Elle n'avait pas beaucoup connu mon père, ni avant ni après le mariage,
et devait parfois se demander pourquoi cet étranger
avait choisi de mourir entre ses bras. On le trans-
porta dans une métairie à quelques lieues de Thiviers; son père venait le visiter chaque jour en
carriole. Les veilles et les soucis épuisèrent Anne-

Marie, son lait tarit, on me mit en nourrice non loin
de là et je m'appliquai, moi aussi, à mourir : d'en-
térite et peut-être de ressentiment. A vingt ans,
sans expérience ni conseils, ma mère se déchirait
entre deux moribonds inconnus; son mariage de
raison trouvait sa vérité dans la maladie et le deuil.
Moi, je profitais de la situation : à l'époque, les
mères nourrissaient elles-mêmes et longtemps; sans
la chance de cette double agonie, j'eusse été exposé
aux difficultés d'un sevrage tardif. Malade, sevré
par force à neuf mois, la fièvre et l'abrutissement
m'empêchèrent de sentir le dernier coup de ciseaux
qui tranche les liens de la mère et de l'enfant; je
plongeai dans un monde confus, peuplé d'hallucinations simples et de frustes idoles. A la mort de
mon père, Anne-Marie et moi, nous nous réveil-
lâmes d'un cauchemar commun; je guéris. Mais
nous étions victimes d'un malentendu : elle retrouvait avec amour un fils qu'elle n'avait jamais quitté
vraiment; je reprenais connaissance sur les genoux
d'une étrangère.

Sans argent ni métier, Anne-Marie décida de
retourner vivre chez ses parents. Mais l'insolent
trépas de mon père avait désobligé les Schweitzer :
il ressemblait trop à une répudiation. Pour n'avoir
su ni le prévoir ni le prévenir, ma mère fut réputée
coupable : elle avait pris, à l'étourdie, un mari
qui n'avait pas fait d'usage.*Pour la longue Ariane*
qui revint à Meudon, avec un enfant dans les bras,
tout le monde fut parfait :*mon grand-père avait
demandé sa retraite, il reprit du service*sans un
mot de reproche; ma grand-mère, elle-même, eut
le triomphe discret. Mais Anne-Marie, glacée de

reconnaissance, devinait le blâme sous les bons procédés : les familles, bien sûr, préfèrent les veuves aux filles mères, mais c'est de justesse. Pour obtenir son pardon, elle se dépensa sans compter, tint la maison de ses parents, à Meudon puis à Paris, se fit gouvernante, infirmière, majordome,* dame de compagnie, servante, sans pouvoir désarmer l'agacement muet de sa mère. Louise trouvait fastidieux de faire le menu tous les matins et les comptes tous les soirs mais elle supportait mal qu'on les fît à sa place; elle se laissait décharger de ses obligations en s'irritant de perdre ses prérogatives. Cette femme vieillissante et cynique n'avait qu'une illusion : elle se croyait indispensable. L'illusion s'évanouit : Louise se mit à jalouser sa fille. Pauvre Anne-Marie : passive, on l'eût accusée d'être une charge; active, on la soupçonnait de vouloir régenter la maison. Pour éviter le premier écueil, elle eut besoin de tout son courage, pour éviter le second, de toute son humilité. Il ne fallut pas longtemps pour que la jeune veuve redevînt mineure : une vierge avec tache.* On ne lui refusait pas l'argent de poche : on oubliait de lui en donner; elle usa sa garde-robe jusqu'à la trame sans que mon grand-père s'avisât de la renouveler. A peine tolérait-on qu'elle sortît seule. Lorsque ses anciennes amies, mariées pour la plupart, l'invitaient à dîner, il fallait solliciter la permission longtemps à l'avance et promettre qu'on la ramènerait avant dix heures. Au milieu du repas, le maître de maison se levait de table pour la reconduire en voiture. Pendant ce temps, en chemise de nuit, mon grand-père arpen-

tait sa chambre à coucher, montre en main. Sur
le dernier coup de dix heures, il tonnait. Les invitations se firent plus rares et ma mère se dégoûta
de plaisirs si coûteux.

La mort de Jean-Baptiste fut la grande affaire de
ma vie : elle rendit ma mère à ses chaînes et me
donna la liberté.

Il n'y a pas de bon père, c'est la règle; qu'on
n'en tienne pas grief aux hommes*mais au lien de
paternité qui est pourri. Faire des enfants, rien de
mieux; en *avoir*, quelle iniquité! Eût-il vécu,* mon
père se fût couché sur moi de tout son long et
m'eût écrasé. Par chance, il est mort en bas âge;
au milieu des Enées qui portent sur le dos leurs
Anchises,* je passe d'une rive à l'autre, seul et détestant ces géniteurs invisibles à cheval sur leurs fils
pour toute la vie; j'ai laissé derrière moi un jeune
mort qui n'eut pas le temps d'être mon père et qui
pourrait être, aujourd'hui, mon fils. Fut-ce un mal
ou un bien? Je ne sais; mais je souscris volontiers
au verdict d'un éminent psychanalyste : je n'ai pas
de Sur-moi.*

Ce n'est pas tout de mourir : il faut mourir à
temps. Plus tard, je me fusse senti coupable; un
orphelin conscient se donne tort : offusqués par
sa vue, ses parents se sont retirés dans leurs appartements du ciel. Moi, j'étais ravi : ma triste condition imposait le respect, fondait mon importance;
je comptais mon deuil au nombre de mes vertus.
Mon père avait eu la galanterie de mourir à ses

torts :*ma grand-mère répétait qu'il s'était dérobé
à ses devoirs; mon grand-père, justement fier de la
longévité Schweitzer, n'admettait pas qu'on disparût à trente ans; à la lumière de ce décès suspect,
il en vint à douter que son gendre eût jamais existé
et, pour finir, il l'oublia. Je n'eus même pas à l'oublier : en filant à l'anglaise, Jean-Baptiste m'avait
refusé le plaisir de faire sa connaissance. Aujour-
d'hui encore, je m'étonne du peu que je sais sur
lui. Il a aimé, pourtant, il a voulu vivre, il s'est vu
mourir; cela suffit pour faire tout un homme.*Mais
de cet homme-là, personne, dans ma famille, n'a
su me rendre curieux. Pendant plusieurs années,
j'ai pu voir, au-dessus de mon lit, le portrait d'un
petit officier. aux yeux candides, au crâne rond et
dégarni, avec de fortes moustaches : quand ma mère
s'est remariée, le portrait a disparu. Plus tard, j'ai
hérité de livres qui lui avaient appartenu : un
ouvrage de Le Dantec*sur l'avenir de la science,
un autre de Weber, intitulé : *Vers le positivisme
par l'idéalisme absolu.* Il avait de mauvaises lectures comme tous ses contemporains. Dans les
marges, j'ai découvert des griffonnages indéchiffrables, signes morts d'une petite illumination qui
fut vivante et dansante aux environs de ma naissance. J'ai vendu les livres : ce défunt me concer-
nait si peu. Je le connais par ouï-dire, comme le
Masque de Fer*ou le Chevalier d'Eon*et ce que je
sais de lui ne se rapporte jamais à moi : s'il m'a
aimé, s'il m'a pris dans ses bras, s'il a tourné vers
son fils ses yeux clairs, aujourd'hui mangés, personne n'en a gardé mémoire : ce sont des peines
d'amour perdues. Ce père n'est pas même une

ombre, pas même un regard : nous avons pesé
quelque temps, lui et moi, sur la même terre, voilà
tout. Plutôt que le fils d'un mort, on m'a fait
entendre que j'étais l'enfant du miracle. De là
vient, sans aucun doute, mon incroyable légèreté.
Je ne suis pas un chef, ni n'aspire à le devenir.
Commander, obéir, c'est tout un. Le plus autori-
taire commande au nom d'un autre, d'un parasite
sacré — son père —, transmet les abstraites violences qu'il subit. De ma vie je n'ai donné d'ordre
sans rire, sans faire rire; c'est que je ne suis pas
rongé par le chancre du pouvoir : on ne m'a pas
appris l'obéissance.

A qui obéirais-je? On me montre une jeune
géante, on me dit que c'est ma mère. De moi-même,
je la prendrais plutôt pour une sœur aînée. Cette
vierge en résidence surveillée, soumise à tous, je
vois bien qu'elle est là pour me servir. Je l'aime :
mais comment la respecterais-je, si personne ne la
respecte? Il y a trois chambres dans notre maison :
celle de mon grand-père, celle de ma grand-mère,
celle des « enfants ». Les « enfants », c'est nous :
pareillement mineurs et pareillement entretenus.
Mais tous les égards sont pour moi. Dans *ma*
chambre, on a mis un lit de jeune fille. La jeune
fille dort seule et s'éveille chastement; je dors
encore quand elle court prendre son « tub » à la
salle de bains; elle revient entièrement vêtue :
comment serais-je né d'elle? Elle me raconte ses
malheurs et je l'écoute avec compassion : plus tard
je l'épouserai pour la protéger. Je le lui promets :
j'étendrai ma main sur elle, je mettrai ma jeune
importance à son service. Pense-t-on que je vais

lui obéir? J'ai la bonté de céder à ses prières. Elle
ne me donne pas d'ordres d'ailleurs : elle esquisse
en mots légers un avenir qu'elle me loue de bien
vouloir réaliser : « Mon petit chéri sera bien
mignon, bien raisonnable, il va se laisser mettre
des gouttes dans le nez bien gentiment. » Je me
laisse prendre au piège de ces prophéties douil-
lettes.

Restait le patriarche :*il ressemblait tant à Dieu
le Père qu'on le prenait souvent pour lui. Un jour,
il entra dans une église par la sacristie; le curé
menaçait les tièdes des foudres célestes : « Dieu
est là! Il vous voit! » Tout à coup les fidèles décou-
vrirent, sous la chaire, un grand vieillard barbu
qui les regardait : ils s'enfuirent. D'autres fois, mon
grand-père disait qu'ils s'étaient jetés à ses genoux.
Il prit goût aux apparitions. Au mois de septembre
1914, il se manifesta dans un cinéma d'Arcachon :
nous étions au balcon, ma mère et moi, quand il
réclama la lumière; d'autres messieurs faisaient
autour de lui les anges et criaient : « Victoire! Victoire! » Dieu monta sur la scène et lut le communiqué de la Marne.*Du temps que sa barbe était
noire, il avait été Jéhovah et je soupçonne qu'Emile
est mort de lui, indirectement. Ce Dieu de colère se
gorgeait du sang de ses fils. Mais j'apparaissais au
terme de sa longue vie, sa barbe avait blanchi, le
tabac l'avait jaunie et la paternité ne l'amusait plus.
M'eût-il engendré, cependant, je crois bien qu'il
n'eût pu s'empêcher de m'asservir : par habitude.
Ma chance fut d'appartenir à un mort : un mort
avait versé les quelques gouttes de sperme qui font
le prix ordinaire d'un enfant; j'étais un fief du

soleil,* mon grand-père pouvait jouir de moi sans
me posséder : je fus sa « merveille » parce qu'il
souhaitait finir ses jours en vieillard émerveillé; il
prit le parti de me considérer comme une faveur
singulière du destin, comme un don gratuit et toujours révocable; qu'eût-il exigé de moi? Je le
comblais par ma seule présence. Il fut le Dieu
d'Amour*avec la barbe du Père et le Sacré-Cœur
du Fils; il me faisait l'imposition des mains, je sentais sur mon crâne la chaleur de sa paume, il m'appelait son tout-petit d'une voix qui chevrotait de
tendresse, les larmes embuaient ses yeux froids.
Tout le monde se récriait : « Ce garnement l'a
rendu fou! » Il m'adorait, c'était manifeste. M'ai-
mait-il? Dans une passion si publique, j'ai peine
à distinguer la sincérité de l'artifice : je ne crois
pas qu'il ait témoigné beaucoup d'affection à ses
autres petits-fils; il est vrai qu'il ne les voyait guère
et qu'ils n'avaient aucun besoin de lui. Moi, je
dépendais de lui pour tout : il adorait en moi sa
générosité.

A la vérité, il forçait un peu sur le sublime :
c'était un homme du XIX° siècle qui se prenait,
comme tant d'autres, comme Victor Hugo lui-
même, pour Victor Hugo.*Je tiens ce bel homme à
barbe de fleuve, toujours entre deux coups de
théâtre, comme l'alcoolique entre deux vins, pour
la victime de deux techniques récemment décou-
vertes : l'art du photographe et l'art d'être grand-
père. Il avait la chance et le malheur d'être photo-
génique; ses photos remplissaient la maison :
comme on ne pratiquait pas l'instantané, il y avait
gagné le goût des poses et des tableaux vivants;

tout lui était prétexte à suspendre ses gestes, à se
figer dans une belle attitude, à se pétrifier; il raf-
folait de ces courts instants d'éternité où il devenait
sa propre statue. Je n'ai gardé de lui — en raison
de son goût pour les tableaux vivants — que des
images raides de lanterne magique : un sous-bois,
je suis assis sur un tronc d'arbre, j'ai cinq ans :
Charles Schweitzer porte un panama, un costume
de flanelle crème à rayures noires, un gilet de piqué
blanc, barré par une chaîne de montre; son pince-
nez pend au bout d'un cordon; il s'incline sur moi,
lève un doigt bagué d'or, parle. Tout est sombre,
tout est humide, sauf sa barbe solaire : il porte son
auréole autour du menton. Je ne sais ce qu'il dit :
j'étais trop soucieux d'écouter pour entendre. Je
suppose que ce vieux républicain d'Empire* m'apprenait mes devoirs civiques et me racontait l'histoire bourgeoise;* il y avait eu des rois, des empe-
reurs, ils étaient très méchants; on les avait chassés,
tout allait pour le mieux. Le soir, quand nous
allions l'attendre sur la route, nous le reconnais-
sions bientôt, dans la foule des voyageurs qui sortaient du funiculaire, à sa haute taille, à sa
démarche de maître de menuet. Du plus loin qu'il
nous voyait, il se « plaçait », pour obéir aux injonc-
tions d'un photographe invisible : la barbe au vent,
le corps droit, les pieds en équerre, la poitrine
bombée, les bras largement ouverts. A ce signal je
m'immobilisais, je me penchais en avant, j'étais le
coureur qui prend le départ, le petit oiseau qui va
sortir de l'appareil; nous restions quelques instants
face à face, un joli groupe de Saxe,* puis je m'élan-
çais, chargé de fruits et de fleurs, du bonheur de

mon grand-père, j'allais buter contre ses genoux
avec un essoufflement feint, il m'enlevait de terre,
me portait aux nues, à bout de bras, me rabattait
sur son cœur en murmurant : « Mon trésor! »
C'était la deuxième figure, très remarquée des passants. Nous jouions une ample comédie aux cent
sketches divers : le flirt, les malentendus vite dis-
sipés, les taquineries débonnaires et les gronderies
gentilles, le dépit amoureux, les cachotteries tendres
et la passion; nous imaginions des traverses*à notre
amour pour nous donner la joie de les écarter :
j'étais impérieux parfois mais les caprices ne pouvaient masquer ma sensibilité exquise; il montrait
la vanité sublime et candide qui convient aux
grands-pères, l'aveuglement, les coupables faiblesses
que recommande Hugo. Si l'on m'eût mis au pain
sec, il m'eût porté des confitures; mais les deux
femmes terrorisées se gardaient bien de m'y mettre.
Et puis j'étais un enfant sage : je trouvais mon
rôle si seyant que je n'en sortais pas. En vérité, la
prompte retraite de mon père m'avait gratifié d'un
« Œdipe »* fort incomplet : pas de Sur-moi, d'accord, mais point d'agressivité non plus. Ma mère
était à moi, personne ne m'en contestait la tranquille possession : j'ignorais la violence et la haine,
on m'épargna ce dur apprentissage, la jalousie;
faute de m'être heurté à ses angles, je ne connus
d'abord la réalité que par sa rieuse inconsistance.
Contre qui, contre quoi me serais-je révolté : jamais
le caprice d'un autre ne s'était prétendu ma
loi.

Je permets gentiment qu'on me mette mes souliers, des gouttes dans le nez, qu'on me brosse et

qu'on me lave, qu'on m'habille et qu'on me désha-
bille, qu'on me bichonne et qu'on me bouchonne;
je ne connais rien de plus amusant que de jouer à
être sage. Je ne pleure jamais, je ne ris guère, je
ne fais pas de bruit; à quatre ans, l'on m'a pris à
saler la confiture : par amour de la science, je suppose, plus que par malignité; en tout cas, c'est le
seul forfait dont j'aie gardé mémoire. Le dimanche,
ces dames*vont parfois à la messe, pour entendre
de bonne musique, un organiste en renom; ni
l'une ni l'autre ne pratiquent mais la foi des autres
les dispose à l'extase musicale; elles croient en
Dieu le temps de goûter une toccata. Ces moments
de haute spiritualité font mes délices : tout le
monde a l'air de dormir, c'est le cas*de montrer ce
que je sais faire : à genoux sur le prie-Dieu,*je me
change en statue; il ne faut pas même remuer
l'orteil; je regarde droit devant moi, sans ciller,
jusqu'à ce que les larmes roulent sur mes joues;
naturellement, je livre un combat de titan contre
les fourmis, mais je suis sûr de vaincre, si conscient
de ma force que je n'hésite pas à susciter en moi
les tentations les plus criminelles pour me donner
le plaisir de les repousser : si je me levais en
criant « Badaboum! »?*Si je grimpais à la colonne
pour faire pipi dans le bénitier? Ces terribles
évocations donneront plus de prix, tout à l'heure,
aux félicitations de ma mère. Mais je me mens; je
feins d'être en péril pour accroître ma gloire : pas
un instant les tentations ne furent vertigineuses; je
crains bien trop le scandale; si je veux étonner,
c'est par mes vertus. Ces faciles victoires me per-
suadent que je possède un bon naturel; je n'ai qu'à

m'y laisser aller pour qu'on m'accable de louanges.
Les mauvais désirs et les mauvaises pensées, quand
il y en a, viennent du dehors; à peine en moi, elles
languissent et s'étiolent : je suis un mauvais terrain
pour le mal. Vertueux par comédie, jamais je ne
m'efforce ni ne me contrains : j'invente. J'ai la
liberté princière de l'acteur qui tient son public
en haleine et raffine sur son rôle. On m'adore, donc
je suis adorable. Quoi de plus simple, puisque le
monde est bien fait? On me dit que je suis beau
et je le crois. Depuis quelque temps, je porte sur
l'œil droit la taie qui me rendra borgne et louche
mais rien n'y paraît encore. On tire de moi cent
photos que ma mère retouche avec des crayons de
couleur. Sur l'une d'elles, qui est restée, je suis
rose et blond, avec des boucles,* j'ai la joue ronde
et, dans le regard, une déférence affable pour
l'ordre établi; la bouche est gonflée par une hypo-
crite arrogance : je sais ce que je vaux.

Ce n'est pas assez que mon naturel soit bon; il
faut qu'il soit prophétique : la vérité sort de la
bouche des enfants. Tout proches encore de la
nature, ils sont les cousins du vent et de la mer :
leurs balbutiements offrent à qui sait les entendre
des enseignements larges et vagues. Mon grand-
père avait traversé le lac de Genève* avec Henri
Bergson :* « J'étais fou d'enthousiasme, disait-il, je
n'avais pas assez d'yeux pour contempler les crêtes
étincelantes, pour suivre les miroitements de l'eau.
Mais Bergson, assis sur une valise, n'a pas cessé
de regarder entre ses pieds. » Il concluait de cet
incident de voyage que la méditation poétique est
préférable à la philosophie. Il médita sur moi : au

jardin, assis dans un transatlantique, un verre de
bière à portée de la main, il me regardait courir
et sauter, il cherchait une sagesse dans mes propos
confus, il l'y trouvait. J'ai ri plus tard de cette
folie; je le regrette : c'était le travail de la mort.
Charles combattait l'angoisse par l'extase. Il admi-
rait en moi l'œuvre admirable de la terre pour se
persuader que tout est bon, même notre fin miteuse.
Cette nature qui se préparait à le reprendre, il
allait la chercher sur les cimes, dans les vagues, au
milieu des étoiles, à la source de ma jeune vie,
pour pouvoir l'embrasser tout entière et tout en
accepter, jusqu'à la fosse qui s'y creusait pour lui.
Ce n'était pas la Vérité, c'était *sa* mort qui lui
parlait par ma bouche. Rien d'étonnant si le fade
bonheur de mes premières années a eu parfois un
goût funèbre : je devais ma liberté à un trépas
opportun, mon importance à un décès très attendu.
Mais quoi : toutes les pythies* sont des mortes,
chacun sait cela; tous les enfants sont des miroirs
de mort.

Et puis mon grand-père se plaît à emmerder ses
fils. Ce père terrible a passé sa vie à les écraser;
ils entrent sur la pointe des pieds et le surprennent
aux genoux d'un môme : de quoi leur crever le
cœur! Dans la lutte des générations, enfants et
vieillards font souvent cause commune : les uns
rendent les oracles, les autres les déchiffrent. La
Nature parle et l'expérience traduit : les adultes
n'ont plus qu'à la boucler. A défaut d'enfant, qu'on
prenne un caniche : au cimetière des chiens, l'an
dernier, dans le discours tremblant*qui se poursuit
de tombe en tombe, j'ai reconnu les maximes de

mon grand-père : les chiens savent aimer; ils sont
plus tendres que les hommes, plus fidèles; ils ont
du tact, un instinct sans défaut qui leur permet
de reconnaître le Bien, de distinguer les bons des
méchants. « Polonius,* disait une inconsolée, tu es
meilleur que je ne suis : tu ne m'aurais pas sur-
vécu; je te survis. » Un ami américain m'accompagnait : outré, il donna un coup de pied à un chien
de ciment et lui cassa l'oreille. Il avait raison :
quand on aime *trop* les enfants et les bêtes, on les
aime contre les hommes.

Donc je suis un caniche d'avenir;* je prophétise.
J'ai des mots d'enfant, on les retient, on me les
répète : j'apprends à en faire d'autres. J'ai des
mots d'homme : je sais tenir, sans y toucher,* des
propos « au-dessus de mon âge ». Ces propos sont
des poèmes; la recette est simple : il faut se fier au
Diable, au hasard, au vide, emprunter des phrases
entières aux adultes, les mettre bout à bout et les
répéter sans les comprendre. Bref, je rends de vrais
oracles et chacun les entend comme il veut. Le
Bien naît au plus profond de mon cœur, le Vrai
dans les jeunes ténèbres de mon Entendement. Je
m'admire de confiance :* il se trouve que mes gestes
et mes paroles ont une qualité qui m'échappe et
qui saute aux yeux des grandes personnes; qu'à
cela ne tienne! je leur offrirai sans défaillance le
plaisir délicat qui m'est refusé. Mes bouffonneries
prennent les dehors de la générosité : de pauvres
gens se désolaient de n'avoir pas d'enfant; attendri,
je me suis tiré du néant dans un emportement d'al-
truisme et j'ai revêtu le déguisement de l'enfance
pour leur donner l'illusion d'avoir un fils. Ma mère

et ma grand-mère m'invitent souvent à répéter
l'acte d'éminente bonté*qui m'a donné le jour : elles
flattent les manies de Charles Schweitzer, son goût
pour les coups de théâtre, elles lui ménagent des
surprises. On me cache derrière un meuble, je
retiens mon souffle, les femmes quittent la pièce ou
feignent de m'oublier, je m'anéantis; mon grand-
père entre dans la pièce, las et morne, tel qu'il
serait si je n'existais pas; tout d'un coup, je sors
de ma cachette, je lui fais la grâce de naître, il
m'aperçoit, entre dans le jeu, change de visage et
jette les bras au ciel : je le comble de ma présence.
En un mot, je me donne; je me donne toujours et
partout, je donne tout : il suffit que je pousse une
porte pour avoir, moi aussi, le sentiment de faire
une apparition. Je pose mes cubes les uns sur les
autres, je démoule mes pâtés de sable, j'appelle à
grands cris; quelqu'un vient qui s'exclame; j'ai
fait un heureux de plus. Le repas, le sommeil et
les précautions contre les intempéries forment les
fêtes principales et les principales obligations d'une
vie toute cérémonieuse. Je mange en public, comme
un roi : si je mange *bien*,*on me félicite; ma grand-
mère, elle-même, s'écrie : « Qu'il est sage d'avoir
faim! »

Je ne cesse de me créer; je suis le donateur et
la donation. Si mon père vivait, je connaîtrais mes
droits et mes devoirs; il est mort et je les ignore :
je n'ai pas de droit puisque l'amour me comble;
je n'ai pas de devoir puisque je donne par
amour. Un seul mandat : plaire; tout pour la
montre. Dans notre famille, quelle débauche de
générosité : mon grand-père me fait vivre et moi

je fais son bonheur; ma mère se dévoue à tous. Quand j'y pense, aujourd'hui, ce dévouement seul me semble vrai; mais nous avions tendance à le passer sous silence. N'importe : notre vie n'est qu'une suite de cérémonies et nous consumons notre temps à nous accabler d'hommages. Je respecte les adultes à condition qu'ils m'idolâtrent; je suis franc, ouvert, doux comme une fille. Je pense bien,* je fais confiance aux gens : tout le monde est bon puisque tout le monde est content. Je tiens la société pour une rigoureuse hiérarchie de mérites et de pouvoirs. Ceux qui occupent le sommet de l'échelle donnent tout ce qu'ils possèdent à ceux qui sont au-dessous d'eux. Je n'ai garde, pourtant, de me placer sur le plus haut échelon : je n'ignore pas qu'on le réserve à des personnes sévères et bien intentionnées qui font régner l'ordre. Je me tiens sur un petit perchoir marginal, non loin d'eux, et mon rayonnement s'étend du haut en bas de l'échelle. Bref, je mets tous mes soins à m'écarter de la puissance séculière : ni au-dessous, ni au-dessus, ailleurs. Petit-fils de clerc,* je suis, dès l'enfance, un clerc; j'ai l'onction des princes d'Eglise, un enjouement sacerdotal. Je traite les inférieurs en égaux : c'est un pieux mensonge que je leur fais pour les rendre heureux et dont il convient qu'ils soient dupes*jusqu'à un certain point. A ma bonne, au facteur, à ma chienne, je parle d'une voix patiente et tempérée. Dans ce monde en ordre il y a des pauvres. Il y a aussi des moutons à cinq pattes, des sœurs siamoises, des accidents de chemin de fer : ces anomalies ne sont la faute de personne. Les bons pauvres ne savent pas que leur office est

d'exercer notre générosité; ce sont des pauvres hon-
teux, ils rasent les murs; je m'élance, je leur glisse
dans la main une pièce de deux sous et, surtout, je
leur fais cadeau d'un beau sourire égalitaire. Je
trouve qu'ils ont l'air bête et je n'aime pas les
toucher mais je m'y force : c'est une épreuve; et
puis il faut qu'ils m'aiment : cet amour embellira
leur vie. Je sais qu'ils manquent du nécessaire et
il me plaît d'être leur superflu. D'ailleurs, quelle
que soit leur misère, ils ne souffriront jamais autant
que mon grand-père : quand il était petit, il se
levait avant l'aube et s'habillait dans le noir;
l'hiver, pour se laver, il fallait briser la glace dans
le pot à eau. Heureusement, les choses se sont
arrangées depuis : mon grand-père croit au Progrès,
moi aussi : le Progrès, ce long chemin ardu qui
mène jusqu'à moi.

C'était le Paradis. Chaque matin, je m'éveillais
dans une stupeur de joie, admirant la chance folle
qui m'avait fait naître dans la famille la plus unie,
dans le plus beau pays du monde. Les mécontents
me scandalisaient : de quoi pouvaient-ils se plaindre? C'étaient des mutins. Ma grand-mère, en par-
ticulier, me donnait les plus vives inquiétudes :
j'avais la douleur de constater qu'elle ne m'admi-
rait pas assez. De fait, Louise m'avait percé à jour.
Elle blâmait ouvertement en moi le cabotinage
qu'elle n'osait reprocher à son mari : j'étais un
polichinelle, un pasquin,* un grimacier, elle m'or-
donnait de cesser mes « simagrées ». J'étais d'autant
plus indigné que je la soupçonnais de se moquer
aussi de mon grand-père : c'était « l'Esprit qui

toujours nie ».* Je lui *répondais,* elle exigeait des
excuses; sûr d'être soutenu, je refusais d'en faire.
Mon grand-père saisissait au bond l'occasion de
montrer sa faiblesse : il prenait mon parti contre
sa femme qui se levait, outragée, pour aller s'enfermer dans sa chambre. Inquiète, craignant les
rancunes de ma grand-mère, ma mère parlait bas,
donnait humblement tort à son père qui haussait
les épaules et se retirait dans son cabinet de travail;
elle me suppliait enfin d'aller demander mon pardon. Je jouissais de mon pouvoir : j'étais saint
Michel et j'avais terrassé l'Esprit malin.* Pour finir,
j'allais m'excuser négligemment. A part cela, bien
entendu, je l'adorais : *puisque* c'était ma grand-
mère. On m'avait suggéré de l'appeler Mamie,
d'appeler le chef de famille par son prénom alsacien,* Karl. Karl et Mamie, ça sonnait mieux que
Roméo et Juliette, que Philémon et Baucis.* Ma
mère me répétait cent fois par jour non sans intention : « Karlémami nous attendent; Karlémami
seront contents, Karlémami... » évoquant par l'intime union de ces quatre syllabes l'accord parfait
des personnes. Je n'étais qu'à moitié dupe, je m'arrangeais pour le paraître entièrement : d'abord à
mes propres yeux. Le mot jetait son ombre sur la
chose; à travers Karlémami je pouvais maintenir
l'unité sans faille de la famille et reverser sur la
tête de Louise une bonne partie des mérites de
Charles. Suspecte et peccamineuse,* ma grand-mère,
toujours au bord de faillir, était retenue par le bras
des anges, par le pouvoir d'un mot.
  Il y a de vrais méchants : les Prussiens, qui nous
ont pris l'Alsace-Lorraine et toutes nos horloges,

sauf la pendule de marbre noir qui orne la cheminée de mon grand-père et qui lui fut offerte,
justement, par un groupe d'élèves allemands; on
se demande où ils l'ont volée. On m'achète les livres
de Hansi,*on m'en fait voir les images : je n'éprouve
aucune antipathie pour ces gros hommes en sucre
rose qui ressemblent si fort à mes oncles alsaciens.
Mon grand-père, qui a choisi la France en 71, va
de temps en temps à Gunsbach, à Pfaffenhofen,
rendre visite à ceux qui sont restés. On m'emmène.
Dans les trains, quand un contrôleur allemand lui
demande ses billets, dans les cafés quand un garçon
tarde à prendre la commande, Charles Schweitzer
s'empourpre de colère patriotique; les deux femmes
se cramponnent à ses bras : « Charles! Y songes-tu?*
Ils nous expulseront et tu seras bien avancé! » Mon
grand-père hausse le ton : « Je voudrais bien voir
qu'ils m'expulsent : je suis chez moi! » On˙ me
pousse dans ses jambes, je le regarde d'un air sup-
pliant, il se calme : « C'est bien pour le petit »,
soupire-t-il en me rabotant la tête de ses doigts
secs. Ces scènes m'indisposent contre lui sans m'indigner contre les occupants. Du reste, Charles ne
manque pas, à Gunsbach, de s'emporter contre sa
belle-sœur; plusieurs fois par semaine, il jette sa
serviette sur la table et quitte la salle à manger en
claquant la porte : pourtant, ce n'est pas une Allemande. Après le repas, nous allons gémir et sangloter à ses pieds, il nous oppose un front d'airain.
Comment ne pas souscrire au jugement de ma
grand-mère : « L'Alsace ne lui vaut rien;* il ne
devrait pas y retourner si souvent »? D'ailleurs, je
n'aime pas tant les Alsaciens qui me traitent sans

respect, et je ne suis pas si fâché qu'on nous les
ait pris. Il paraît que je vais trop souvent chez
l'épicier de Pfaffenhofen, M. Blumenfeld, que je le
dérange pour un rien. Ma tante Caroline a « fait
des réflexions » à ma mère; on me les communique;
pour une fois, Louise et moi nous sommes
complices : elle déteste la famille de son mari. A
Strasbourg, d'une chambre d'hôtel où nous sommes
réunis, j'entends des sons grêles et lunaires, je
cours à la fenêtre; l'armée! Je suis tout heureux
de voir défiler la Prusse au son de cette musique
puérile, je bats des mains. Mon grand-père est resté
sur sa chaise, il grommelle; ma mère vient me
souffler à l'oreille qu'il faut quitter la fenêtre.
J'obéis en boudant un peu. Je déteste les Allemands, parbleu, mais sans conviction. Du reste,
Charles ne peut se permettre qu'une pointe délicate*
de chauvinisme : en 1911 nous avons quitté Meudon
pour nous installer à Paris, 1 rue Le Goff;*il a dû
prendre sa retraite et vient de fonder, pour nous
faire vivre, l'Institut des Langues Vivantes : on y
enseigne le français aux étrangers de passage. Par
la méthode directe. Les élèves, pour la plupart,
viennent d'Allemagne. Ils paient bien : mon grand-
père met les louis d'or sans jamais les compter
dans la poche de son veston; ma grand-mère,
insomniaque, se glisse, la nuit, dans le vestibule
pour prélever sa dîme « en catimini » comme elle
dit elle-même à sa fille : en un mot, l'ennemi nous
entretient; une guerre franco-allemande nous rendrait l'Alsace et ruinerait l'Institut : Charles est
pour le maintien de la Paix. Et puis il y a de bons
Allemands, qui viennent déjeuner chez nous : une

romancière rougeaude et velue que Louise appelle
avec un petit rire jaloux : « La Dulcinée de
Charles », un docteur chauve qui pousse ma mère
contre les portes et tente de l'embrasser ; quand
elle s'en plaint timidement, mon grand-père
éclate : « Vous me brouillez avec tout le monde ! »
Il hausse les épaules, conclut : « Tu as eu des
visions, ma fille », et c'est elle qui se sent coupable. Tous ces invités comprennent qu'il faut
s'extasier sur mes mérites, ils me tripotent docile-
ment : c'est donc qu'ils possèdent, en dépit de leurs
origines, une obscure notion du Bien. A la fête
anniversaire de la fondation de l'Institut, il y a
plus de cent invités, de la tisane de*champagne,
ma mère et Mlle Moutet jouent du Bach à quatre
mains ; en robe de mousseline bleue, avec des étoiles
dans les cheveux, des ailes, je vais de l'un à l'autre,
offrant des mandarines dans une corbeille, on se
récrie : « C'est *réellement* un ange ! » Allons, ce
ne sont pas de si mauvaises gens. Bien entendu,
nous n'avons pas renoncé à venger l'Alsace martyre : en famille, à voix basse, comme font les cousins de Gunsbach et de Pfaffenhofen, nous tuons les
Boches par le ridicule ; on rit cent fois de suite, sans
se lasser, de cette étudiante qui vient d'écrire dans
un thème français : « Charlotte était percluse de
douleurs sur la tombe de Werther »,*de ce jeune professeur qui, au cours d'un dîner, a considéré sa tranche de melon avec défiance et fini par la manger
tout entière y compris les pépins et l'écorce. Ces
bévues m'inclinent à l'indulgence : les Allemands
sont des êtres inférieurs qui ont la chance d'être
nos voisins ; nous leur donnerons nos lumières.

Un baiser sans moustache, disait-on alors, c'est
comme un œuf sans sel; j'ajoute : et comme le
Bien sans Mal, comme ma vie entre 1905 et 1914.
Si l'on ne se définit qu'en s'opposant, j'étais l'indé-
fini en chair et en os; si l'amour et la haine sont
l'avers et le revers de la même médaille, je n'aimais
rien ni personne. C'était bien fait :*on ne peut pas
demander à la fois de haïr et de plaire. Ni de plaire
et d'aimer.

Suis-je donc un Narcisse? Pas même : trop soucieux de séduire, je m'oublie. Après tout, ça ne
m'amuse pas tant de faire des pâtés, des gribouillages, mes besoins naturels : pour leur donner du
prix à mes yeux, il faut qu'au moins une grande
personne s'extasie sur mes produits. Heureusement,
les applaudissements ne manquent pas : qu'ils
écoutent mon babillage ou l'Art de la Fugue, les
adultes ont le même sourire de dégustation malicieuse et de connivence; cela montre ce que je suis
au fond : un bien culturel. La culture m'imprègne
et je la rends à la famille par rayonnement, comme
les étangs, au soir, rendent la chaleur du jour.

J'ai commencé ma vie comme je la finirai sans
doute : au milieu des livres. Dans le bureau de
mon grand-père, il y en avait partout; défense était
faite de les épousseter sauf une fois l'an, avant la
rentrée d'octobre. Je ne savais pas encore lire que,
déjà, je les révérais, ces pierres levées : droites ou
penchées, serrées comme des briques sur les rayons
de la bibliothèque ou noblement espacées en allées

de menhirs, je sentais que la prospérité de notre
famille en dépendait. Elles se ressemblaient toutes,
je m'ébattais dans un minuscule sanctuaire, entouré
de monuments trapus, antiques, qui m'avaient vu
naître, qui me verraient mourir et dont la permanence me garantissait un avenir aussi calme que
le passé. Je les touchais en cachette pour honorer
mes mains de leur poussière mais je ne savais trop
qu'en faire et j'assistais chaque jour à des cérémonies dont le sens m'échappait : mon grand-père —
si maladroit, d'habitude, que ma mère lui bouton-
nait ses gants — maniait ces objets culturels avec
une dextérité d'officiant. Je l'ai vu mille fois se
lever d'un air absent, faire le tour de sa table, traverser la pièce en deux enjambées, prendre un
volume sans hésiter, sans se donner le temps de
choisir, le feuilleter en regagnant son fauteuil, par
un mouvement combiné du pouce et de l'index
puis, à peine assis, l'ouvrir d'un coup sec « à
la bonne page » en le faisant craquer comme un
soulier. Quelquefois je m'approchais pour observer
ces boîtes qui se fendaient comme des huîtres et je
découvrais la nudité de leurs organes intérieurs,
des feuilles blêmes et moisies, légèrement boursou-
flées, couvertes de veinules noires, qui buvaient
l'encre et sentaient le champignon.

Dans la chambre de ma grand-mère les livres
étaient couchés; elle les empruntait à un cabinet
de lecture*et je n'en ai jamais vu plus de deux à la
fois. Ces colifichets me faisaient penser à des confi-
series de Nouvel An parce que leurs feuillets
souples et miroitants semblaient découpés dans du
papier glacé. Vifs, blancs, presque neufs, ils ser-

vaient de prétexte à des mystères légers. Chaque
vendredi, ma grand-mère s'habillait pour sortir et
disait : « Je vais *les* rendre »; au retour, après avoir
ôté son chapeau noir et sa voilette, elle *les* tirait
de son manchon et je me demandais, mystifié :
« Sont-ce les mêmes ? » Elle les « couvrait » soi-
gneusement puis, après avoir choisi l'un d'eux, s'installait près de la fenêtre, dans sa bergère à oreil-
lettes, chaussait ses besicles, soupirait de bonheur
et de lassitude, baissait les paupières avec un fin
sourire voluptueux que j'ai retrouvé depuis sur les
lèvres de la Joconde; ma mère se taisait, m'invitait
à me taire, je pensais à la messe, à la mort, au
sommeil : je m'emplissais d'un silence sacré. De
temps en temps, Louise avait un petit rire; elle
appelait sa fille, pointait du doigt sur une ligne
et les deux femmes échangeaient un regard
complice. Pourtant, je n'aimais pas ces brochures
trop distinguées; c'étaient des intruses et mon
grand-père ne cachait pas qu'elles faisaient l'objet
d'un culte mineur,* exclusivement féminin. Le
dimanche, il entrait par désœuvrement dans la
chambre de sa femme et se plantait devant elle
sans rien trouver à lui dire; tout le monde le regardait, il tambourinait contre la vitre puis, à bout
d'invention, se retournait vers Louise et lui ôtait
des mains son roman : « Charles! s'écriait-elle
furieuse, tu vas me perdre ma page! » Déjà, les
sourcils hauts, il lisait; brusquement son index
frappait la brochure : « Comprends pas! — Mais
comment veux-tu comprendre? disait ma grand-
mère : tu lis par-dedans! »* Il finissait par jeter le
livre sur la table et s'en allait en haussant les épaules.

Il avait sûrement raison puisqu'il était du métier.
Je le savais : il m'avait montré, sur un rayon de la
bibliothèque, de forts volumes cartonnés et recou-
verts de toile brune. « Ceux-là, petit, c'est le grand-
père qui les a faits. » Quelle fierté! J'étais le petit-
fils d'un artisan spécialisé dans la fabrication des
objets saints, aussi respectable qu'un facteur
d'orgues, qu'un tailleur pour ecclésiastiques. Je le
vis à l'œuvre : chaque année, on rééditait le
*Deutsches Lesebuch.** Aux vacances, toute la
famille attendait les épreuves impatiemment :
Charles ne supportait pas l'inaction, il se fâchait
pour passer le temps. Le facteur apportait enfin de
gros paquets mous, on coupait les ficelles avec des
ciseaux; mon grand-père dépliait les placards, les
étalait sur la table de la salle à manger et les
sabrait de traits rouges; à chaque faute d'impression il jurait le nom de Dieu entre ses dents mais
il ne criait plus sauf quand la bonne prétendait
mettre le couvert. Tout le monde était content.
Debout sur une chaise, je contemplais dans l'extase
ces lignes noires, striées de sang. Charles Schweitzer
m'apprit qu'il avait un ennemi mortel, son Editeur.
Mon grand-père n'avait jamais su compter : pro-
digue par insouciance, généreux par ostentation,
il finit par tomber, beaucoup plus tard, dans cette
maladie des octogénaires, l'avarice, effet de l'impo-
tence et de la peur de mourir. A cette époque, elle
ne s'annonçait que par une étrange méfiance :
quand il recevait, par mandat, le montant de ses
droits d'auteur, il levait les bras au ciel en criant
qu'on lui coupait la gorge ou bien il entrait chez
ma grand-mère et déclarait sombrement : « Mon

éditeur me vole comme dans un bois. » Je découvris, stupéfait, l'exploitation de l'homme par l'homme. Sans cette abomination, heureusement circonscrite, le monde eût été bien fait, pourtant : les patrons donnaient selon leurs capacités aux ouvriers selon leurs mérites. Pourquoi fallait-il que les éditeurs, ces vampires, le déparassent en buvant le sang de mon pauvre grand-père? Mon respect s'accrut pour ce saint homme dont le dévouement ne trouvait pas de récompense : je fus préparé de bonne heure à traiter le professorat comme un sacerdoce et la littérature comme une passion.

Je ne savais pas encore lire mais j'étais assez snob pour exiger d'avoir *mes* livres. Mon grand-père se rendit chez son coquin d'éditeur et se fit donner *Les Contes* du poète Maurice Bouchor, récits tirés du folklore et mis au goût de l'enfance par un homme qui avait gardé, disait-il, des yeux d'enfant. Je voulus commencer sur l'heure les cérémonies d'appropriation. Je pris les deux petits volumes, je les flairai, je les palpai, les ouvris négligemment « à la bonne page » en les faisant craquer. En vain : je n'avais pas le sentiment de les posséder. J'essayai sans plus de succès de les traiter en poupées, de les bercer, de les embrasser, de les battre. Au bord des larmes, je finis par les poser sur les genoux de ma mère. Elle leva les yeux de son ouvrage : « Que veux-tu que je te lise, mon chéri? Les Fées? » Je demandais, incrédule : « Les Fées, c'est *là-dedans?* » Cette histoire m'était familière : ma mère me la racontait souvent, quand elle me débarbouillait, en s'interrompant pour me frictionner à l'eau de Cologne, pour ramasser, sous

la baignoire, le savon qui lui avait glissé des mains
et j'écoutais distraitement le récit trop connu; je
n'avais d'yeux que pour Anne-Marie, cette jeune
fille de tous mes matins; je n'avais d'oreilles que
pour sa voix troublée par la servitude; je me
plaisais à ses phrases inachevées, à ses mots toujours en retard, à sa brusque assurance, vivement
défaite et qui se tournait en déroute pour disparaître dans un effilochement mélodieux* et se
recomposer après un silence. L'histoire, ça venait
par-dessus le marché : c'était le lien de ses soliloques. Tout le temps qu'elle parlait nous étions
seuls et clandestins, loin des hommes, des dieux et
des prêtres, deux biches au bois, avec ces autres
biches, les Fées; je n'arrivais pas à croire qu'on
eût composé tout un livre pour y faire figurer cet
épisode de notre vie profane. qui sentait le savon
et l'eau de Cologne.

Anne-Marie me fit asseoir en face d'elle, sur ma
petite chaise; elle se pencha, baissa les paupières,
s'endormit.* De ce visage de statue sortit une voix
de plâtre. Je perdis la tête : qui racontait? quoi?
et à qui? Ma mère s'était absentée : pas un sourire,
pas un signe de connivence, j'étais en exil. Et puis
je ne reconnaissais pas son langage. Où prenait-elle
cette assurance? Au bout d'un instant j'avais
compris : c'était le livre qui parlait. Des phrases
en sortaient qui me faisaient peur : c'étaient de
vrais mille-pattes, elles grouillaient de syllabes et
de lettres, étiraient leurs diphtongues, faisaient
vibrer les doubles consonnes; chantantes, nasales,
coupées de pauses et de soupirs, riches en mots
inconnus, elles s'enchantaient d'elles-mêmes et de

leurs méandres sans se soucier de moi : quelquefois elles disparaissaient avant que j'eusse pu les comprendre, d'autres fois j'avais compris d'avance et elles continuaient de rouler noblement vers leur fin sans me faire grâce d'une virgule. Assurément, ce discours ne m'était pas destiné. Quant à l'histoire, elle s'était endimanchée : le bûcheron, la bûcheronne et leurs filles, la fée, toutes ces petites gens, nos semblables, avaient pris de la majesté; on parlait de leurs guenilles avec magnificence, les mots déteignaient sur les choses, transformant les actions en rites et les événements en cérémonies. Quelqu'un se mit à poser des questions : l'éditeur de mon grand-père, spécialisé dans la publication d'ouvrages scolaires, ne perdait aucune occasion d'exercer la jeune intelligence de ses lecteurs. Il me sembla qu'on interrogeait un enfant :*à la place du bûcheron, qu'eût-il fait? Laquelle des deux sœurs préférait-il? Pourquoi? Approuvait-il le châtiment de Babette? Mais cet enfant n'était pas tout à fait moi et j'avais peur de répondre. Je répondis pourtant, ma faible voix se perdit et je me sentis devenir un autre. Anne-Marie, aussi, c'était une autre, avec son air d'aveugle extra-lucide : il me semblait que j'étais l'enfant de toutes les mères, qu'elle était la mère de tous les enfants. Quand elle cessa de lire, je lui repris vivement les livres et les emportai sous mon bras sans dire merci.

A la longue je pris plaisir à ce déclic qui m'arrachait de moi-même : Maurice Bouchor se penchait sur l'enfance avec la sollicitude universelle qu'ont les chefs de rayon pour les clientes des grands magasins; cela me flattait. Aux récits improvisés,

je vins à préférer les récits préfabriqués; je devins
sensible à la succession rigoureuse des mots : à
chaque lecture ils revenaient, toujours les mêmes
et dans le même ordre, je les attendais. Dans les
contes d'Anne-Marie, les personnages vivaient au
petit bonheur, comme elle faisait elle-même : ils
acquirent des destins. J'étais à la Messe : j'assistais
à l'éternel retour des noms et des événements.

Je fus alors jaloux de ma mère et je résolus de
lui prendre son rôle. Je m'emparai d'un ouvrage
intitulé *Tribulations d'un Chinois en Chine**et je
l'emportai dans un cabinet de débarras; là, perché
sur un lit-cage, je fis semblant de lire : je suivais
des yeux les lignes noires sans en sauter une seule
et je me racontais une histoire à voix haute, en
prenant soin de prononcer toutes les syllabes. On
me surprit — ou je me fis surprendre — on se
récria, on décida qu'il était temps de m'enseigner
l'alphabet. Je fus zélé comme un catéchumène;
j'allais jusqu'à me donner des leçons particulières :
je grimpais sur mon lit-cage avec *Sans Famille**
d'Hector Malot, que je connaissais par cœur et,
moitié récitant, moitié déchiffrant, j'en parcourus
toutes les pages l'une après l'autre : quand la dernière fut tournée, je savais lire.

J'étais fou de joie : à moi ces voix séchées dans
leurs petits herbiers,* ces voix que mon grand-père
ranimait de son regard, qu'il entendait, que je
n'entendais pas! Je les écouterais, je m'emplirais
de discours cérémonieux, je saurais tout. On me
laissa vagabonder dans la bibliothèque et je donnai
l'assaut à la sagesse humaine. C'est ce qui m'a fait.
Plus tard, j'ai cent fois entendu les antisémites

reprocher aux juifs d'ignorer les leçons et les
silences de la nature; je répondais : « En ce cas,
je suis plus juif qu'eux. » Les souvenirs touffus et
la douce déraison des enfances paysannes, en vain
les chercherais-je en moi. Je n'ai jamais gratté la
terre ni quêté des nids, je n'ai pas herborisé ni
lancé des pierres aux oiseaux. Mais les livres ont
été mes oiseaux et mes nids, mes bêtes domestiques,
mon étable et ma campagne; la bibliothèque,
c'était le monde pris dans un miroir; elle en avait
l'épaisseur infinie, la variété, l'imprévisibilité. Je
me lançai dans d'incroyables aventures : il fallait
grimper sur les chaises, sur les tables, au risque de
provoquer des avalanches qui m'eussent enseveli.
Les ouvrages du rayon supérieur restèrent longtemps hors de ma portée; d'autres, à peine je les
avais découverts, me furent ôtés des mains;
d'autres, encore, se cachaient : je les avais pris,
j'en avais commencé la lecture, je croyais les avoir
remis en place, il fallait une semaine pour les
retrouver. Je fis d'horribles rencontres : j'ouvrais
un album, je tombais sur une planche en couleurs,
des insectes hideux grouillaient sous ma vue.
Couché sur le tapis, j'entrepris d'arides voyages à
travers Fontenelle,* Aristophane,* Rabelais :* les
phrases me résistaient à la manière des choses; il
fallait les observer, en faire le tour, feindre de
m'éloigner et revenir brusquement sur elles pour
les surprendre hors de leur garde : la plupart
du temps, elles gardaient leur secret. J'étais
La Pérouse, Magellan, Vasco de Gama; je découvrais des indigènes étranges : « Héautontimorouménos »* dans une traduction de Térence en

alexandrins, « idiosyncrasie » dans un ouvrage de
littérature comparée. Apocope, Chiasme, Parangon,*
cent autres Cafres impénétrables et distants surgissaient au détour d'une page et leur seule apparition disloquait tout le paragraphe. Ces mots durs
et noirs, je n'en ai connu le sens que dix ou
quinze ans plus tard et, même aujourd'hui, ils
gardent leur opacité : c'est l'humus de ma mémoire.

La bibliothèque ne comprenait guère que les
grands classiques de France et d'Allemagne. Il y
avait des grammaires, aussi, quelques romans
célèbres, les *Contes choisis* de Maupassant, des
ouvrages d'art — un *Rubens*, un *Van Dyck*, un
Dürer, un *Rembrandt* — que les élèves de mon
grand-père lui avaient offerts à l'occasion d'un
Nouvel An. Maigre univers. Mais le Grand Larousse
me tenait lieu de tout : j'en prenais un tome au
hasard, derrière le bureau, sur l'avant-dernier
rayon, A-Bello, Belloc-Ch ou Ci-D, Mele-Po ou
Pr-Z (ces associations de syllabes étaient devenues
des noms propres qui désignaient les secteurs du
savoir universel : il y avait la région Ci-D la
région Pr-Z, avec leur faune et leur flore, leurs
villes, leurs grands hommes et leurs batailles) ; je
le déposais péniblement sur le sous-main de mon
grand-père, je l'ouvrais, j'y dénichais les vrais
oiseaux,* j'y faisais la chasse aux vrais papillons
posés sur de vraies fleurs. Hommes et bêtes étaient
là, *en personne* : les gravures, c'étaient leurs corps,
le texte, c'était leur âme, leur essence singulière;
hors les murs, on rencontrait de vagues ébauches
qui s'approchaient plus ou moins des archétypes
sans atteindre à leur perfection : au Jardin d'Accli-

matation, les singes étaient moins singes, au Jardin
du Luxembourg,*les hommes étaient moins hommes.
Platonicien*par état, j'allais du savoir à son objet;
je trouvais à l'idée plus de réalité qu'à la chose,
parce qu'elle se donnait à moi d'abord et parce
qu'elle se donnait comme une chose. C'est dans
les livres que j'ai rencontré l'univers : assimilé,
classé, étiqueté, pensé, redoutable encore; et j'ai
confondu le désordre de mes expériences livresques
avec le cours hasardeux des événements réels. De
là vint cet idéalisme dont j'ai mis trente ans à me
défaire.

La vie quotidienne était limpide : nous fréquen-
tions des personnes rassises qui parlaient haut et
clair, fondaient leurs certitudes sur de sains principes, sur la Sagesse des Nations et ne daignaient
se distinguer du commun que par un certain
maniérisme de l'âme*auquel j'étais parfaitement
habitué. A peine émis, leurs avis me convain-
quaient par une évidence cristalline et simplette;
voulaient-elles justifier leurs conduites, elles fournissaient des raisons si ennuyeuses qu'elles ne
pouvaient manquer d'être vraies; leurs cas de
conscience, complaisamment exposés, me trou-
blaient moins qu'ils ne m'édifiaient : c'étaient de
faux conflits résolus d'avance, toujours les mêmes;
leurs torts, quand elles les reconnaissaient, ne
pesaient guère : la précipitation, une irritation
légitime mais sans doute exagérée avaient altéré
leur jugement; par bonheur, elles s'en étaient
avisées à temps; les torts des absents, plus graves,
n'étaient jamais impardonnables : on ne médisait
point, chez nous, on constatait, dans l'affliction.

les défauts d'un caractère. J'écoutais, je comprenais, j'approuvais, je trouvais ces propos rassurants et je n'avais pas tort puisqu'ils visaient à rassurer : rien n'est sans remède et, dans le fond, rien ne bouge, les vaines agitations de la surface ne doivent pas nous cacher le calme mortuaire qui est notre lot.

Nos visiteurs prenaient congé, je restais seul, je m'évadais de ce banal cimetière, j'allais rejoindre la vie, la folie dans les livres. Il me suffisait d'en ouvrir un pour y redécouvrir cette pensée inhumaine, inquiète dont les pompes et les ténèbres passaient mon entendement, qui sautait d'une idée à l'autre, si vite que je lâchais prise, cent fois par page, et la laissais filer, étourdi, perdu. J'assistais à des événements que mon grand-père eût certainement jugé invraisemblables et qui, pourtant, avaient l'éclatante vérité des choses écrites. Les personnages surgissaient sans crier gare, s'aimaient, se brouillaient, s'entr'égorgeaient; le survivant se consumait de chagrin, rejoignait dans la tombe l'ami, la tendre maîtresse qu'il venait d'assassiner. Que fallait-il faire? Etais-je appelé, comme les grandes personnes, à blâmer, féliciter, absoudre? Mais ces originaux n'avaient pas du tout l'air de se guider sur nos principes et leurs motifs, même lorsqu'on les donnait, m'échappaient. Brutus tue son fils et c'est ce que fait aussi Mateo Falcone.* Cette pratique paraissait donc assez commune. Autour de moi, pourtant, personne n'y avait recouru. A Meudon, mon grand-père s'était brouillé avec mon oncle Emile et je les avais entendus crier dans le jardin : il ne semblait pas, cependant, qu'il eût songé à l'abattre. Comment jugeait-il les pères infanticides? Moi, je m'abstenais : mes jours n'étaient pas en danger puisque j'étais orphelin et ces meurtres d'apparat m'amusaient un peu, mais, dans les récits qu'on en faisait, je sentais une approbation qui me déroutait. Horace, j'étais obligé de me faire violence pour ne pas cracher sur la gravure qui le montrait casqué, l'épée nue, courant après la pauvre Camille.* Karl fredonnait parfois :

> *On n' peut pas êt' plus proch' parents*
> *Que frère et sœur assurément...*

Ça me troublait : si l'on m'eût donné, par chance, une sœur, m'eût-elle été plus proche qu'Anne-Marie? Que Karlémami? Alors c'eût été mon amante. Amante n'était encore qu'un mot ténébreux que je rencontrais souvent dans les tragédies de Corneille. Des amants s'embrassent et se promettent de dormir dans le même lit (étrange coutume : pourquoi pas dans des lits jumeaux comme nous faisions, ma mère et moi?). Je ne savais rien de plus mais sous la surface lumineuse de l'idée, je pressentais une masse velue. Frère, en tout cas, j'eusse été incestueux. J'y rêvais. Dérivation?* Camouflage de sentiments interdits? C'est bien possible. J'avais une sœur aînée, ma mère, et je souhaitais une sœur cadette. Aujourd'hui encore — 1963 — c'est bien le seul lien de parenté qui m'émeuve [1]. J'ai commis la grave erreur de

---

1. Vers dix ans, je me délectais en lisant *Les Transatlantiques* : on y montre un petit Américain et sa sœur, fort innocents, d'ailleurs. Je m'incarnais dans le garçon et

chercher souvent parmi les femmes cette sœur qui
n'avait pas eu lieu : débouté, condamné aux
dépens. N'empêche que je ressuscite, en écrivant
ces lignes, la colère qui me prit contre le meurtrier
de Camille; elle est si fraîche et si vivante que je
me demande si le crime d'Horace n'est pas une des
sources' de mon antimilitarisme : les militaires
tuent leurs sœurs. Je lui en aurais fait voir, moi,
à ce soudard. Pour commencer, au poteau! Et
douze balles dans la peau! Je tournais la page; des
caractères d'imprimerie me démontraient mon
erreur : il fallait *acquitter* le sororicide.* Pendant
quelques instants, je soufflais, je frappais du sabot,
taureau déçu par le leurre. Et puis, je me hâtais
de jeter des cendres sur ma colère. C'était comme
ça; je devais en prendre mon parti : j'étais trop
jeune. J'avais tout pris de travers; la nécessité de
cet acquittement se trouvait justement établie par
les nombreux alexandrins qui m'étaient restés her-
métiques ou que j'avais sautés par impatience.
J'aimais cette incertitude et que l'histoire m'échap-
pât de tout côté : cela me dépaysait. Vingt fois je
relus les dernières pages de *Madame Bovary;*à la

j'aimais, à travers lui, Biddy, la fillette. J'ai longtemps
rêvé d'écrire un conte sur deux enfants perdus et discrè-
tement incestueux. On trouverait dans mes écrits des
traces de ce fantasme :*Oreste et Electre, dans *Les Mouches,*
Boris et Ivich dans *Les Chemins de la Liberté,* Frantz et
Leni dans *Les Séquestrés d'Altona.* Ce dernier couple
est le seul à passer aux actes. Ce qui me séduisait dans
ce lien de famille, c'était moins la tentation amoureuse
que l'interdiction de faire l'amour : feu et glace, délices
et frustration mêlées, l'inceste me plaisait s'il restait
platonique.

fin, j'en savais des paragraphes entiers par cœur
sans que la conduite du pauvre veuf me devînt plus
claire : il trouvait des lettres, était-ce une raison
pour laisser pousser sa barbe ? Il jetait un regard
sombre à Rodolphe, donc il lui gardait rancune —
de *quoi*, au fait ? Et pourquoi lui disait-il : « Je
ne vous en veux pas » ? Pourquoi Rodolphe le
trouvait-il « comique et un peu vil » ? Ensuite
Charles Bovary mourait : de chagrin ? de maladie ?
Et pourquoi le docteur l'ouvrait-il* puisque tout
était fini ? J'aimais cette résistance coriace dont je
ne venais jamais à bout ; mystifié, fourbu, je goûtais
l'ambiguë volupté de comprendre sans comprendre : c'était l'épaisseur du monde ; le cœur
humain dont mon grand-père parlait volontiers en
famille, je le trouvais fade et creux partout sauf
dans les livres. Des noms vertigineux condition-
naient mes humeurs, me plongeaient dans des ter-
reurs ou des mélancolies dont les raisons m'échappaient. Je disais « Charbovary » et je voyais, nulle
part, un grand barbu en loques se promener dans
un enclos : ce n'était pas supportable. A la source
de ces anxieuses délices il y avait la combinaison
de deux peurs contradictoires. Je craignais de
tomber la tête la première dans un univers fabuleux
et d'y errer sans cesse, en compagnie d'Horace, de
Charbovary, sans espoir de retrouver la rue Le Goff,
Karlémami ni ma mère. Et, d'un autre côté, je
devinais que ces défilés de phrases offraient aux
lecteurs adultes des significations qui se dérobaient
à moi. J'introduisais dans ma tête, par les yeux, des
mots vénéneux, infiniment plus riches que je ne
savais ; une force étrangère recomposait en moi

par le discours des histoires de furieux qui ne me
concernaient pas, un atroce chagrin, le délabrement
d'une vie : n'allais-je pas m'infecter, mourir empoi-
sonné? Absorbant le Verbe, absorbé par l'image,
je ne me sauvais, en somme, que par l'incompa-
tibilité de ces deux périls simultanés. A la tombée
du jour, égaré dans une jungle de paroles, tres-
saillant au moindre bruit, prenant les craquements
du parquet pour des interjections, je croyais
découvrir le langage à l'état de nature, sans les
hommes. Avec quel lâche soulagement, avec quelle
déception, je retrouvais la banalité familiale quand
ma mère entrait et donnait de la lumière en
s'écriant : « Mon pauvre chéri, mais tu t'arraches
les yeux! »* Hagard, je bondissais sur mes pieds,
je criais, je courais, je faisais le pasquin.* Mais
jusque dans cette enfance reconquise, je me tra-
cassais : *de quoi* parlent les livres? Qui les écrit?
Pourquoi? Je m'ouvris de ces inquiétudes à mon
grand-père qui, après réflexion, jugea qu'il était
temps de m'affranchir* et fit si bien qu'il me
marqua.

Longtemps il m'avait fait sauter sur sa jambe
tendue en chantant : « A cheval sur mon bidet;*
quand il trotte il fait des pets », et je riais de
scandale.* Il ne chanta plus : il m'assit sur ses
genoux et me regarda dans le fond des yeux : « Je
suis homme,* répétait-il d'une voix publique, je suis
homme et rien d'humain ne m'est étranger. » Il
exagérait beaucoup : comme Platon fit du poète,*
Karl chassait de sa République l'ingénieur, le marchand et probablement l'officier. Les fabriques lui
gâtaient le paysage; des sciences pures, il ne goûtait

que la pureté. A Guérigny où nous passions la dernière quinzaine de juillet, mon oncle Georges nous emmenait visiter les fonderies : il faisait chaud, des hommes brutaux et mal vêtus nous bousculaient; abasourdi par des bruits géants, je mourais de peur et d'ennui; mon grand-père regardait la coulée en sifflant,* par politesse, mais son œil restait mort. En Auvergne, par contre, au mois d'août, il furetait à travers les villages, se plantait devant les vieilles maçonneries, frappait les briques du bout de sa canne : « Ce que tu vois là, petit, me disait-il avec animation, c'est un mur gallo-romain. » Il appréciait aussi l'architecture religieuse et, bien qu'il abominât les papistes, il ne manquait jamais d'entrer dans les églises quand elles étaient gothiques; romanes, cela dépendait de son humeur. Il n'allait plus guère au concert mais il y avait été : il aimait Beethoven, sa pompe, ses grands orchestres; Bach aussi, sans élan. Parfois il s'approchait du piano et, sans s'asseoir, plaquait de ses doigts gourds quelques accords : ma grand-mère disait, avec un sourire fermé : « Charles compose. » Ses fils étaient devenus — Georges surtout — de bons exécutants qui détestaient Beethoven et préféraient à tout la musique de chambre; ces divergences de vue ne gênaient pas mon grand-père; il disait d'un air bon : « Les Schweitzer sont nés musiciens. »* Huit jours après ma naissance, comme je semblais m'égayer au tintement d'une cuiller, il avait décrété que j'avais de l'oreille.

Des vitraux, des arcs-boutants, des portails sculptés, des chorals, des crucifixions taillées dans

le bois ou la pierre, des Méditations en vers ou des
Harmonies poétiques : ces Humanités-là nous rame-
naient sans détour au Divin. D'autant plus qu'il
fallait y ajouter les beautés naturelles. Un même
souffle modelait les ouvrages de Dieu et les grandes
œuvres humaines; un même arc-en-ciel brillait
dans l'écume des cascades, miroitait entre les lignes
de Flaubert, luisait dans les clairs-obscurs de Rembrandt : c'était l'Esprit. L'Esprit parlait à Dieu des
Hommes, aux hommes il témoignait de Dieu. Dans
la Beauté, mon grand-père voyait la présence charnelle de la Vérité et la source des élévations les
plus nobles. En certaines circonstances exception-
nelles — quand un orage éclatait dans la montagne,
quand Victor Hugo* était inspiré — on pouvait
atteindre au Point Sublime où le Vrai, le Beau, le
Bien se confondaient.

J'avais trouvé ma religion : rien ne me parut
plus important qu'un livre. La bibliothèque, j'y
voyais un temple. Petit-fils de prêtre, je vivais sur
le toit du monde, au sixième étage, perché sur la
plus haute branche de l'Arbre Central : le tronc,
c'était la cage de l'ascenseur. J'allais, je venais sur
le balcon,* je jetais sur les passants un regard de
surplomb, je saluais, à travers la grille, Lucette
Moreau, ma voisine, qui avait mon âge, mes boucles
blondes et ma jeune féminité, je rentrais dans la
cella ou dans le *pronaos*,* je n'en descendais jamais
en personne : quand ma mère m'emmenait au
Luxembourg — c'est-à-dire : quotidiennement —
je prêtais ma guenille aux basses contrées* mais
mon corps glorieux ne quittait pas son perchoir,
je crois qu'il y est encore. Tout homme a son lieu

naturel; ni l'orgueil ni la valeur n'en fixent l'altitude : l'enfance décide. Le mien, c'est un sixième étage parisien avec vue sur les toits. Longtemps j'étouffai dans les vallées, les plaines m'accablèrent : je me traînais sur la planète Mars, la pesanteur m'écrasait; il me suffisait de gravir une taupinière pour retrouver la joie : je regagnais mon sixième symbolique, j'y respirais de nouveau l'air raréfié des Belles-Lettres, l'Univers s'étageait à mes pieds et toute chose humblement sollicitait un nom, le lui donner c'était à la fois la créer et la prendre. Sans cette illusion capitale, je n'eusse jamais écrit.

Aujourd'hui, 22 avril 1963, je corrige ce manuscrit au dixième étage d'une maison neuve : par la fenêtre ouverte, je vois un cimetière, Paris, les collines de Saint-Cloud, bleues. C'est dire mon obstination. Tout a changé, pourtant. Enfant, eussé-je voulu*mériter cette position élevée, il faudrait voir dans mon goût des pigeonniers un effet de l'ambition, de la vanité, une compensation de ma petite taille. Mais non; il n'était pas question de grimper sur mon arbre sacré : j'y étais, je refusais d'en descendre; il ne s'agissait pas de me placer au-dessus des hommes : je voulais vivre en plein éther parmi les simulacres aériens des Choses. Plus tard, loin de m'accrocher à des montgolfières, j'ai mis tout mon zèle à couler bas : il fallut chausser des semelles de plomb. Avec de la chance, il m'est arrivé parfois de frôler, sur des sables nus, des espèces sous-marines dont je devais inventer le nom. D'autres fois, rien à faire : une irrésistible légèreté me retenait à la surface. Pour finir, mon

altimètre s'est détraqué, je suis tantôt ludion,*tantôt
scaphandrier, souvent les deux ensemble comme il
convient dans notre partie :* j'habite en l'air par
habitude et je fouine en bas sans trop d'espoir.

Il fallut pourtant me parler des auteurs. Mon
grand-père le fit avec tact, sans chaleur. Il m'apprit
le nom de ces hommes illustres; seul, je m'en réci-
tais la liste, de Hésiode*à Hugo, sans une faute :
c'étaient les Saints et les Prophètes. Charles
Schweitzer leur vouait, disait-il, un culte. Ils le
dérangeaient pourtant : leur présence importune
l'empêchait d'attribuer directement au Saint-Esprit
les œuvres de l'Homme. Aussi nourrissait-il une
préférence secrète pour les anonymes, pour les
bâtisseurs qui avaient eu la modestie de s'effacer
devant leurs cathédrales, pour l'auteur innom-
brable des chansons populaires. Il ne détestait pas
Shakespeare, dont l'identité n'était pas établie.
Ni Homère, pour le même motif. Ni quelques
autres dont on n'était pas tout à fait sûr qu'ils
eussent existé. A ceux qui n'avaient pas voulu ou
su effacer les traces de leur vie il trouvait des
excuses à condition qu'ils fussent morts. Mais il
condamnait en bloc ses contemporains à l'exception
d'Anatole France*et de Courteline* qui l'égayait.
Charles Schweitzer jouissait fièrement de la consi-
dération qu'on témoignait à son grand âge, à sa
culture, à sa beauté, à ses vertus, ce luthérien*ne
se défendait pas de penser, très bibliquement, que
l'Eternel avait béni sa Maison. A table, il se
recueillait parfois pour prendre une vue cavalière*
sur sa vie et conclure : « Mes enfants, comme il
est bon de ne rien avoir à se reprocher. » Ses

emportements, sa majesté, son orgueil et son goût
du sublime couvraient une timidité d'esprit qui lui
venait de sa religion, de son siècle et de l'Université, son milieu. Par cette raison il éprouvait une
répugnance secrète pour les monstres sacrés de sa
bibliothèque, gens de sac et de corde dont il tenait,
au fond de soi, les livres pour des incongruités.
Je m'y trompais : la réserve qui paraissait sous un
enthousiasme de commande, je la prenais pour la
sévérité d'un juge; son sacerdoce l'élevait au-dessus
d'eux. De toute manière, me soufflait le ministre
du culte, le génie n'est qu'un prêt : il faut le
mériter par de grandes souffrances, par des
épreuves modestement, fermement traversées; on
finit par entendre des voix et l'on écrit sous la
dictée. Entre la première révolution russe* et le
premier conflit mondial, quinze ans après la mort
de Mallarmé,* au moment que Daniel de Fontanin* découvrait *Les Nourritures terrestres,** un
homme du XIX° siècle imposait à son petit-fils les
idées en cours sous Louis-Philippe.* Ainsi, dit-on,
s'expliquent les routines paysannes : les pères vont
aux champs, laissant les fils aux mains des grands-
parents. Je prenais le départ avec un handicap de
quatre-vingts ans. Faut-il m'en plaindre? Je ne
sais pas : dans nos sociétés en mouvement les
retards donnent quelquefois de l'avance. Quoi qu'il
en soit, on m'a jeté cet os à ronger et je l'ai si bien
travaillé que je vois le jour au travers. Mon grand-
père avait souhaité me dégoûter sournoisement
des écrivains, ces intermédiaires. Il obtint le
résultat contraire : je confondis le talent et le
mérite. Ces braves gens me ressemblaient : quand

j'étais bien sage, quand j'endurais vaillamment mes
bobos, j'avais droit à des lauriers, à une récompense; c'était l'enfance. Karl Schweitzer me
montrait d'autres enfants, comme moi surveillés,
éprouvés, récompensés, qui avaient su garder toute
leur vie mon âge. Sans frère ni sœur et sans camarades, je fis d'eux mes premiers amis. Ils avaient
aimé, souffert avec rigueur, comme les héros de
leurs romans, et surtout avaient bien fini; j'évo-
quais leurs tourments avec un attendrissement un
peu gai : comme ils devaient être contents, les
gars, quand ils se sentaient bien malheureux; ils
se disaient : « Quelle chance! un beau vers va
naître! »

A mes yeux, ils n'étaient pas morts, enfin, pas
tout à fait : ils s'étaient métamorphosés en livres.
Corneille, c'était un gros rougeaud, rugueux, au dos
de cuir, qui sentait la colle. Ce personnage incom-
mode et sévère, aux paroles difficiles, avait des
angles qui me blessaient les cuisses quand je le
transportais. Mais, à peine ouvert, il m'offrait ses
gravures, sombres et douces comme des confidences.
Flaubert, c'était un petit entoilé,* inodore, piqueté
de taches de son. Victor Hugo le multiple*nichait
sur tous les rayons à la fois. Voilà pour les corps;
quant aux âmes, elles hantaient les œuvres : les
pages, c'étaient des fenêtres, du dehors un visage
se collait contre la vitre, quelqu'un m'épiait; je
feignais de ne rien remarquer, je continuais ma
lecture, les yeux rivés aux mots sous le regard fixe
de feu Chateaubriand.* Ces inquiétudes ne duraient
pas; le reste du temps, j'adorais mes compagnons
de jeu. Je les mis au-dessus de tout et l'on me

raconta sans m'étonner que Charles Quint* avait
ramassé le pinceau du Titien : la belle affaire! un
prince est fait pour cela. Pourtant, je ne les respectais pas : pourquoi les eussé-je loués d'être
grands? Ils ne faisaient que leur devoir. Je blâmais
les autres d'être petits. Bref j'avais tout compris
de travers et je faisais de l'exception la règle :
l'espèce humaine devint un comité restreint qu'entouraient des animaux affectueux. Surtout mon
grand-père en usait trop mal avec eux pour que
je pusse les prendre au sérieux tout à fait. Il avait
cessé de lire depuis la mort de Victor Hugo; quand
il n'avait rien d'autre à faire, il relisait. Mais son
office était de traduire. Dans la vérité de son cœur,
l'auteur du *Deutsches Lesebuch* tenait la littérature
universelle pour son matériau. Du bout des lèvres,
il classait les auteurs par ordre de mérite, mais
cette hiérarchie de façade cachait mal ses préférences qui étaient utilitaires : Maupassant* four-
nissait aux élèves allemands*les meilleures versions;
Gœthe, battant d'une tête Gottfried Keller, était
inégalable pour les thèmes. Humaniste, mon grand-
père tenait les romans en petite estime; professeur,
il les prisait fort à cause du vocabulaire. Il finit par
ne plus supporter que les morceaux choisis*et je
l'ai vu, quelques années plus tard, se délecter d'un
extrait de *Madame Bovary* prélevé par Mironneau
pour ses *Lectures*, quand Flaubert au complet
attendait depuis vingt ans son bon plaisir.* Je
sentais qu'il vivait des morts, ce qui n'allait pas
sans compliquer mes rapports avec eux : sous prétexte de leur rendre un culte, il les tenait dans ses
chaînes et ne se privait pas de les découper en

tranches pour les transporter d'une langue à l'autre
plus commodément. Je découvris en même temps
leur grandeur et leur misère. Mérimée,* pour son
malheur, convenait au Cours Moyen;* en consé-
quence il menait double vie : au quatrième étage
de la bibliothèque, Colomba c'était une fraîche
colombe aux cent ailes, glacée, offerte et systématiquement ignorée; nul regard ne la déflora jamais.
Mais, sur le rayon du bas, cette même vierge
s'emprisonnait dans un sale petit bouquin brun et
puant; l'histoire ni la langue n'avaient changé,
mais il y avait des notes en allemand et un lexique;
j'appris en outre, scandale inégalé depuis le viol
de l'Alsace-Lorraine, qu'on l'avait édité à Berlin.
Ce livre-là, mon grand-père le mettait deux fois la
semaine dans sa serviette, il l'avait couvert de
taches, de traits rouges, de brûlures et je le détestais : c'était Mérimée humilié. Rien qu'à l'ouvrir,
je mourais d'ennui : chaque syllabe se détachait
sous ma vue comme elle faisait, à l'Institut,* dans
la bouche de mon grand-père. Imprimés en Allemagne, pour être lus par des Allemands, qu'étaient-
ils, d'ailleurs, ces signes connus et méconnaissables,
sinon la contrefaçon des mots français? Encore une
affaire d'espionnage : il eût suffi de gratter pour
découvrir, sous leur travestissement gaulois, les
vocables germaniques aux aguets. Je finis par me
demander s'il n'y avait pas deux Colomba, l'une
farouche et vraie, l'autre fausse et didactique,
comme il y a deux Yseut.*

Les tribulations de mes petits camarades me
convainquirent que j'étais leur pair. Je n'avais ni
leurs dons ni leurs mérites et je n'envisageais pas

encore d'écrire mais, petit-fils de prêtre, je l'emportais sur eux par la naissance; sans aucun doute
j'étais voué : non point à leurs martyres toujours
un peu scandaleux mais à quelque sacerdoce; je
serais sentinelle de la culture, comme Charles
Schweitzer. Et puis, j'étais vivant, moi, et fort
actif : je ne savais pas encore tronçonner les morts
mais je leur imposais mes caprices : je les prenais
dans mes bras, je les portais, je les déposais sur le
parquet, je les ouvrais, je les refermais, je les tirais
du néant pour les y replonger :* c'étaient mes
poupées, ces hommes-troncs,* et j'avais pitié de cette
misérable survie paralysée qu'on appelait leur
immortalité. Mon grand-père encourageait ces
familiarités : tous les enfants sont inspirés, ils ne
peuvent rien envier aux poètes qui sont tout bonne-
ment des enfants. Je raffolais de Courteline, je
poursuivais la cuisinière jusque dans sa cuisine
pour lui lire à haute voix *Théodore cherche des
allumettes.** On s'amusa de mon engouement, des
soins attentifs le développèrent, en firent une
passion publiée. Un beau jour mon grand-père me
dit négligemment : « Courteline doit être bon
bougre. Si tu l'aimes tant, pourquoi ne lui écris-tu
pas? » J'écrivis.* Charles Schweitzer guida ma
plume et décida de laisser plusieurs fautes d'orthographe dans ma lettre. Des journaux l'ont repro-
duite, il y a quelques années, et je ne l'ai pas relue
sans agacement. Je prenais congé sur ces mots
« votre futur ami » qui me semblaient tout naturels : j'avais pour familiers Voltaire et Corneille;
comment un écrivain *vivant* eût-il refusé mon
amitié? Courteline la refusa et fit bien : en répon-

dant au petit-fils, il fût tombé sur le grand-père.
A l'époque, nous jugeâmes sévèrement son silence :
« J'admets, dit Charles, qu'il ait beaucoup de travail mais, quand le diable y serait,* on répond à un
enfant. »

Aujourd'hui encore, ce vice mineur me reste, la
familiarité. Je les traite en Labadens,* ces illustres
défunts; sur Baudelaire, sur Flaubert je m'exprime
sans détours et quand on m'en blâme, j'ai toujours
envie de répondre : « Ne vous mêlez pas de nos
affaires. Ils m'ont appartenu, vos génies, je les ai
tenus dans mes mains, aimés à la passion, en toute
irrévérence. Vais-je prendre des gants avec eux? »
Mais l'humanisme de Karl, cet humanisme de
prélat,* je m'en suis débarrassé du jour où j'ai
compris que tout homme est tout l'homme. Comme
elles sont tristes, les guérisons : le langage est
désenchanté; les héros de la plume, mes anciens
pairs, dépouillés de leurs privilèges, sont rentrés
dans le rang : je porte deux fois leur deuil.*

Ce que je viens d'écrire est faux. Vrai. Ni vrai
ni faux comme tout ce qu'on écrit sur les fous, sur
les hommes. J'ai rapporté les faits avec autant
d'exactitude que ma mémoire le permettait. Mais
jusqu'à quel point croyais-je à mon délire? C'est
la question fondamentale et pourtant je n'en décide
pas. J'ai vu par la suite qu'on pouvait tout
connaître de nos affections hormis leur force,
c'est-à-dire leur sincérité. Les actes eux-mêmes ne
serviront pas d'étalon à moins qu'on n'ait prouvé
qu'ils ne sont pas des gestes,* ce qui n'est pas toujours facile. Voyez plutôt : seul au milieu des
adultes, j'étais un adulte en miniature, et j'avais

des lectures adultes; cela sonne faux, déjà, puisque, dans le même instant, je demeurais un enfant. Je ne prétends pas que je fusse coupable : c'était ainsi, voilà tout; n'empêche que mes explorations et mes chasses faisaient partie de la Comédie familiale, qu'on s'en enchantait, que je le savais : oui, je le savais, chaque jour, un enfant merveilleux réveillait les grimoires que son grand-père ne lisait plus. Je vivais au-dessus de mon âge comme on vit au-dessus de ses moyens : avec zèle, avec fatigue, coûteusement, pour la montre. A peine avais-je poussé la porte de la bibliothèque, je me retrouvais dans le ventre d'un vieillard inerte : le grand bureau, le sous-main, les taches d'encre, rouges et noires, sur le buvard rose, la règle, le pot de colle, l'odeur croupie du tabac, et, en hiver, le rougeoiement de la Salamandre,* les claquements du mica, c'était Karl en personne, réifié : il n'en fallait pas plus pour me mettre en état de grâce, je courais aux livres. Sincèrement? Qu'est-ce que cela veut dire? Comment pourrais-je fixer — après tant d'années, surtout — l'insaisissable et mouvante frontière qui sépare la possession*du cabotinage? Je me couchais sur le ventre, face aux fenêtres, un livre ouvert devant moi, un verre d'eau rougie*à ma droite, à ma gauche, sur une assiette, une tartine de confiture. Jusque dans la solitude j'étais en représentation : Anne-Marie, Karlémami avaient tourné ces pages bien avant que je fusse né, c'était leur savoir qui s'étalait à mes yeux; le soir, on m'interrogerait : «Qu'as-tu lu? qu'as-tu compris?», je le savais, j'étais en gésine,* j'accoucherais d'un mot d'enfant; fuir les grandes personnes

dans la lecture, c'était le meilleur moyen de
communier avec elles; absentes, leur regard futur
entrait en moi par l'occiput, ressortait par les pru-
nelles, fléchait à ras du sol ces phrases cent fois
lues que je lisais pour la première fois. Vu, je me
voyais : je me voyais lire comme on s'écoute parler.
Avais-je tant changé depuis le temps où je feignais
de déchiffrer « le Chinois en Chine »* avant de
connaître l'alphabet? Non : le jeu continuait.
Derrière moi, la porte s'ouvrait, on venait voir « ce
que je fabriquais » : je truquais, je me relevais
d'un bond, je remettais Musset*à sa place et j'allais
aussitôt, dressé sur la pointe des pieds, les bras
levés, prendre le pesant Corneille; on mesurait ma
passion à mes efforts, j'entendais, derrière moi, une
voix éblouie chuchoter : « Mais c'est qu'il *aime*
Corneille! » Je ne l'aimais pas : les alexandrins me
rebutaient. Par chance l'éditeur n'avait publié
in extenso que les tragédies les plus célèbres; des
autres il donnait le titre et l'argument analytique :
c'est ce qui m'intéressait : « Rodelinde, femme de
Pertharite, roi des Lombards et vaincu par Gri-
moald, est pressée par Unulphe de donner sa main
au prince étranger... » Je connus Rodogune, Théodore, Agésilas* avant le Cid, avant Cinna;* je
m'emplissais la bouche de noms sonores, le cœur
de sentiments sublimes et j'avais souci de ne pas
m'égarer dans les liens de parenté. On disait aussi :
« Ce petit a la soif de s'instruire; il dévore le
Larousse! » et je laissais dire. Mais je ne m'ins-
truisais guère : j'avais découvert que le dictionnaire
contenait des résumés de pièces et de romans; je
m'en délectais.

J'aimais plaire et je voulais prendre des bains de culture : je me rechargeais de sacré tous les jours. Distraitement parfois : il suffisait de me prosterner et de tourner les pages; les œuvres de mes petits amis* me servirent fréquemment de moulins à prière. En même temps, j'eus des effrois et des plaisirs *pour de bon;* il m'arrivait d'oublier mon rôle et de filer à tombeau ouvert, emporté par une folle baleine qui n'était autre que le monde. Allez conclure! En tout cas mon regard travaillait les mots : il fallait les essayer, décider de leur sens; la Comédie de la culture, à la longue, me cultivait.

Je faisais pourtant de *vraies* lectures : hors du sanctuaire, dans notre chambre ou sous la table de la salle à manger; de celles-là je ne parlais à personne, personne, sauf ma mère, ne m'en parlait. Anne-Marie avait pris au sérieux mes emportements truqués. Elle s'ouvrit à Mamie de ses inquiétudes. Ma grand-mère fut une alliée sûre : « Charles n'est pas raisonnable, dit-elle. C'est lui qui pousse le petit, je l'ai vu faire. Nous serons bien avancés quand cet enfant se sera desséché. » Les deux femmes évoquèrent aussi le surmenage et la méningite. Il eût été dangereux et vain d'attaquer mon grand-père de front : elles biaisèrent. Au cours d'une de nos promenades, Anne-Marie s'arrêta comme par hasard devant le kiosque qui se trouve encore à l'angle du boulevard Saint-Michel et de la rue Soufflot :* je vis des images merveilleuses, leurs couleurs criardes me fascinèrent, je les réclamai, je les obtins; le tour était joué : je voulus avoir toutes les semaines *Cri-Cri, L'Epatant, Les Vacances,* *Les Trois Boy-scouts* de

Jean de la Hire et *Le Tour du Monde en Aéroplane,**
d'Arnould Galopin qui paraissaient en fascicules
le jeudi. D'un jeudi à l'autre je pensais à l'Aigle
des Andes, à Marcel Dunot, le boxeur aux poings
de fer, à Christian l'aviateur beaucoup plus qu'à
mes amis Rabelais et Vigny.* Ma mère se mit en
quête*d'ouvrages qui me rendissent à mon enfance :
il y eut « les petits livres roses » d'abord, recueils
mensuels de contes de fées puis, peu à peu, *Les
Enfants du Capitaine Grant,*Le Dernier des Mohicans, Nicolas Nickleby, Les Cinq Sous de Lavarède.*
A Jules Verne, trop pondéré, je préférai les extra-
vagances de Paul d'Ivoi. Mais, quel que fût l'auteur,
j'adorais les ouvrages de la collection Hetzel,*petits
théâtres dont la couverture rouge à glands d'or
figurait le rideau : la poussière de soleil,* sur les
tranches, c'était la rampe. Je dois à ces boîtes
magiques — et non aux phrases balancées de
Chateaubriand*— mes premières rencontres avec
la Beauté. Quand je les ouvrais j'oubliais tout :
était-ce lire? Non, mais mourir d'extase : de mon
abolition*naissaient aussitôt des indigènes munis de
sagaies, la brousse, un explorateur casqué de blanc.
J'étais *vision,* j'inondais de lumière les belles joues
sombres d'Aouda, les favoris de Philéas Fogg.*Déli-
vrée d'elle-même enfin, la petite merveille* se
laissait devenir pur émerveillement. A cinquante centimètres du plancher naissait un bonheur
sans maître ni collier, parfait. Le Nouveau Monde
semblait d'abord plus inquiétant que l'Ancien :
on y pillait, on y tuait; le sang coulait à flots. Des
Indiens, des Hindous, des Mohicans, des Hottentots
ravissaient la jeune fille, ligotaient son vieux père

et se promettaient de le faire périr dans les plus atroces supplices. C'était le Mal pur. Mais il n'apparaissait que pour se prosterner devant le Bien : au chapitre suivant, tout serait rétabli. Des Blancs courageux feraient une hécatombe de sauvages, trancheraient les liens du père qui se jetterait dans les bras de sa fille. Seuls les méchants mouraient — et quelques bons très secondaires dont le décès figurait parmi les faux frais de l'histoire. Du reste la mort elle-même était aseptisée : on tombait les bras en croix, avec un petit trou rond sous le sein gauche ou, si le fusil n'était pas encore inventé, les coupables étaient « passés au fil de l'épée ». J'aimais cette jolie tournure : j'imaginais cet éclair droit et blanc, la lame; elle s'enfonçait comme dans du beurre et ressortait par le dos du hors-la-loi, qui s'écroulait sans perdre une goutte de sang. Parfois le trépas était même risible : tel celui de ce Sarrasin qui, dans *La Filleule de Roland*, je crois, jetait son cheval contre celui d'un croisé; le paladin lui déchargeait sur la tête un bon coup de sabre qui le fendait de haut en bas; une illustration de Gustave Doré*représentait cette péripétie. Que c'était plaisant! Les deux moitiés du corps, séparées, commençaient de choir en décrivant chacune un demi-cercle autour d'un étrier; étonné, le cheval se cabrait. Pendant plusieurs années je ne pus voir la gravure sans rire aux larmes. Enfin je tenais ce qu'il me fallait : l'Ennemi, haïssable, mais, somme toute, inoffensif puisque ses projets n'aboutissaient pas et même, en dépit de ses efforts et de son astuce diabolique, servaient la cause du Bien; je constatais, en effet,

que le retour à l'ordre s'accompagnait toujours
d'un progrès : les héros étaient récompensés, ils
recevaient des honneurs, des marques d'admiration,
de l'argent; grâce à leur intrépidité, un territoire
était conquis, un objet d'art soustrait aux indigènes
et transporté dans nos musées; la jeune fille s'épre-
nait de l'explorateur qui lui avait sauvé la vie,
tout finissait par un mariage. De ces magazines et
de ces livres j'ai tiré ma fantasmagorie* la plus
intime : l'optimisme.

Ces lectures restèrent longtemps clandestines;
Anne-Marie n'eut pas même besoin de m'avertir :
conscient de leur indignité je n'en soufflai pas mot
à mon grand-père. Je m'encanaillais, je prenais des
libertés, je passais des vacances au bordel mais je
n'oubliais pas que ma vérité était restée au temple.
A quoi bon scandaliser le prêtre par le récit de
mes égarements? Karl finit par me surprendre; il
se fâcha contre les deux femmes et celles-ci, pro-
fitant d'un moment qu'il reprenait haleine, mirent
tout sur mon dos : j'avais vu les magazines, les
romans d'aventures, je les avais convoités, réclamés,
pouvaient-elles me les refuser? Cet habile mensonge mettait mon grand-père au pied du mur :
c'était moi, moi seul qui trompais Colomba avec
ces ribaudes trop maquillées. Moi, l'enfant prophétique, la jeune Pythonisse,* l'Eliacin* des Belles-
Lettres, je manifestais un penchant furieux pour
l'infamie. A lui de choisir : ou je ne prophétisais
point ou l'on devait respecter mes goûts sans chercher à les comprendre. Père, Charles Schweitzer
eût tout brûlé; grand-père, il choisit l'indulgence
navrée. Je n'en demandais pas plus et je continuai

paisiblement ma double vie. Elle n'a jamais cessé :
aujourd'hui encore, je lis plus volontiers les « Série
Noire »*que Wittgenstein.*

J'étais le premier, l'incomparable dans mon île
aérienne; je tombai au dernier rang quand on me
soumit aux règles communes.

Mon grand-père avait décidé de m'inscrire au
Lycée Montaigne.* Un matin, il m'emmena chez le
proviseur et lui vanta mes mérites : je n'avais que
le défaut d'être *trop* avancé pour mon âge. Le
proviseur donna les mains à tout :*on me fit entrer
en huitième*et je pus croire que j'allais fréquenter
les enfants de mon âge. Mais non : après la première dictée,*mon grand-père fut convoqué en hâte
par l'administration; il revint enragé, tira de sa
serviette un méchant papier couvert de gribouillis,
de taches et le jeta sur la table : c'était la copie
que j'avais remise. On avait attiré son attention
sur l'orthographe — « le lapen çovache*ême le
ten [1] », — et tenté de lui faire comprendre que
ma place était en dixième préparatoire.* Devant
« lapen çovache » ma mère prit le fou rire; mon
grand-père l'arrêta d'un regard terrible. Il commença par m'accuser de mauvaise volonté et par
me gronder pour la première fois de ma vie, puis
il déclara qu'on m'avait méconnu; dès le lendemain, il me retirait du lycée et se brouillait avec le
proviseur.

1. Le lapin sauvage aime le thym.

Je n'avais rien compris à cette affaire et mon échec
ne m'avait pas affecté : j'étais un enfant prodige
qui ne savait pas l'orthographe, voilà tout. Et puis,
je retrouvai sans ennui ma solitude : j'aimais mon
mal. J'avais perdu, sans même y prendre garde,
l'occasion de devenir vrai :* on chargea M. Liévin,
un instituteur parisien, de me donner des leçons
particulières; il venait presque tous les jours. Mon
grand-père m'avait acheté un petit bureau per-
sonnel, fait d'un banc et d'un pupitre de bois blanc.
Je m'asseyais sur le banc et M. Liévin se promenait
en dictant. Il ressemblait à Vincent Auriol* et mon
grand-père prétendait qu'il était Frère-Trois-
Points;* « quand je lui dis bonjour, nous disait-il
avec la répugnance apeurée d'un honnête homme
en butte aux avances d'un pédéraste, il trace avec
son pouce le triangle maçonnique sur la paume de
ma main ». Je le détestais parce qu'il oubliait de
me choyer : je crois qu'il me prenait non sans
raison pour un enfant retardé. Il disparut, je ne
sais plus pourquoi : peut-être s'était-il ouvert à
quelqu'un de son opinion sur moi.

Nous passâmes quelque temps à Arcachon et je
fus à l'école communale : les principes démocra-
tiques de mon grand-père l'exigeaient. Mais il
voulait aussi qu'on m'y tînt à l'écart du vulgaire.
Il me recommanda en ces termes à l'instituteur :
« Mon cher collègue, je vous confie ce que j'ai de
plus cher. » M. Barrault portait une barbiche et
un pince-nez : il vint boire du vin de muscat dans
notre villa et se déclara flatté de la confiance que
lui témoignait un membre de l'enseignement secondaire. Il me faisait asseoir à un pupitre spécial, à

côté de la chaire, et, pendant les récréations,
me gardait à ses côtés. Ce traitement de faveur
me semblait légitime; ce qu'en pensaient les « fils
du peuple », mes égaux, je l'ignore : je crois
qu'ils s'en foutaient. Moi, leur turbulence me fati-
guait et je trouvais distingué de m'ennuyer
auprès de M. Barrault pendant qu'ils jouaient aux
barres.

J'avais deux raisons de respecter mon instituteur : il me voulait du bien, il avait l'haleine forte.
Les grandes personnes doivent être laides, ridées,
incommodes; quand elles me prenaient dans leurs
bras, il ne me déplaisait pas d'avoir un léger
dégoût à surmonter : c'était la preuve que la vertu
n'était pas facile. Il y avait des joies simples,
triviales : courir, sauter, manger des gâteaux,
embrasser la peau douce et parfumée de ma mère;
mais j'attachais plus de prix aux plaisirs studieux
et mêlés que j'éprouvais dans la compagnie des
hommes mûrs : la répulsion qu'ils m'inspiraient
faisait partie de leur prestige : je confondais le
dégoût avec l'esprit de sérieux. J'étais snob. Quand
M. Barrault se penchait sur moi, son souffle
m'infligeait des gênes exquises, je respirais avec
zèle l'odeur ingrate de ses vertus. Un jour, je découvris une inscription toute fraîche sur le mur de
l'Ecole, je m'approchai et lus : « Le père Barrault
est un con. » Mon cœur battit à se rompre, la
stupeur me cloua sur place, j'avais peur. « Con »,
ça ne pouvait être qu'un de ces « vilains mots »
qui grouillaient dans les bas-fonds du vocabulaire
et qu'un enfant bien élevé ne rencontre jamais;
court et brutal, il avait l'horrible simplicité des

bêtes élémentaires. C'était déjà trop de l'avoir lu :
je m'interdis de le prononcer, fût-ce à voix basse.
Ce cafard accroché à la muraille, je ne voulais pas
qu'il me sautât dans la bouche pour se métamor-
phoser au fond de ma gorge en un claironnement
noir.* Si je faisais semblant de ne pas l'avoir
remarqué, peut-être rentrerait-il dans un trou de
mur. Mais, quand je détournais mon regard, c'était
pour retrouver l'appellation infâme : « le père
Barrault » qui m'épouvantait plus encore : le mot
« con », après tout, je ne faisais qu'en augurer le
sens;*mais je savais très bien qui on appelait « père
Untel » dans ma famille : les jardiniers, les facteurs, le père de la bonne, bref les vieux pauvres.
Quelqu'un voyait M. Barrault, l'instituteur, le
collègue de mon grand-père, sous l'aspect d'un
vieux pauvre. Quelque part, dans une tête, rôdait
cette pensée malade et criminelle. Dans quelle
tête? Dans la mienne, peut-être. Ne suffisait-il pas
d'avoir lu l'inscription blasphématoire pour être
complice d'un sacrilège? Il me semblait à la fois
qu'un fou cruel raillait ma politesse, mon respect,
mon zèle, le plaisir que j'avais chaque matin à ôter
ma casquette en disant « Bonjour, Monsieur l'Instituteur » et que j'étais moi-même ce fou, que les
vilains mots et les vilaines pensées pullulaient dans
mon cœur. Qu'est-ce qui m'empêchait, par exemple,
de crier à plein gosier : « Ce vieux sagouin pue
comme un cochon. » Je murmurai : « Le père Barrault pue » et tout se mit à tourner : je m'enfuis
en pleurant. Dès le lendemain je retrouvai ma
déférence pour M. Barrault, pour son col de cellu-
loïd et son nœud papillon. Mais, quand il s'incli-

nait sur mon cahier, je détournais la tête en retenant mon souffle.

L'automne suivant, ma mère prit le parti de me conduire à l'Institution Poupon. Il fallait monter un escalier de bois, pénétrer dans une salle du premier étage; les enfants se groupaient en demi-cercle, silencieusement; assises au fond de la pièce, droites et le dos au mur, les mères surveillaient le professeur. Le premier devoir des pauvres filles qui nous enseignaient, c'était de répartir également les éloges et les bons points*à notre académie de prodiges. Si l'une d'elles avait un mouvement d'impatience ou se montrait trop satisfaite d'une bonne réponse, les Demoiselles Poupon perdaient des élèves, elle perdait sa place. Nous étions bien trente académiciens*qui n'eûmes jamais le temps de nous adresser la parole. A la sortie, chacune des mères s'emparait farouchement du sien et l'emportait au galop, sans saluer. Au bout d'un semestre, ma mère me retira du cours : on n'y travaillait guère et puis elle avait fini par se lasser de sentir peser sur elle le regard de ses voisines quand c'était mon tour d'être félicité. Mlle Marie-Louise, une jeune fille blonde, avec un pince-nez, qui professait huit heures par jour au cours Poupon pour un salaire de famine, accepta de me donner des leçons particulières à domicile, en se cachant des directrices. Elle interrompait parfois les dictées pour soulager son cœur de gros soupirs : elle me disait qu'elle était lasse à mourir, qu'elle vivait dans une solitude affreuse, qu'elle eût tout donné pour avoir un mari, n'importe lequel. Elle finit, elle aussi, par disparaître : on prétendait qu'elle ne m'apprenait

rien, mais je crois surtout que mon grand-père la
trouvait calamiteuse. Cet homme juste*ne refusait
pas de soulager les misérables mais répugnait à les
inviter sous son toit. Il était temps : Mlle Marie-
Louise me démoralisait. Je croyais les salaires pro-
portionnés au mérite et on me disait qu'elle était
méritante : pourquoi donc la payait-on si mal?
Quand on exerçait un métier, on était digne et fier,
heureux de travailler : puisqu'elle avait la chance
de travailler huit heures par jour, pourquoi par-
lait-elle de sa vie comme d'un mal incurable?
Quand je rapportais ses doléances, mon grand-père
se mettait à rire : elle était bien trop laide pour
qu'un homme voulût d'elle. Je ne riais pas : on
pouvait naître condamné? En ce cas on m'avait
menti : l'ordre du monde cachait d'intolérables
désordres. Mon malaise se dissipa dès qu'on l'eut
écartée. Charles Schweitzer me trouva des professeurs plus décents. Si décents que je les ai tous
oubliés. Jusqu'à dix ans, je restai seul entre un
vieillard et deux femmes.

Ma vérité, mon caractère et mon nom étaient aux
mains des adultes; j'avais appris à me voir par
leurs yeux; j'étais un enfant, ce monstre qu'ils
fabriquent avec leurs regrets. Absents, ils laissaient
derrière eux leur regard,* mêlé à la lumière; je
courais, je sautais à travers ce regard qui me conser-
vait ma nature de petit-fils modèle, qui continuait
à m'offrir mes jouets et l'univers. Dans mon joli
bocal, dans mon âme, mes pensées tournaient,

chacun pouvait suivre leur manège : pas un coin
d'ombre. Pourtant, sans mots, sans forme ni consistance, diluée dans cette innocente transparence,
une transparente certitude gâchait tout : j'étais un
imposteur. Comment jouer la comédie sans savoir
qu'on la joue? Elles se dénonçaient d'elles-mêmes,
les claires apparences ensoleillées qui composaient
mon personnage : par un défaut d'être que je ne
pouvais ni tout à fait comprendre ni cesser de ressentir. Je me tournais vers les grandes personnes,
je leur demandais de garantir mes mérites : c'était
m'enfoncer dans l'imposture. Condamné à plaire,
je me donnais des grâces qui se fanaient sur
l'heure; je traînais partout ma fausse bonhomie,
mon importance désœuvrée,* à l'affût d'une chance
nouvelle : je croyais la saisir, je me jetais dans une
attitude et j'y retrouvais l'inconsistance que je voulais fuir. Mon grand-père somnolait, enveloppé
dans son plaid;* sous sa moustache broussailleuse,
j'apercevais la nudité rose de ses lèvres, c'était
insupportable : heureusement, ses lunettes glissaient, je me précipitais pour les ramasser. Il
s'éveillait, m'enlevait dans ses bras, nous filions
notre grande scène d'amour : ce n'était plus ce que
j'avais voulu. Qu'avais-je voulu? J'oubliais tout, je
faisais mon nid dans les buissons de sa barbe.
J'entrais à la cuisine, je déclarais que je voulais
secouer la salade; c'étaient des cris, des fous rires :
« Non, mon chéri, pas comme ça! Serre bien fort
ta petite main : voilà! Marie, aidez-le! Mais c'est
qu'il fait ça très bien. » J'étais un faux enfant, je
tenais un faux panier à salade; je sentais mes actes
se changer en gestes. La Comédie me dérobait le

monde et les hommes : je ne voyais que des rôles
et des accessoires; servant par bouffonnerie les
entreprises des adultes, comment eussé-je pris au
sérieux leurs soucis? Je me prêtais à leurs desseins
avec un empressement vertueux qui me retenait de
partager leurs fins. Etranger aux besoins, aux
espoirs, aux plaisirs de l'espèce, je me dilapidais
froidement pour la séduire; elle était mon public,
une rampe de feu me séparait d'elle, me rejetait
dans un exil orgueilleux qui tournait vite à l'angoisse.

Le pis, c'est que je soupçonnais les adultes de
cabotinage. Les mots qu'ils m'adressaient, c'étaient
des bonbons; mais ils parlaient entre eux sur un
tout autre ton. Et puis il leur arrivait de rompre
des contrats sacrés : je faisais ma moue la plus
adorable, celle dont j'étais le plus sûr et on me
disait d'une voix vraie : « Va jouer plus loin, petit,
nous causons. » D'autres fois, j'avais le sentiment
qu'on se servait de moi. Ma mère m'emmenait au
Luxembourg, l'oncle Emile, brouillé avec toute la
famille, surgissait tout à coup; il regardait sa sœur
d'un air morose et lui disait sèchement : « Ce n'est
pas pour toi que je suis ici : c'est pour voir le
petit. » Il expliquait alors que j'étais le seul innocent de la famille, le seul qui ne l'eût jamais
offensé délibérément, ni condamné sur de faux rapports. Je souriais, gêné par ma puissance et par
l'amour que j'avais allumé dans le cœur de cet
homme sombre. Mais déjà, le frère et la sœur dis-
cutaient de leurs affaires, énuméraient leurs griefs
réciproques; Emile s'emportait contre Charles,
Anne-Marie le défendait, en cédant du terrain; ils

en venaient à parler de Louise, je restais entre
leurs chaises de fer, oublié. J'étais préparé à
admettre*— si seulement j'eusse été en âge de les
comprendre — toutes les maximes de droite qu'un
vieil homme de gauche m'enseignait par ses
conduites : que la Vérité et la Fable sont une même
chose, qu'il faut jouer la passion pour la ressentir,
que l'homme est un être de cérémonie. On m'avait
persuadé que nous étions créés pour nous donner
la comédie; la comédie, je l'acceptais mais j'exi-
geais d'en être le principal personnage : or, à des
instants de foudre* qui me laissaient anéanti, je
m'apercevais que j'y tenais un « faux-beau-rôle »,
avec du texte, beaucoup de présence, mais pas de
scène « à moi »; en un mot, que je donnais la
réplique* aux grandes personnes. Charles me flattait pour amadouer sa mort; dans ma pétulance,
Louise trouvait la justification de ses bouderies;
Anne-Marie celle de son humilité. Et pourtant, sans
moi,* ses parents eussent recueilli ma mère, sa déli-
catesse l'eût livrée sans défense à Mamie; sans
moi, Louise eût boudé, Charles se fût émerveillé
devant le mont Cervin,* les météores ou les enfants
des autres. J'étais la cause occasionnelle de leurs
discordes et de leurs réconciliations; les causes
profondes étaient ailleurs : à Mâcon,* à Gunsbach,
à Thiviers, dans un vieux cœur qui s'encras-
sait, dans un passé bien antérieur à ma naissance.
Je leur reflétais l'unité de la famille et ses antiques
contradictions; ils usaient de ma divine enfance
pour devenir ce qu'ils étaient. Je vécus dans le
malaise : au moment où leurs cérémonies me per-
suadaient que rien n'existe sans raison et que

chacun, du plus grand au plus petit, a sa place
marquée dans l'Univers, ma raison d'être, à moi,
se dérobait, je découvrais tout à coup que je comptais pour du beurre et j'avais honte de ma présence
insolite dans ce monde en ordre.

Un père m'eût lesté* de quelques obstinations
durables; faisant de ses humeurs mes principes, de
son ignorance mon savoir, de ses rancœurs mon
orgueil, de ses manies ma loi, il m'eût habité; ce
respectable locataire m'eût donné du respect pour
moi-même. Sur le respect j'eusse fondé mon droit
de vivre. Mon géniteur eût décidé de mon avenir :
polytechnicien de naissance, j'eusse été rassuré
pour toujours. Mais si jamais Jean-Baptiste Sartre
avait connu ma destination, il en avait emporté le
secret; ma mère se rappelait seulement qu'il avait
dit : « Mon fils n'entrera pas dans la Marine. »
Faute de renseignements plus précis, personne, à
commencer par moi, ne savait ce que j'étais venu
foutre sur terre. M'eût-il laissé du bien, mon
enfance eût été changée; je n'écrirais pas puisque
je serais un autre. Les champs et la maison ren-
voient au jeune héritier une image stable de lui-
même; il se touche sur *son* gravier, sur les vitres
losangées de *sa* véranda et fait de leur inertie la
substance immortelle de son âme. Il y a quelques
jours, au restaurant, le fils du patron, un petit
garçon de sept ans, criait à la caissière : « Quand
mon père n'est pas là, c'est moi le Maître. » Voilà
un homme! A son âge, je n'étais maître de personne
et rien ne m'appartenait. Dans mes rares minutes
de dissipation, ma mère me chuchotait : « Prends
garde! Nous ne sommes pas chez nous! » Nous ne

fûmes jamais chez nous : ni rue Le Goff ni plus
tard, quand ma mère se fut remariée. Je n'en souf-
fris pas puisqu'on me prêtait tout; mais je restais
abstrait. Au propriétaire, les biens de ce monde
reflètent ce qu'il est; ils m'enseignaient ce que je
n'étais pas : *je n'étais pas* consistant ni permanent;
je n'étais pas le continuateur futur de l'œuvre
paternelle, *je n'étais pas* nécessaire à la production
de l'acier : en un mot je n'avais pas d'âme.

C'eût été parfait si j'avais fait bon ménage avec
mon corps. Mais nous formions, lui et moi, un drôle
de couple. Dans la misère, l'enfant ne s'interroge
pas : éprouvée *corporellement* par les besoins et
les maladies, son injustifiable condition justifie son
existence, c'est la faim, c'est le danger de mort perpétuel qui fondent son droit de vivre : il vit pour
ne pas mourir. Moi, je n'étais ni assez riche pour
me croire prédestiné ni assez pauvre pour ressentir
mes envies comme des exigences. Je remplissais
mes devoirs alimentaires et Dieu m'envoyait parfois — rarement — cette grâce qui permet de
manger sans dégoût — l'appétit. Respirant, digérant, déféquant avec nonchalance, je vivais parce
que j'avais commencé de vivre. De mon corps, ce
compagnon gavé, j'ignorais la violence et les sauvages réclamations : il se faisait connaître par une
suite de malaises douillets, très sollicités par les
grandes personnes. A l'époque, une famille distin-
guée se devait de compter au moins un enfant
délicat. J'étais le bon sujet puisque j'avais pensé
mourir*à ma naissance. On me guettait, on me prenait le pouls, la température, on m'obligeait à tirer
la langue : « Tu ne trouves pas qu'il est un peu

pâlot? » « C'est l'éclairage. » « Je t'assure qu'il a
maigri! » « Mais, papa, nous l'avons pesé hier. »
Sous ces regards inquisiteurs, je me sentais devenir
un objet, une fleur en pot. Pour conclure, on me
fourrait au lit. Suffoqué par la chaleur, mitonnant
sous les draps, je confondais mon corps et son
malaise : des deux, je ne savais plus lequel était
indésirable.

M. Simonnot, collaborateur de mon grand-père,
déjeunait avec nous, le jeudi. J'enviais ce quinquagénaire aux joues de fille qui cirait sa moustache
et teignait son toupet : quand Anne-Marie lui
demandait, pour faire durer la conversation, s'il
aimait Bach, s'il se plaisait à la mer, à la montagne, s'il gardait bon souvenir de sa ville natale, il
prenait le temps de la réflexion et dirigeait son
regard intérieur sur le massif granitique de ses
goûts. Quand il avait obtenu le renseignement
demandé, il le communiquait à ma mère, d'une
voix objective, en saluant de la tête. L'heureux
homme! il devait, pensais-je, s'éveiller chaque
matin dans la jubilation, recenser, de quelque Point
Sublime, ses pics, ses crêtes et ses vallons, puis
s'étirer voluptueusement en disant : « C'est bien
moi : je suis M. Simonnot tout entier. » Naturellement j'étais fort capable, quand on m'interrogeait,
de faire connaître mes préférences et même de les
affirmer; mais, dans la solitude, elles m'échappaient : loin de les *constater,* il fallait les tenir et
les pousser, leur insuffler la vie; je n'étais même
plus sûr de préférer le filet de bœuf au rôti de
veau. Que n'eussé-je donné pour qu'on installât en

moi un paysage tourmenté, des obstinations droites comme des falaises. Quand Mme Picard, usant avec tact du vocabulaire à la mode, disait de mon grand-père : « Charles est un être exquis », ou bien « On ne connaît pas les êtres », je me sentais condamné sans recours. Les cailloux du Luxembourg, M. Simonnot, les marronniers, Karlémami, c'étaient des êtres. Pas moi : je n'en avais ni l'inertie ni la profondeur ni l'impénétrabilité. J'étais *rien* : une transparence ineffaçable. Ma jalousie ne connut plus de bornes le jour où l'on m'apprit que M. Simonnot, cette statue, ce bloc monolithique, était par-dessus le marché indispensable à l'univers.

C'était fête. A l'Institut des Langues Vivantes, la foule battait des mains sous la flamme mouvante d'un bec Auer,*ma mère jouait du Chopin, tout le monde parlait français sur l'ordre de mon grand-père : un français lent, guttural, avec des grâces fanées et la pompe d'un oratorio. Je volais de main en main sans toucher terre; j'étouffais contre le sein d'une romancière allemande quand mon grand-père, du haut de sa gloire, laissa tomber un verdict qui me frappa au cœur : « Il y a quelqu'un qui manque ici : c'est Simonnot. » Je m'échappai des bras de la romancière, je me réfugiai dans un coin, les invités disparurent; au centre d'un anneau tumultueux, je vis une colonne : M. Simonnot lui-même, absent en chair et en os. Cette absence prodigieuse le transfigura. Il s'en fallait de beaucoup que l'Institut fût au complet : certains élèves étaient malades, d'autres s'étaient fait excuser; mais il ne s'agissait là que de faits accidentels et négligeables. Seul, M. Simonnot *manquait*. Il avait suffi

de prononcer son nom : dans cette salle bondée, le
vide s'était enfoncé comme un couteau. Je m'émer-
veillai qu'un homme eût sa place faite. Sa place :
un néant creusé par l'attente universelle,*un ventre
invisible d'où, brusquement, il semblait qu'on pût
renaître. Pourtant, s'il était sorti de terre, au milieu
des ovations, si même les femmes s'étaient jetées
sur sa main pour la baiser, j'aurais été dégrisé : la
présence charnelle est toujours excédentaire.
Vierge, réduit à la pureté d'une essence négative,
il gardait la transparence incompressible du dia-
mant. Puisque c'était mon lot, à moi, d'être à
chaque instant situé parmi certaines personnes, en
un certain lieu de la terre et de m'y savoir superflu,
je voulus manquer comme l'eau, comme le pain,
comme l'air à tous les autres hommes dans tous
les autres lieux.

Ce souhait revint tous les jours sur mes lèvres.
Charles Schweitzer mettait de la nécessité partout
pour couvrir une détresse qui ne m'apparut jamais
tant qu'il vécut et que je commence seulement à
deviner. Tous ses collègues portaient le ciel. On
comptait, au nombre de ces Atlas, des grammairiens,
des philologues et des linguistes, M. Lyon-Caen et le
directeur de la *Revue Pédagogique*. Il parlait d'eux
sentencieusement pour nous faire mesurer leur
importance : « Lyon-Caen connaît son affaire. Sa
place était à l'Institut », ou encore : « Shurer se
fait vieux; espérons qu'on n'aura pas la sottise
de lui donner sa retraite : la Faculté ne sait pas
ce qu'elle perdrait. » Entouré de vieillards irrem-
plaçables dont la disparition prochaine allait
plonger l'Europe dans le deuil et peut-être

dans la barbarie, que n'eussé-je donné pour
entendre une voix fabuleuse porter sentence dans
mon cœur : « Ce petit Sartre connaît son affaire;
s'il venait à disparaître, la France ne sait pas ce
qu'elle perdrait! » L'enfance bourgeoise vit dans
l'éternité de l'instant, c'est-à-dire dans l'inaction :
je voulais être Atlas tout de suite, pour toujours
et depuis toujours, je ne concevais même pas qu'on
pût travailler à le devenir; il me fallait une Cour
Suprême, un décret me rétablissant dans mes droits.
Mais où étaient les magistrats? Mes juges naturels
s'étaient déconsidérés par leur cabotinage; je les
récusais, mais je n'en voyais pas d'autres.

Vermine stupéfaite, sans foi, sans loi, sans raison
ni fin, je m'évadais dans la comédie familiale, tour-
nant, courant, volant d'imposture en imposture. Je
fuyais mon corps injustifiable et ses veules confidences; que la toupie butât sur un obstacle et s'ar-
rêtât, le petit comédien hagard retombait dans la
stupeur animale. De bonnes amies dirent à ma
mère que j'étais triste, qu'on m'avait surpris à
rêver. Ma mère me serra contre elle en riant : « Toi
qui es si gai, toujours à chanter! Et de quoi te
plaindrais-tu? Tu as tout ce que tu veux. » Elle
avait raison : un enfant gâté n'est pas triste; il
s'ennuie comme un roi. Comme un chien.

Je suis un chien : je bâille, les larmes roulent,
je les sens rouler. Je suis un arbre, le vent s'ac-
croche à mes branches et les agite vaguement. Je
suis une mouche, je grimpe le long d'une vitre, je
dégringole, je recommence à grimper. Quelquefois,
je sens la caresse du temps qui passe, d'autres fois
— le plus souvent — je le sens qui ne passe pas.

De tremblantes minutes s'affalent, m'engloutissent
et n'en finissent pas d'agoniser; croupies mais
encore vives, on les balaye, d'autres les remplacent,
plus fraîches, tout aussi vaines; ces dégoûts s'ap-
pellent le bonheur; ma mère me répète que je suis
le plus heureux des petits garçons. Comment ne la
croirais-je pas *puisque c'est vrai?* A mon délaissement je ne pense jamais; d'abord il n'y a pas de
mot pour le nommer; et puis je ne le vois pas : on
ne cesse pas de m'entourer. C'est la trame de ma
vie, l'étoffe de mes plaisirs, la chair de mes pensées.

Je vis la mort. A cinq ans : elle me guettait; le
soir, elle rôdait sur le balcon, collait son mufle au
carreau, je la voyais mais je n'osais rien dire. Quai
Voltaire, une fois, nous la rencontrâmes, c'était une
vieille dame grande et folle, vêtue de noir, elle
marmonna sur mon passage : « Cet enfant, je le
mettrai dans ma poche. » Une autre fois, elle
prit la forme d'une excavation : c'était à Arcachon; Karlémami et ma mère rendaient visite à
Mme Dupont et à son fils Gabriel, le compositeur.
Je jouais dans le jardin de la villa, apeuré parce
qu'on m'avait dit que Gabriel était malade et qu'il
allait mourir. Je fis le cheval, sans entrain, et cara-
colai autour de la maison. Tout d'un coup, j'aperçus
un trou de ténèbres : la cave, on l'avait ouverte;
je ne sais trop quelle évidence de solitude et d'horreur m'aveugla : je fis demi-tour et, chantant à tue-
tête, je m'enfuis. A cette époque, j'avais rendez-
vous toutes les nuits avec elle dans mon lit. C'était
un rite : il fallait que je me couche sur le côté
gauche, le nez vers la ruelle; j'attendais, tout tremblant, et elle m'apparaissait, squelette très confor-

miste, avec une faux; j'avais alors la permission de
me retourner sur le côté droit, elle s'en allait, je
pouvais dormir tranquille. Dans la journée, je la
reconnaissais sous les déguisements les plus divers :
s'il arrivait à ma mère de chanter en français
Le Roi des Aulnes,*je me bouchais les oreilles; pour
avoir lu *L'Ivrogne et sa femme* je restai six mois
sans ouvrir les fables de La Fontaine. Elle s'en
foutait, la gueuse : cachée dans un conte de Mérimée, *La Vénus d'Ille*, elle attendait que je le lusse
pour me sauter à la gorge. Les enterrements ne
m'inquiétaient pas ni les tombes; vers ce temps ma
grand-mère Sartre tomba malade et mourut; ma
mère et moi, nous arrivâmes à Thiviers, convoqués
par dépêche, quand elle vivait encore. On préféra
m'écarter des lieux où cette longue existence malheureuse achevait de se défaire; des amis se char-
gèrent de moi, me logèrent, on me donna pour
m'occuper des jeux de circonstance, instructifs, tout
endeuillés d'ennui.*Je jouai, je lus, je mis mon zèle
à faire montre d'un recueillement exemplaire mais
je ne sentis rien. Rien non plus quand nous sui-
vîmes le corbillard jusqu'au cimetière. La Mort
brillait par son absence : décéder, ce n'était pas
mourir, la métamorphose de cette vieillarde en
dalle funéraire ne me déplaisait pas; il y avait
transsubstantiation, accession à l'être, tout se passait en somme comme si je m'étais transformé,
pompeusement, en M. Simonnot.*Par cette raison
j'ai toujours aimé, j'aime encore les cimetières ita-
liens : la pierre y est tourmentée, c'est tout un
homme baroque, un médaillon s'y incruste, enca-
drant une photo qui rappelle le défunt dans son

premier état. Quand j'avais sept ans, la vraie Mort, la Camarde,* je la rencontrais partout, jamais là. Qu'est-ce que c'était? Une personne et une menace. La personne était folle; quant à la menace, voici : des bouches d'ombre* pouvaient s'ouvrir partout, en plein jour, sous le plus radieux soleil et me happer. Il y avait un envers horrible des choses, quand on perdait la raison, on le voyait, mourir c'était pousser la folie à l'extrême et s'y engloutir. Je vécus dans la terreur, ce fut une authentique névrose. Si j'en cherche la raison, il vient ceci : enfant gâté, don providentiel, ma profonde inutilité m'était d'autant plus manifeste que le rituel familial me parait constamment d'une nécessité forgée. Je me sentais de trop,* donc il fallait disparaître. J'étais un épanouissement fade en instance perpétuelle d'abolition.* En d'autres termes, j'étais condamné, d'une seconde à l'autre on pouvait appliquer la sentence. Je la refusais, pourtant, de toutes mes forces, non que mon existence me fût chère mais, tout au contraire, parce que je n'y tenais pas : plus absurde est la vie, moins supportable la mort.

Dieu m'aurait tiré de peine : j'aurais été chef-d'œuvre signé; assuré de tenir ma partie dans le concert universel, j'aurais attendu patiemment qu'Il me révélât ses desseins et ma nécessité. Je pressentais la religion, je l'espérais, c'était le remède. Me l'eût-on refusée, je l'eusse inventée moi-même. On ne me la refusait pas : élevé dans la foi catholique, j'appris que le Tout-Puissant m'avait fait pour sa gloire : c'était plus que je n'osais rêver. Mais, par la suite, dans le Dieu fashionable qu'on m'enseigna, je ne reconnus pas celui qu'attendait

mon âme : il me fallait un Créateur, on me donnait
un Grand Patron; les deux n'étaient qu'un mais
je l'ignorais; je servais sans chaleur l'Idole phari-
sienne et la doctrine officielle me dégoûtait de
chercher ma propre foi. Quelle chance! Confiance
et désolation faisaient de mon âme un terrain de
choix pour y semer le ciel : sans cette méprise, je
serais moine. Mais ma famille avait été touchée par
le lent mouvement de déchristianisation qui naquit
dans la haute bourgeoisie voltairienne*et prit un
siècle pour s'étendre à toutes les couches de la
Société : sans cet affaiblissement général de la foi,
Louise Guillemin, demoiselle catholique de province, eût fait plus de manières*pour épouser un
luthérien. Naturellement, tout le monde croyait,
chez nous : par discrétion. Sept ou huit ans
après le ministère Combes,* l'incroyance déclarée
gardait la violence et le débraillé de la passion;
un athée, c'était un original, un furieux qu'on
n'invitait pas à dîner de peur qu'il ne « fît une
sortie », un fanatique encombré de tabous qui
se refusait le droit de s'agenouiller dans les
églises, d'y marier ses filles et d'y pleurer délicieusement, qui s'imposait de prouver la vérité de
sa doctrine par la pureté de ses mœurs, qui s'achar-
nait contre lui-même et contre son bonheur au
point de s'ôter le moyen de mourir consolé, un
maniaque de Dieu qui voyait partout Son absence
et qui ne pouvait ouvrir la bouche sans prononcer
Son nom, bref un Monsieur qui avait des convic-
tions religieuses. Le croyant n'en avait point :
depuis deux mille ans les certitudes chrétiennes
avaient eu le temps de faire leurs preuves, elles

appartenaient à tous, on leur demandait de briller
dans le regard d'un prêtre, dans le demi-jour d'une
église et d'éclairer les âmes mais nul n'avait besoin
de les reprendre à son compte; c'était le patrimoine
commun. La bonne Société croyait en Dieu pour
ne pas parler de Lui. Comme la religion semblait
tolérante! Comme elle était commode : le chrétien
pouvait déserter la Messe et marier religieusement
ses enfants, sourire des « bondieuseries » de Saint-
Sulpice*et verser des larmes en écoutant la *Marche
Nuptiale de Lohengrin;*il* n'était tenu ni de mener
une vie exemplaire ni de mourir dans le désespoir,
pas même de se faire crémer.*Dans notre milieu,
dans ma famille, la foi n'était qu'un nom d'apparat
pour la douce liberté française; on m'avait baptisé,
comme tant d'autres, pour préserver mon indépendance : en me refusant le baptême, on eût craint
de violenter mon âme; catholique inscrit, j'étais
libre, j'étais normal : « Plus tard, disait-on, il fera
ce qu'il voudra. » On jugeait alors beaucoup plus
difficile de gagner la foi que de la perdre.

   Charles Schweitzer était trop comédien pour
n'avoir pas besoin d'un Grand Spectateur mais il
ne pensait guère à Dieu sauf dans les moments de
pointe; sûr de Le retrouver à l'heure de la mort il
le tenait à l'écart de sa vie. Dans le privé, par
fidélité à nos provinces perdues,*à la grosse gaîté
des antipapistes, ses frères, il ne manquait pas une
occasion de tourner le catholicisme en ridicule :
ses propos de table ressemblaient à ceux de Luther.
Sur Lourdes,*il ne tarissait pas : Bernadette avait
vu « une bonne femme qui changeait de chemise »;
on avait plongé un paralytique dans la piscine et,

quand on l'en avait retiré, « il voyait des deux
yeux ». Il racontait la vie de saint Labre,* couvert
de poux, celle de sainte Marie Alacoque,* qui ramas-
sait les déjections des malades avec la langue. Ces
bourdes m'ont rendu service : j'inclinais d'autant
plus à m'élever au-dessus des biens de ce monde
que je n'en possédais aucun et j'aurais trouvé sans
peine ma vocation dans mon confortable dénue-
ment; le mysticisme convient aux personnes dépla-
cées, aux enfants surnuméraires : pour m'y préci-
piter, il aurait suffi de me présenter l'affaire par
l'autre bout; je risquais d'être une proie pour la
sainteté. Mon grand-père m'en a dégoûté pour toujours : je la vis par ses yeux, cette folie cruelle
m'écœura par la fadeur de ses extases, me terrifia
par son mépris sadique du corps; les excentricités
des Saints n'avaient guère plus de sens que celles
de l'Anglais qui plongea dans la mer en smoking.
En écoutant ces récits, ma grand-mère faisait
semblant de s'indigner, elle appelait son mari
« mécréant » et « parpaillot », elle lui donnait des
tapes sur les doigts mais l'indulgence de son sourire
achevait de me désabuser; elle ne croyait à rien;
seul, son scepticisme l'empêchait d'être athée. Ma
mère se gardait bien d'intervenir; elle avait « son
Dieu à elle » et ne lui demandait guère que de la
consoler en secret. Le débat se poursuivait dans
ma tête, affaibli : un autre moi-même, mon frère
noir,* contestait languissamment tous les articles de
foi; j'étais catholique et protestant, je joignais
l'esprit critique à l'esprit de soumission. Dans le
fond, tout cela m'assommait : je fus conduit à l'incroyance non par le conflit des dogmes mais par

l'indifférence de mes grands-parents. Pourtant, je
croyais : en chemise, à genoux sur le lit, mains
jointes, je faisais tous les jours ma prière mais je
pensais au bon Dieu de moins en moins souvent.
Ma mère me conduisait le jeudi à l'Institution de
l'abbé Dibildos :* j'y suivais un cours d'instruction
religieuse au milieu d'enfants inconnus. Mon grand-
père avait si bien fait que je tenais les curés pour
des bêtes curieuses; bien qu'ils fussent les ministres
de *ma* confession, ils m'étaient plus étrangers que
les pasteurs, à cause de leur robe et du célibat.
Charles Schweitzer respectait l'abbé Dibildos —
« un honnête homme! » — qu'il connaissait per-
sonnellement, mais son anticléricalisme était si
déclaré que je franchissais la porte cochère avec le
sentiment de pénétrer en territoire ennemi. Quant
à moi, je ne détestais pas les prêtres : ils prenaient pour me parler le visage tendre, massé
par la spiritualité, l'air de bienveillance émerveil-
lée, le regard infini que j'appréciais tout particu-
lièrement chez Mme Picard et d'autres vieilles
amies musiciennes de ma mère; c'était mon grand-
père qui les détestait par moi. Il avait eu, le premier, l'idée de me confier à son ami, l'abbé, mais
il dévisageait avec inquiétude le petit catholique
qu'on lui ramenait le jeudi soir, il cherchait dans
mes yeux le progrès du papisme et ne se privait
pas de me plaisanter. Cette situation fausse ne
dura pas plus de six mois. Un jour, je remis à l'ins-
tructeur une composition française sur la Passion;
elle avait fait les délices de ma famille et ma mère
l'avait recopiée de sa main. Elle n'obtint que la
médaille d'argent. Cette déception m'enfonça dans

l'impiété. Une maladie, les vacances m'empêchèrent de retourner à l'Institution Dibildos; à la rentrée, j'exigeai de n'y plus aller du tout. Pendant plusieurs années encore, j'entretins des relations publiques avec le Tout-Puissant; dans le privé, je cessai de le fréquenter. Une seule fois,* j'eus le sentiment qu'Il existait. J'avais joué avec des allumettes et brûlé un petit tapis; j'étais en train de maquiller mon forfait quand soudain Dieu me vit, je sentis Son regard à l'intérieur de ma tête et sur mes mains; je tournoyai dans la salle de bains, horriblement visible, une cible vivante. L'indignation me sauva : je me mis en fureur contre une indiscrétion si grossière, je blasphémai, je murmurai comme mon grand-père : « Sacré nom de Dieu de nom de Dieu de nom de Dieu. » Il ne me regarda plus jamais.

Je viens de raconter l'histoire d'une vocation manquée : j'avais besoin de Dieu, on me le donna, je le reçus sans comprendre que je le cherchais. Faute de prendre racine en mon cœur, il a végété en moi quelque temps, puis il est mort. Aujourd'hui quand on me parle de Lui, je dis avec l'amusement sans regret d'un vieux beau qui rencontre une ancienne belle : « Il y a cinquante ans, sans ce malentendu, sans cette méprise, sans l'accident qui nous sépara, il aurait pu y avoir quelque chose entre nous. »

Il n'y eut rien. Pourtant mes affaires allaient de mal en pis. Mon grand-père s'agaçait de ma longue chevelure : « C'est un garçon, disait-il à ma mère, tu vas en faire une fille; je ne veux pas que mon petit-fils devienne une poule mouillée! » Anne-Marie tenait bon; elle eût aimé, je pense, que

je fusse une fille pour de vrai; avec quel bonheur
elle eût comblé de bienfaits sa triste enfance res-
suscitée. Le Ciel ne l'ayant pas exaucée, elle s'ar-
rangea : j'aurais le sexe des anges,*indéterminé mais
féminin sur les bords. Tendre, elle m'apprit la tendresse; ma solitude fit le reste et m'écarta des jeux
violents. Un jour — j'avais sept ans — mon grand-
père n'y tint plus : il me prit par la main, annon-
çant qu'il m'emmenait en promenade. Mais, à peine
avions-nous tourné le coin de la rue, il me poussa
chez le coiffeur en me disant : « Nous allons faire
une surprise à ta mère. » J'adorais les surprises.
Il y en avait tout le temps chez nous. Cachotteries
amusées ou vertueuses, cadeaux inattendus, révélations théâtrales suivies d'embrassements : c'était
le ton de notre vie. Quand on m'avait ôté l'appen-
dice, ma mère n'en avait pas soufflé mot à Karl pour
lui éviter des angoisses qu'il n'eût, de toute
manière, pas ressenties. Mon oncle Auguste avait
donné l'argent; revenus clandestinement d'Arcachon, nous nous étions cachés dans une clinique de
Courbevoie.* Le surlendemain de l'opération,
Auguste était venu voir mon grand-père : « Je vais,
lui avait-il dit, t'annoncer une bonne nouvelle. »
Karl fut trompé par l'affable solennité de cette
voix : « Tu te remaries! » « Non, répondit mon
oncle en souriant, mais tout s'est très bien passé. »
« Quoi, tout? », etc., etc. Bref les coups de théâtre
faisaient mon petit ordinaire*et je regardai avec
bienveillance mes boucles rouler le long de la serviette blanche qui me serrait le cou et tomber sur
le plancher, inexplicablement ternies; je revins
glorieux et tondu.

Il y eut des cris*mais pas d'embrassement et ma
mère s'enferma dans sa chambre pour pleurer :
on avait troqué sa fillette contre un garçonnet. Il y
avait pis : tant qu'elles voltigeaient autour de mes
oreilles, mes belles anglaises lui avaient permis de
refuser l'évidence de ma laideur. Déjà, pourtant,
mon œil droit entrait dans le crépuscule. Il fallut
qu'elle s'avouât la vérité. Mon grand-père semblait
lui-même tout interdit; on lui avait confié sa petite
merveille, il avait rendu un crapaud : c'était saper
à la base ses futurs émerveillements. Mamie le
regardait, amusée. Elle dit simplement : « Karl
n'est pas fier; il fait le dos rond. »

Anne-Marie eut la bonté de me cacher la cause
de son chagrin. Je ne l'appris qu'à douze ans, brutalement.*Mais je me sentais mal dans ma peau. Les
amis de ma famille me jetaient des regards soucieux ou perplexes que je surprenais souvent. Mon
public devenait de jour en jour plus difficile; il
fallut me dépenser; j'appuyai mes effets et j'en vins
à jouer faux. Je connus les affres d'une actrice vieillissante : j'appris que d'autres pouvaient plaire.
Deux souvenirs me sont restés, un peu postérieurs
mais frappants.

J'avais neuf ans, il pleuvait; dans l'hôtel de
Noirétable, nous étions dix enfants, dix chats dans
le même sac; pour nous occuper, mon grand-père
consentit à écrire et à mettre en scène une pièce
patriotique à dix personnages. Bernard, l'aîné de
la bande, tint le rôle du père Struthoff, un bourru
bienfaisant. Je fus un jeune Alsacien : mon père
avait opté pour la France et je franchissais la frontière, secrètement, pour aller le rejoindre. On

m'avait ménagé des répliques de bravoure : j'éten-
dais le bras droit, j'inclinais la tête et je murmu-
rais, cachant ma joue de prélat dans le creux de
mon épaule : « Adieu, adieu, notre chère Alsace. »
On disait aux répétitions que j'étais à croquer; cela
ne m'étonnait pas. La représentation eut lieu au
jardin; deux massifs de fusains et le mur de l'hôtel
délimitaient la scène; on avait assis les parents sur
des chaises de rotin. Les enfants s'amusaient comme
des fous; sauf moi. Convaincu que le sort de la
pièce était entre mes mains, je m'appliquais à
plaire, par dévouement à la cause commune; je
croyais tous les yeux fixés sur moi. J'en fis trop;
les suffrages allèrent à Bernard, moins maniéré.
L'ai-je compris? A la fin de la représentation, il
faisait la quête : je me glissai derrière lui et tirai
sur sa barbe qui me resta dans la main. C'était une
boutade de vedette, juste pour faire rire; je me
sentais tout exquis et je sautais d'un pied sur
l'autre en brandissant mon trophée. On ne rit pas.
Ma mère me prit par la main et, vivement, m'éloigna : « Qu'est-ce qui t'a pris? me demanda-t-elle,
navrée. La barbe était si belle! Tout le monde a
poussé un « Oh! » de stupidité. »*Déjà ma grand-
mère nous rejoignait avec les dernières nouvelles :
la mère de Bernard avait parlé de jalousie. « Tu
vois ce qu'on gagne à se mettre en avant! » Je
m'échappai, je courus à notre chambre, j'allai me
planter devant l'armoire à glace et je grimaçai
longtemps.

Mme Picard était d'avis qu'un enfant peut tout
lire : « Un livre ne fait jamais de mal quand il est
bien écrit. » En sa présence, j'avais autrefois

demandé la permission de lire *Madame Bovary* et
ma mère avait pris sa voix trop musicale : « Mais
si mon petit chéri lit ce genre de livres à son âge,
qu'est-ce qu'il fera quand il sera grand ? » — « Je
les vivrai ! » Cette réplique avait connu le succès
le plus franc et le plus durable. Chaque fois qu'elle
nous rendait visite, Mme Picard y faisait allusion
et ma mère s'écriait, grondeuse et flattée :
« Blanche ! Voulez-vous bien vous taire, vous allez
me le gâcher ! » J'aimais et je méprisais cette vieille
femme pâle et grasse, mon meilleur public ; quand
on m'annonçait sa venue, je me sentais du génie :
j'ai rêvé qu'elle perdait ses jupes et que je voyais
son derrière, ce qui était une façon de rendre hom-
mage à sa spiritualité. En novembre 1915, elle me
fit cadeau d'un livret de cuir rouge, doré sur
tranches. Nous étions installés, en l'absence de mon
grand-père, dans le cabinet de travail ; les femmes
parlaient avec animation, un ton plus bas qu'en
1914, parce que c'était la guerre, une sale brume
jaune se collait aux fenêtres, ça sentait le tabac
refroidi. J'ouvris le carnet et fus d'abord déçu :
j'espérais un roman, des contes ; sur des feuillets
multicolores, je lus vingt fois le même questionnaire. « Remplis-le, me dit-elle, et fais-le remplir
par tes petits amis : tu te prépareras de beaux souvenirs. » Je compris qu'on m'offrait une chance
d'être merveilleux : je tins à répondre sur l'heure,
je m'assis au bureau de mon grand-père, posai le
carnet sur le buvard de son sous-main, pris son
porte-plume à manche de galalithe, le plongeai dans
la bouteille d'encre rouge et me mis à écrire pendant que les grandes personnes échangeaient des

regards amusés. Je m'étais d'un bond perché plus
haut que mon âme* pour faire la chasse aux
« réponses au-dessus de mon âge ». Malheureusement, le questionnaire n'aidait pas; on m'interrogeait sur mes goûts et mes dégoûts : quelle était ma
couleur préférée, mon parfum favori? J'inventais
sans entrain des prédilections, quand l'occasion de
briller se présenta : « Quel est votre vœu le plus
cher? » Je répondis sans hésiter : « Etre un soldat
et venger les morts. » Puis, trop excité pour pouvoir continuer, je sautai sur le sol et portai mon
œuvre aux grandes personnes. Les regards s'aigui-
sèrent, Mme Picard ajusta ses lunettes, ma mère
se pencha sur son épaule; l'une et l'autre avan-
çaient les lèvres avec malice. Les têtes se relevèrent
ensemble : ma mère avait rosi, Mme Picard me
rendit le livre : « Tu sais, mon petit ami, ce n'est
intéressant que si l'on est sincère. » Je crus mourir.
Mon erreur saute aux yeux : on réclamait l'enfant
prodige, j'avais donné l'enfant sublime. Pour mon
malheur, ces dames n'avaient personne au front :
le sublime militaire restait sans effet sur leurs
âmes modérées. Je disparus, j'allai grimacer
devant une glace. Quand je me les rappelle aujour-
d'hui, ces grimaces, je comprends qu'elles assu-
raient ma protection : contre les fulgurantes
décharges de la honte, je me défendais par un blo-
cage musculaire. Et puis, en portant à l'extrême
mon infortune, elles m'en délivraient : je me précipitais dans l'humilité pour esquiver l'humiliation,
je m'ôtais les moyens de plaire pour oublier que
je les avais eus et que j'en avais mésusé; le miroir
m'était d'un grand secours : je le chargeais de

m'apprendre que j'étais un monstre; s'il y parvenait, mes aigres remords se changeaient en pitié.
Mais, surtout, l'échec m'ayant découvert ma servi-
lité, je me faisais hideux pour la rendre impossible,
pour renier les hommes et pour qu'ils me
reniassent. La Comédie du Mal se jouait contre la
Comédie du Bien; Eliacin*prenait le rôle de Quasimodo.* Par torsion et plissement combinés, je
décomposais mon visage; je me vitriolais pour
effacer mes anciens sourires.

Le remède était pire que le mal : contre la gloire
et le déshonneur, j'avais tenté de me réfugier dans
ma vérité solitaire; mais je n'avais pas de vérité :
je ne trouvais en moi qu'une fadeur étonnée. Sous
mes yeux, une méduse heurtait la vitre de l'aqua-
rium, fronçait mollement sa collerette, s'effilochait
dans les ténèbres. La nuit tomba, des nuages d'encre
se diluèrent dans la glace, ensevelissant mon ultime
incarnation. Privé d'alibi, je m'affalai sur moi-
même. Dans le noir, je devinais une hésitation
indéfinie, un frôlement, des battements, toute une
bête vivante — la plus terrifiante et la seule dont
je ne pusse avoir peur. Je m'enfuis, j'allai
reprendre aux lumières* mon rôle de chérubin
défraîchi. En vain. La glace m'avait appris ce que
je savais depuis toujours : j'étais horriblement
naturel. Je ne m'en suis jamais remis.

Idolâtré par tous, débouté*de chacun, j'étais un
laissé-pour-compte et je n'avais, à sept ans, de
recours qu'en moi qui n'existais pas encore, palais

de glace désert où le siècle naissant mirait son ennui. Je naquis pour combler le grand besoin que j'avais de moi-même; je n'avais connu jusqu'alors que les vanités d'un chien de salon; acculé à l'orgueil, je devins l'Orgueilleux.*Puisque personne ne me revendiquait *sérieusement,* j'élevai la prétention d'être indispensable à l'Univers. Quoi de plus superbe? Quoi de plus sot? En vérité, je n'avais pas le choix. Voyageur clandestin, je m'étais endormi sur la banquette et le contrôleur me secouait. « Votre billet! » Il me fallait reconnaître que je n'en avais pas. Ni d'argent pour acquitter sur place le prix du voyage. Je commençais par plaider coupable : mes papiers d'identité, je les avais oubliés chez moi, je ne me rappelais même plus comment j'avais trompé la surveillance du poinçonneur, mais j'admettais que je m'étais introduit frauduleusement dans le wagon. Loin de contester l'autorité du contrôleur, je protestais hautement de mon respect pour ses fonctions et je me soumettais d'avance à sa décision. A ce point extrême de l'humilité, je ne pouvais plus me sauver qu'en renversant la situation : je révélais donc que des raisons importantes et secrètes m'appelaient à Dijon, qui intéressaient la France et peut-être l'humanité. A prendre les choses sous ce nouveau jour on n'aurait trouvé personne, dans tout le convoi, qui eût autant que moi le droit d'y occuper une place. Bien sûr il s'agissait d'une loi supérieure qui contredisait le règlement mais, en prenant sur lui d'interrompre mon voyage, le contrôleur provoquerait de graves complications dont les conséquences retomberaient sur sa tête; je le conjurais de réfléchir : était-il raisonnable de vouer l'espèce entière au désordre sous prétexte de maintenir l'ordre dans un train? Tel est l'orgueil : le plaidoyer des misérables. Seuls ont le droit d'être modestes les voyageurs munis de billets. Je ne savais jamais si j'avais gain de cause : le contrôleur gardait le silence; je recommençais mes explications; tant que je parlerais j'étais sûr qu'il ne m'obligerait pas à descendre. Nous restions face à face, l'un muet, l'autre intarissable, dans le train qui nous emportait vers Dijon. Le train, le contrôleur et le délinquant, c'était moi. Et j'étais aussi un quatrième personnage; celui-là, l'organisateur, n'avait qu'un seul désir : se duper, fût-ce une minute, oublier qu'il avait tout mis sur pied. La comédie familiale me servit : on m'appelait don du ciel, c'était pour rire et je ne l'ignorais pas; gavé d'attendrissements, j'avais la larme facile et le cœur dur : je voulus devenir un cadeau utile à la recherche de ses destinataires; j'offris ma personne à la France, au monde. Les hommes, je m'en foutais, mais, puisqu'il fallait en passer par eux, leurs pleurs de joie me feraient savoir que l'univers m'accueillait avec reconnaissance. On pensera que j'avais beaucoup d'outrecuidance; non : j'étais orphelin de père. Fils de personne, je fus ma propre cause, comble d'orgueil et comble de misère; j'avais été mis au monde par l'élan qui me portait vers le bien.* L'enchaînement paraît clair : féminisé par la tendresse maternelle, affadi par l'absence du rude Moïse qui m'avait engendré, infatué par l'adoration de mon grand-père, j'étais pur objet, voué par excellence au masochisme si

seulement j'avais pu croire à la comédie familiale.
Mais non; elle ne m'agitait qu'en surface et le fond
restait froid, injustifié; le système m'horrifia, je
pris en haine les pâmoisons heureuses, l'abandon,
ce corps trop caressé, trop bouchonné, je me trouvai
en m'opposant, je me jetai dans l'orgueil et le
sadisme, autrement dit dans la générosité. Celle-ci,
comme l'avarice ou le racisme, n'est qu'un baume
sécrété pour guérir nos plaies intérieures et qui
finit par nous empoisonner : pour échapper au
délaissement de la créature, je me préparais la plus
irrémédiable solitude bourgeoise : celle du créateur. On ne confondra pas ce coup de barre*avec
une véritable révolte : on se rebelle contre un bourreau et je n'avais que des bienfaiteurs. Je restai
longtemps leur complice. Du reste, c'étaient eux
qui m'avaient baptisé don de la Providence : je ne
fis qu'employer à d'autres fins les instruments dont
je disposais.

Tout se passa dans ma tête; enfant imaginaire,
je me défendis par l'imagination. Quand je revois
ma vie, de six à neuf ans, je suis frappé par la
continuité de mes exercices spirituels. Ils changèrent souvent de contenu mais le programme ne
varia pas; j'avais fait une fausse entrée, je me
retirais derrière un paravent et recommençais ma
naissance à point nommé, dans la minute même où
l'univers me réclamait silencieusement.

Mes premières histoires ne furent que la répétition de l'Oiseau Bleu, du Chat Botté,*des contes de
Maurice Bouchor. Elles se parlaient toutes seules,
derrière mon front, entre mes arcades sourcilières.
Plus tard, j'osai les retoucher, m'y donner un rôle.

Elles changèrent de nature; je n'aimais pas les
fées, il y en avait trop autour de moi : les prouesses
remplacèrent la féerie. Je devins un héros; je
dépouillai mes charmes; il n'était plus question de
plaire mais de s'imposer. J'abandonnai ma famille :
Karlémami, Anne-Marie furent exclus de mes fan-
taisies. Rassasié de gestes et d'attitudes, je fis de
vrais actes en rêve.* J'inventai un univers difficile
et mortel — celui de Cri-Cri, de l'Epatant, de Paul
d'Ivoi;*— à la place du besoin et du travail, que
j'ignorais, je mis le danger. Jamais je ne fus plus
éloigné de contester l'ordre établi : assuré d'habiter
le meilleur des mondes, je me donnai pour office
de le purger de ses monstres; flic et lyncheur, j'offrais en sacrifice une bande de brigands chaque soir.
Je ne fis jamais de guerre préventive ni d'expédi-
tion punitive; je tuais sans plaisir ni colère pour
arracher à la mort des jeunes filles. Ces frêles créatures m'étaient indispensables : elles me réclamaient. Il va de soi qu'elles ne pouvaient compter
sur mon aide puisqu'elles ne me connaissaient pas.
Mais je les jetais dans de si grands périls que personne ne les en eût sorties à moins d'être moi.
Quand les janissaires*brandissaient leurs cimeterres
courbes, un gémissement parcourait le désert et les
rochers disaient au sable : « Il y a quelqu'un qui
manque ici : c'est Sartre. » A l'instant, j'écartais le
paravent, je faisais voler les têtes à coups de sabre,
je naissais dans un fleuve de sang. Bonheur d'acier!
J'étais à ma place.

Je naissais pour mourir : sauvée, l'enfant se jetait
dans les bras du margrave,*son père; je m'éloignais,
il fallait redevenir superflu ou chercher de nou-

veaux assassins. J'en trouvais. Champion de l'ordre
établi, j'avais placé ma raison d'être dans un
désordre perpétué; j'étouffais le Mal dans mes bras,
je mourais de sa mort et ressuscitais de sa résurrection; j'étais un anarchiste de droite. Rien ne trans-
pira de ces bonnes violences; je restais servile et
zélé : on ne perd pas si facilement l'habitude de la
vertu; mais, chaque soir, j'attendais impatiemment
la fin de la bouffonnerie quotidienne,* je courais à
mon lit, je boulais*ma prière, je me glissais entre
mes draps; il me tardait de retrouver ma folle témé-
rité. Je vieillissais dans les ténèbres, je devenais un
adulte solitaire, sans père et sans mère, sans feu ni
lieu, presque sans nom. Je marchais sur un toit en
flammes, portant dans mes bras une femme éva-
nouie; au-dessous de moi, la foule criait : il était
manifeste que l'immeuble allait crouler. A cet instant je prononçais les mots fatidiques : « La suite
au prochain numéro » — « Qu'est-ce que tu dis? »
demandait ma mère. Je répondais prudemment :
« Je me laisse en suspens. » Et le fait est que je
m'endormais, au milieu des périls, dans une déli-
cieuse insécurité. Le lendemain soir, fidèle au
rendez-vous, je retrouvais mon toit, les flammes,
une mort certaine. Tout d'un coup, j'avisais
une gouttière que je n'avais pas remarquée la
veille. Sauvés, mon Dieu! Mais comment m'y
accrocher sans lâcher mon précieux fardeau?
Heureusement, la jeune femme reprenait ses sens,
je la chargeais sur mon dos, elle nouait ses bras
à mon cou. Non, à la réflexion, je la replongeais
dans l'inconscience : si peu qu'elle eût contribué à
son sauvetage, mon mérite en eût été diminué. Par

chance, il y avait cette corde à mes pieds : j'attachais solidement la victime à son sauveteur, le reste
n'était qu'un jeu. Des Messieurs — le maire, le chef
de la police, le capitaine des pompiers — me recevaient dans leurs bras, me donnaient des baisers,
une médaille, je perdais mon assurance, je ne
savais plus que faire de moi : les embrassements
de ces hauts personnages ressemblaient trop
à ceux de mon grand-père. J'effaçais tout, je recommençais : c'était la nuit, une jeune fille appelait au
secours, je me jetais dans la mêlée... *La suite au
prochain numéro.* Je risquais ma peau pour le
moment sublime qui changerait une bête de hasard
en passant providentiel*mais je sentais que je ne
survivrais pas à ma victoire et j'étais trop heureux
de la remettre au lendemain.

On s'étonnera de rencontrer ces rêves de risque-
tout chez un grimaud*promis à la cléricature;* les
inquiétudes de l'enfance sont métaphysiques; pour
les calmer point n'est besoin de verser le sang.
N'ai-je donc jamais souhaité d'être un médecin
héroïque et de sauver mes concitoyens de la peste
bubonique ou du choléra? Jamais, je l'avoue. Pourtant je n'étais ni féroce ni guerrier et ce n'est pas
ma faute si ce siècle naissant m'a fait épique. Battue, la France*fourmillait de héros imaginaires dont
les exploits pansaient son amour-propre. Huit ans
avant ma naissance, Cyrano de Bergerac* avait
« éclaté comme une fanfare de pantalons rouges ».
Un peu plus tard, l'Aiglon fier et meurtri n'avait
eu qu'à paraître pour effacer Fachoda.* En 1912,
j'ignorais tout de ces hauts personnages mais j'étais
en commerce constant avec leurs épigones :* j'ado-

rais le Cyrano de la Pègre, Arsène Lupin,* sans
savoir qu'il devait sa force herculéenne, son courage narquois, son intelligence bien française à
notre déculottée de 1870. L'agressivité nationale et
l'esprit de revanche faisaient de tous les enfants
des vengeurs. Je devins un vengeur comme tout le
monde : séduit par la gouaille, par le panache,
ces insupportables défauts des vaincus, je raillais
les truands avant de leur casser les reins. Mais
les guerres m'ennuyaient, j'aimais les doux Allemands qui fréquentaient chez mon grand-père et
je ne m'intéressais qu'aux injustices privées; dans
mon cœur sans haine, les forces collectives se transformèrent : je les employais à alimenter mon
héroïsme individuel. N'importe; je suis marqué;
si j'ai commis, dans un siècle de fer, la folle bévue
de prendre la vie pour une épopée, c'est que je suis
un petit-fils de la défaite. Matérialiste convaincu,
mon idéalisme épique compensera jusqu'à ma mort
un affront que je n'ai pas subi, une honte dont je
n'ai pas souffert, la perte de deux provinces qui
nous sont revenues depuis longtemps.

Les bourgeois du siècle dernier n'ont jamais
oublié leur première soirée au théâtre et leurs écrivains se sont chargés d'en rapporter les circonstances. Quand le rideau se leva, les enfants se
crurent à la cour. Les ors et les pourpres, les feux,
les fards, l'emphase et les artifices mettaient le
sacré jusque dans le crime; sur la scène ils virent
ressusciter la noblesse qu'avaient assassinée leurs

grands-pères.* Aux entractes, l'étagement des gale-
ries leur offrait l'image de la société; on leur
montra, dans les loges, des épaules nues et des
nobles vivants. Ils rentrèrent chez eux, stupéfaits,
amollis, insidieusement préparés à des destins cérémonieux, à devenir Jules Favre, Jules Ferry, Jules
Grévy.* Je défie mes contemporains de me citer la
date de leur première rencontre avec le cinéma.
Nous entrions à l'aveuglette dans un siècle sans
traditions qui devait trancher sur les autres par ses
mauvaises manières et le nouvel art, l'art roturier,
préfigurait notre barbarie. Né dans une caverne
de voleurs, rangé par administration au nombre
des divertissements forains, il avait des façons populacières*qui scandalisaient les personnes sérieuses;
c'était le divertissement des femmes et des enfants;
nous l'adorions, ma mère et moi, mais nous n'y
pensions guère et nous n'en parlions jamais :
parle-t-on du pain s'il ne manque pas? Quand nous
nous avisâmes de son existence, il y avait beau
temps qu'il était devenu notre principal besoin.

Les jours de pluie, Anne-Marie me demandait
ce que je souhaitais faire, nous hésitions longuement entre le cirque, le Châtelet,* la Maison Elec-
trique et le Musée Grévin;* au dernier moment,
avec une négligence*calculée, nous décidions d'entrer dans une salle de projection. Mon grand-père
paraissait à la porte de son bureau quand nous
ouvrions celle de l'appartement; il demandait :
« Où allez-vous, les enfants? » — « Au cinéma »,
disait ma mère. Il fronçait les sourcils et elle ajou-
tait très vite : « Au cinéma du Panthéon, c'est tout
à côté, il n'y a que la rue Soufflot à traverser. » Il

nous laissait partir en haussant les épaules; il dirait
le jeudi suivant à M. Simonnot : « Voyons, Simonnot, vous qui êtes un homme sérieux, comprenez-
vous ça? Ma fille mène mon petit-fils au cinéma! »
et M. Simonnot dirait d'une voix conciliante : « Je
n'y ai jamais été mais ma femme y va quelquefois. »

    Le spectacle était commencé. Nous suivions
l'ouvreuse en trébuchant, je me sentais clandestin;
au-dessus de nos têtes, un faisceau de lumière
blanche traversait la salle, on y voyait danser des
poussières, des fumées; un piano hennissait, des
poires violettes luisaient au mur, j'étais pris à la
gorge par l'odeur vernie d'un désinfectant. L'odeur
et les fruits de cette nuit habitée se confondaient
en moi : je mangeais les lampes de secours,* je
m'emplissais de leur goût acidulé. Je raclais mon
dos à des genoux, je m'asseyais sur un siège grin-
çant, ma mère glissait une couverture pliée sous
mes fesses pour me hausser; enfin je regardais
l'écran, je découvrais une craie fluorescente, des
paysages clignotants, rayés par des averses; il
pleuvait toujours, même au gros soleil, même dans
les appartements; parfois un astéroïde en flammes
traversait le salon d'une baronne sans qu'elle parût
s'en étonner. J'aimais cette pluie, cette inquiétude
sans repos qui travaillait la muraille. Le pianiste
attaquait l'ouverture des *Grottes de Fingal* et tout
le monde comprenait que le criminel allait
paraître : la baronne était folle de peur. Mais son
beau visage charbonneux cédait la place à une
pancarte mauve : « Fin de la première partie. »
C'était la désintoxication brusquée, la lumière. Où
étais-je? Dans une école? Dans une administration?

Pas le moindre ornement : des rangées de strapon-
tins qui laissaient voir, par en dessous, leurs
ressorts, des murs barbouillés d'ocre, un plancher
jonché de mégots et de crachats. Des rumeurs
touffues remplissaient la salle, on réinventait le
langage, l'ouvreuse vendait à la criée des bonbons
anglais, ma mère m'en achetait, je les mettais dans
ma bouche, je suçais les lampes de secours. Les
gens se frottaient les yeux, chacun découvrait ses
voisins. Des soldats, les bonnes du quartier; un
vieillard osseux chiquait, des ouvrières en cheveux
riaient très fort : tout ce monde n'était pas de notre
monde; heureusement, posés de loin en loin sur ce
parterre de têtes, de grands chapeaux palpitants
rassuraient.*

A feu mon père, à mon grand-père, familiers
des deuxièmes balcons, la hiérarchie sociale du
théâtre avait donné le goût du cérémonial : quand
beaucoup d'hommes sont ensemble, il faut les
séparer par des rites ou bien ils se massacrent. Le
cinéma prouvait le contraire : plutôt que par une
fête, ce public si mêlé semblait réuni par une
catastrophe; morte, l'étiquette démasquait enfin le
véritable lien des hommes, l'adhérence. Je pris en
dégoût les cérémonies, j'adorai les foules; j'en ai
vu de toute sorte mais je n'ai retrouvé cette nudité,
cette présence sans recul de chacun à tous, ce rêve
éveillé, cette conscience obscure du danger d'être
homme qu'en 1940, dans le Stalag XII D.*

Ma mère s'enhardit jusqu'à me conduire dans
les salles du Boulevard :*au Kinérama, aux Folies
Dramatiques, au Vaudeville, au Gaumont Palace
qu'on nommait alors l'Hippodrome. Je vis *Zigomar**

et *Fantômas, Les Exploits de Maciste, Les Mystères de New-York* : les dorures me gâchaient le plaisir. Le Vaudeville, théâtre désaffecté, ne voulait pas abdiquer son ancienne grandeur : jusqu'à la dernière minute un rideau rouge à glands d'or masquait l'écran; on frappait trois coups pour annoncer le commencement de la représentation, l'orchestre jouait une ouverture, le rideau se levait, les lampes s'éteignaient. J'étais agacé par ce cérémonial incongru, par ces pompes poussiéreuses qui n'avaient d'autre résultat que d'éloigner les personnages; au balcon, au poulailler, frappés par le lustre, par les peintures du plafond, nos pères ne pouvaient ni ne voulaient croire que le théâtre leur appartenait : ils y étaient reçus. Moi, je voulais voir le film *au plus près*. Dans l'inconfort égalitaire des salles de quartier, j'avais appris que ce nouvel art était à moi, comme à tous. Nous étions du même âge mental : j'avais sept ans et je savais lire, il en avait douze*et ne savait pas parler. On disait qu'il était à ses débuts, qu'il avait des progrès à faire; je pensais que nous grandirions ensemble. Je n'ai pas oublié notre enfance commune : quand on m'offre un bonbon anglais, quand une femme, près de moi, vernit ses ongles, quand je respire, dans les cabinets d'un hôtel provincial, une certaine odeur de désinfectant, quand, dans un train de nuit, je regarde au plafond la veilleuse violette, je retrouve dans mes yeux, dans mes narines, sur ma langue les lumières et les parfums de ces salles disparues; il y a quatre ans, au large des grottes de Fingal, par gros temps, j'entendais un piano dans le vent.

Inaccessible au sacré, j'adorais la magie : le cinéma, c'était une apparence suspecte que j'aimais perversement pour ce qui lui manquait encore. Ce ruissellement, c'était tout, ce n'était rien, c'était tout réduit à rien : j'assistais aux délires d'une muraille; on avait débarrassé les solides d'une massivité qui m'encombrait jusque dans mon corps et mon jeune idéalisme se réjouissait de cette contraction infinie; plus tard les translations et les rotations des triangles m'ont rappelé le glissement des figures sur l'écran, j'ai aimé le cinéma jusque dans la géométrie plane. Du noir et du blanc, je faisais des couleurs éminentes* qui résumaient en elles toutes les autres et ne les révélaient qu'à l'initié; je m'enchantais de voir l'invisible. Pardessus tout, j'aimais l'incurable mutisme de mes héros. Ou plutôt non : ils n'étaient pas muets puisqu'ils savaient se faire comprendre. Nous communiquions par la musique, c'était le bruit de leur vie intérieure. L'innocence persécutée faisait mieux que dire ou montrer sa douleur, elle m'en imprégnait par cette mélodie qui sortait d'elle; je lisais les conversations mais j'entendais l'espoir et l'amertume, je surprenais par l'oreille la douleur fière qui ne se déclare pas. J'étais compromis; *ce n'était pas moi*, cette jeune veuve qui pleurait sur l'écran et pourtant, nous n'avions, elle et moi, qu'une seule âme : la marche funèbre de Chopin; il n'en fallait pas plus pour que ses pleurs mouillassent mes yeux. Je me sentais prophète sans rien pouvoir prédire : avant même que le traître eût trahi, son forfait entrait en moi; quand tout semblait tranquille au château, des accords sinistres

dénonçaient la présence de l'assassin. Comme ils
étaient heureux, ces cow-boys, ces mousquetaires,
ces policiers : leur avenir était là, dans cette
musique prémonitoire, et gouvernait le présent. Un
chant ininterrompu se confondait avec leurs vies,
les entraînait vers la victoire ou vers la mort en
s'avançant vers sa propre fin. Ils étaient attendus,
eux :*,par la jeune fille en péril, par le général,
par le traître embusqué dans la forêt, par le camarade ligoté près d'un tonneau de poudre et qui
regardait tristement la flamme courir le long de la
mèche. La course de cette flamme, la lutte
désespérée de la vierge contre son ravisseur, la
galopade du héros dans la steppe, l'entrecroisement
de toutes ces images, de toutes ces vitesses et, par
en dessous, le mouvement infernal de la « Course
à l'Abîme », morceau d'orchestre tiré de la *Damnation de Faust**et adapté pour le piano, tout cela ne
faisait qu'un : c'était la Destinée. Le héros mettait
pied à terre, éteignait la mèche, le traître se jetait
sur lui, un duel au couteau commençait : mais les
hasards de ce duel participaient eux-mêmes à la
rigueur du développement musical : c'était de faux
hasards qui dissimulaient mal l'ordre universel.
Quelle joie, quand le dernier coup de couteau
coïncidait avec le dernier accord! J'étais comblé,
j'avais trouvé le monde où je voulais vivre, je
touchais à l'absolu. Quel malaise, aussi, quand les
lampes se rallumaient : je m'étais déchiré d'amour
pour ces personnages et ils avaient disparu, rem-
portant leur monde; j'avais senti leur victoire dans
mes os, pourtant c'était la leur et non la mienne :
dans la rue, je me retrouvais surnuméraire.

Je décidai de perdre la parole et de vivre en musique. J'en avais l'occasion chaque soir vers cinq heures. Mon grand-père donnait ses cours à l'Institut des Langues Vivantes; ma grand-mère, retirée dans sa chambre, lisait du Gyp;* ma mère m'avait fait goûter, elle avait mis le dîner en train, donné les derniers conseils à la bonne; elle s'asseyait au piano et jouait les Ballades de Chopin, une Sonate de Schumann, les variations symphoniques de Franck, parfois, sur ma demande, l'ouverture des *Grottes de Fingal*. Je me glissais dans le bureau; il y faisait déjà sombre, deux bougies brûlaient au piano. La pénombre me servait, je saisissais la règle de mon grand-père, c'était ma rapière, son coupe-papier, c'était ma dague; je devenais sur-le-champ l'image plate d'un mousquetaire. Parfois, l'inspiration se faisait attendre : pour gagner du temps, je décidais, bretteur illustre, qu'une importante affaire m'obligeait à garder l'incognito. Je devais recevoir les coups sans les rendre et mettre mon courage à feindre la lâcheté. Je tournais dans la pièce, l'œil torve, la tête basse, traînant les pieds; je marquais par un soubresaut de temps à autre qu'on m'avait lancé une gifle ou botté le derrière, mais je n'avais garde de réagir : je notai le nom de mon insulteur. Prise à dose massive, la musique agissait enfin. Comme un tambour vaudou, le piano m'imposait son rythme. La Fantaisie-Impromptu se substituait à mon âme, elle m'habitait, me donnait un passé inconnu, un avenir fulgurant et mortel; j'étais possédé, le démon m'avait saisi et me secouait comme un prunier. A cheval! J'étais cavale et cavalier; chevauchant et chevauché, je traversais à fond de train des landes, des guérets, le bureau, de la porte à la fenêtre. « Tu fais trop de bruit, les voisins vont se plaindre », disait ma mère sans cesser de jouer. Je ne lui répondais pas puisque j'étais muet. J'avise le duc, je mets pied à terre, je lui fais savoir par les mouvements silencieux de mes lèvres que je le tiens pour un bâtard. Il déchaîne ses reîtres, mes moulinets me font un rempart d'acier; de temps en temps je transperce une poitrine. Aussitôt, je faisais volte-face, je devenais le Spadassin pourfendu, je tombais, je mourais sur le tapis. Puis, je me retirais en douce du cadavre, je me relevais, je reprenais mon rôle de chevalier errant. J'animais tous les personnages : chevalier, je souffletais le duc; je tournais sur moi-même; duc, je recevais le soufflet. Mais je n'incarnais pas longtemps les méchants, toujours impatient de revenir au grand premier rôle, à moi-même. Invincible, je triomphais de tous. Mais, comme dans mes récits nocturnes,* je renvoyais aux calendes mon triomphe parce que j'avais peur du marasme qui suivrait.

Je protège une jeune comtesse contre le propre frère du Roi. Quelle boucherie! Mais ma mère a tourné la page; l'allegro fait place à un tendre adagio; j'achève le carnage en vitesse, je souris à ma protégée. Elle m'aime; c'est la musique qui le dit. Et moi, je l'aime aussi, peut-être : un cœur amoureux et lent s'installe en moi. Quand on aime, que fait-on? Je lui prenais le bras, je la promenais dans une prairie : cela ne pouvait suffire. Convoqués en hâte, les truands et les reîtres me tiraient d'embarras : ils se jetaient sur nous, cent contre

un; j'en tuais quatre-vingt-dix, les dix autres enle-
vaient la comtesse.

C'est le moment d'entrer dans mes années sombres : la femme qui m'aime est captive, j'ai toutes
les polices du royaume à mes trousses, hors-la-loi,
traqué, misérable, il me reste ma conscience et mon
épée. J'arpentais le bureau d'un air abattu, je
m'emplissais de la tristesse passionnée de Chopin.
Quelquefois, je feuilletais ma vie, je sautais deux
ou trois ans pour m'assurer que tout finirait bien,
qu'on me rendrait mes titres, mes terres, une fiancée
presque intacte et que le Roi me demanderait
pardon. Mais aussitôt, je bondissais en arrière, je
retournais m'établir, deux ou trois ans plus tôt,
dans le malheur. Ce moment me charmait : la
fiction se confondait avec la vérité; vagabond
désolé, à la poursuite de la justice, je ressemblais
comme un frère à l'enfant désœuvré, embarrassé de
lui-même, en quête d'une raison de vivre, qui
rôdait en musique dans le bureau de son grand-
père. Sans abandonner le rôle, je profitais de la
ressemblance pour faire l'amalgame de nos destins :
rassuré sur la victoire finale, je voyais dans mes
tribulations le plus sûr chemin pour y parvenir;
à travers mon abjection, j'apercevais la gloire
future qui en était la véritable cause. La sonate de
Schumann achevait de me convaincre : j'étais la
créature qui désespère et le Dieu qui l'a sauvée
depuis le commencement du monde. Quelle joie de
pouvoir se désoler à blanc;* j'avais le droit de
bouder l'univers. Las de succès trop faciles, je
goûtais les délices de la mélancolie, l'âcre plaisir
du ressentiment. Objet des soins les plus tendres,

gavé, sans désirs, je me précipitais dans un dénue-
ment imaginaire : huit ans de félicité n'avaient
abouti qu'à me donner le goût du martyre. Je
substituai à mes juges ordinaires,*tous prévenus en
ma faveur, un tribunal rechigné,* prêt à me
condamner sans m'entendre : je lui arracherais
l'acquittement, des félicitations, une récompense
exemplaire. J'avais lu vingt fois, dans la passion,
l'histoire de Grisélidis;* pourtant je n'aimais pas
souffrir et mes premiers désirs furent cruels : le
défenseur*de tant de princesses ne se gênait pas
pour fesser en esprit sa petite voisine de palier. Ce
qui me plaisait dans ce récit peu recommandable,
c'était le sadisme de la victime et cette inflexible
vertu qui finit par jeter à genoux le mari bourreau.
C'est cela que je voulais pour moi : agenouiller les
magistrats de force, les contraindre à me révérer
pour les punir de leurs préventions. Mais je
remettais chaque jour l'acquittement au lendemain; héros toujours futur, je languissais de désir
pour une consécration que je repoussais sans cesse.

Cette double mélancolie, ressentie et jouée, je
crois qu'elle traduisait ma déception : mes
prouesses, mises bout à bout, n'étaient qu'un cha-
pelet de hasards; quand ma mère avait plaqué les
derniers accords de la Fantaisie-Impromptu, je
retombais dans le temps sans mémoire*des orphelins privés de père, des chevaliers errants privés
d'orphelins; héros ou écolier, faisant et refaisant
les mêmes dictées, les mêmes prouesses, je restais
enfermé dans cette geôle : la répétition. Pourtant
cela existait, l'avenir, le cinéma me l'avait révélé;
je rêvais d'avoir un destin. Les bouderies de Grisé-

lidis finirent par me lasser : j'avais beau repousser
indéfiniment la minute historique de ma glorifica-
tion, je n'en faisais pas un avenir véritable : ce
n'était qu'un présent différé.

Ce fut vers ce moment — 1912 ou 1913 — que je
lus *Michel Strogoff*.* Je pleurai de joie : quelle vie
exemplaire! Pour montrer sa valeur, cet officier
n'avait pas besoin d'attendre le bon plaisir des
brigands : un ordre d'en haut l'avait tiré de
l'ombre, il vivait pour y obéir et mourait de son
triomphe; car c'était une mort, cette gloire :
tournée la dernière page du livre, Michel s'enfer-
mait tout vif dans son petit cercueil* doré sur tranches. Pas une inquiétude : il était justifié dès sa
première apparition. Ni le moindre hasard : il est
vrai qu'il se déplaçait continuellement mais de
grands intérêts, son courage, la vigilance de
l'ennemi, la nature du terrain, les moyens de
communication, vingt autres facteurs, tous donnés
d'avance, permettaient à chaque instant de marquer
sa position sur la carte. Pas de répétitions : tout
changeait, il fallait qu'il se changeât sans cesse;
son avenir l'éclairait, il se guidait sur une étoile.
Trois mois plus tard, je relus ce roman avec les
mêmes transports; or je n'aimais pas Michel, je le
trouvais trop sage : c'était son destin que je lui
jalousais. J'adorais en lui, masqué, le chrétien
qu'on m'avait empêché d'être. Le tsar de toutes les
Russies, c'était Dieu le Père; suscité du néant par
un décret singulier, Michel, chargé, comme toutes
les créatures, d'une mission unique et capitale,
traversait notre vallée de larmes, écartant les tentations et franchissant les obstacles, goûtait au mar-

tyre, bénéficiait d'un concours surnaturel [1], glorifiait
son Créateur puis, au terme de sa tâche, entrait
dans l'immortalité. Pour moi, ce livre fut du
poison : il y avait donc des élus? Les plus hautes
exigences leur traçaient la route? La sainteté me
répugnait : en Michel Strogoff, elle me fascina
parce qu'elle avait pris les dehors de l'héroïsme.

Pourtant je ne changeai rien à mes pantomimes
et l'idée de mission resta en l'air, fantôme incon-
sistant qui n'arrivait pas à prendre corps et dont
je ne pouvais me défaire. Bien entendu, mes
comparses, les rois de France, étaient à mes ordres
et n'attendaient qu'un signe pour me donner les
leurs. Je ne leur en demandai point. Si l'on risque
sa vie par obéissance, que devient la générosité?
Marcel Dunot,* boxeur aux poings de fer, me sur-
prenait chaque semaine en faisant, gracieusement,
plus que son devoir; aveugle, couvert de plaies
glorieuses, c'est à peine si Michel Strogoff pouvait
dire qu'il avait fait le sien. J'admirais sa vaillance,
je réprouvais son humilité : ce brave n'avait que le
ciel au-dessus de sa tête; pourquoi la courbait-il
devant le tsar quand c'était au tsar de lui baiser
les pieds? Mais, à moins de s'abaisser,* d'où pourrait-on tirer le mandat de vivre? Cette contradiction me fit tomber dans un profond embarras.
J'essayai quelquefois de détourner la difficulté :
enfant inconnu j'entendais parler d'une mission
dangereuse; j'allais me jeter aux pieds du roi, je
le suppliais de me la confier. Il refusait : j'étais
trop jeune, l'affaire était trop grave. Je me relevais,

---

1. Sauvé par le miracle d'une larme.

je provoquais en duel et je battais promptement
tous ses capitaines. Le souverain se rendait à l'évidence : « Va donc, puisque tu le veux! » Mais je
n'étais pas dupe de mon stratagème et je me
rendais bien compte que je m'étais imposé. Et puis,
tous ces magots*me dégoûtaient : j'étais sans-culotte*
et régicide, mon grand-père m'avait prévenu contre
les tyrans, qu'ils s'appelassent Louis XVI ou Badinguet.*Surtout, je lisais tous les jours, dans *le Matin*,
le feuilleton de Michel Zévaco :* cet auteur de
génie, sous l'influence de Hugo, avait inventé le
roman de cape et d'épée républicain. Ses héros
représentaient le peuple; ils faisaient et défaisaient
les empires, prédisaient dès le XIVᵉ siècle la Révolution Française, protégeaient par bonté d'âme des
rois enfants ou des rois fous contre leurs ministres,
souffletaient les rois méchants. Le plus grand de
tous, Pardaillan, c'était mon maître : cent fois,
pour l'imiter, superbement campé sur mes jambes
de coq, j'ai giflé Henri III et Louis XIII. Allais-je
me mettre à leurs ordres, après cela? En un mot,
je ne pouvais ni tirer de moi le mandat impératif
qui aurait justifié ma présence sur cette terre ni
reconnaître à personne le droit de me le délivrer.
Je repris mes chevauchées, nonchalamment, je
languis dans la mêlée; massacreur distrait, martyr
indolent, je restai Grisélidis, faute d'un tsar, d'un
Dieu ou tout simplement d'un père.

Je menais deux vies, toutes deux mensongères :
publiquement, j'étais un imposteur : le fameux
petit-fils du célèbre Charles Schweitzer; seul, je
m'enlisais dans une bouderie imaginaire. Je corri-
geais ma fausse gloire par un faux incognito. Je

n'avais aucune peine à passer de l'un à l'autre
rôle : à l'instant où j'allais pousser ma botte
secrète, la clé tournait dans la serrure, les mains
de ma mère, soudain paralysées, s'immobilisaient
sur les touches, je reposais la règle dans la bibliothèque et j'allais me jeter dans les bras de mon
grand-père, j'avançais son fauteuil, je lui apportais
ses chaussons fourrés et je l'interrogeais sur sa
journée, en appelant ses élèves par leur nom.
Quelle que fût la profondeur de mon rêve, jamais
je ne fus en danger de m'y perdre. Pourtant j'étais
menacé : ma vérité risquait fort de rester jusqu'au
bout l'alternance de mes mensonges.

Il y avait une autre vérité. Sur les terrasses du
Luxembourg, des enfants jouaient, je m'approchais
d'eux, ils me frôlaient sans me voir, je les regardais
avec des yeux de pauvre : comme ils étaient forts
et rapides! comme ils étaient beaux! Devant ces
héros de chair et d'os, je perdais mon intelligence
prodigieuse, mon savoir universel, ma musculature
athlétique, mon adresse spadassine; je m'accotais
à un arbre, j'attendais. Sur un mot du chef de la
bande, brutalement jeté : « Avance, Pardaillan,
c'est toi qui feras le prisonnier », j'aurais abandonné mes privilèges. Même un rôle muet m'eût
comblé; j'aurais accepté dans l'enthousiasme de
faire un blessé sur une civière, un mort. L'occasion
ne m'en fut pas donnée : j'avais rencontré mes
vrais juges, mes contemporains, mes pairs, et leur
indifférence me condamnait. Je n'en revenais pas
de me découvrir par eux : ni merveille ni méduse,
un gringalet qui n'intéressait personne. Ma mère
cachait mal son indignation : cette grande et belle

femme s'arrangeait fort bien de ma courte taille,
elle n'y voyait rien que de naturel : les Schweitzer
sont grands et les Sartre petits, je tenais de mon
père, voilà tout. Elle aimait que je fusse, à huit ans,
resté portatif et d'un maniement aisé : mon format
réduit passait à ses yeux pour un premier âge
prolongé. Mais, voyant que nul ne m'invitait à
jouer, elle poussait l'amour jusqu'à deviner que je
risquais de me prendre pour un nain — ce que je
ne suis pas tout à fait — et d'en souffrir. Pour me
sauver du désespoir elle feignait l'impatience :
« Qu'est-ce que tu attends, gros benêt ? Demande-
leur s'ils veulent jouer avec toi. » Je secouais la
tête : j'aurais accepté les besognes les plus basses,
je mettais mon orgueil à ne pas les solliciter. Elle
désignait des dames qui tricotaient sur des fauteuils
de fer : « Veux-tu que je parle à leurs mamans ? »
Je la suppliais de n'en rien faire; elle prenait ma
main, nous repartions, nous allions d'arbre en arbre
et de groupe en groupe, toujours implorants, toujours exclus. Au crépuscule, je retrouvais mon
perchoir, les hauts lieux où soufflait l'esprit, mes
songes : je me vengeais de mes déconvenues par
six mots d'enfant et le massacre de cent reîtres.
N'importe : ça ne tournait pas rond.

Je fus sauvé par mon grand-père : il me jeta
sans le vouloir dans une imposture nouvelle qui
changea ma vie.

II

Écrire

Charles Schweitzer ne s'était jamais pris pour un écrivain mais la langue française l'émerveillait encore, à soixante-dix ans, parce qu'il l'avait apprise difficilement et qu'elle ne lui appartenait pas tout à fait : il jouait avec elle, se plaisait aux mots, aimait à les prononcer et son impitoyable diction ne faisait pas grâce d'une syllabe ; quand il avait le temps, sa plume les assortissait en bouquets. Il illustrait volontiers les événements de notre famille et de l'Université par des œuvres de circonstance : vœux de nouvel an, d'anniversaire, compliments aux repas de mariage, discours en vers pour la Saint-Charlemagne,*saynètes, charades, bouts-rimés, banalités affables ; dans les congrès, il improvisait des quatrains, en allemand et en français.

Au début de l'été nous partions pour Arcachon, les deux femmes et moi, avant que mon grand-père eût terminé ses cours. Il nous écrivait trois fois la semaine : deux pages pour Louise, un post-scriptum pour Anne-Marie, pour moi toute une lettre en vers. Pour me faire mieux goûter mon

bonheur ma mère apprit et m'enseigna les règles
de la prosodie. Quelqu'un me surprit à gribouiller
une réponse versifiée, on me pressa de l'achever,
on m'y aida. Quand les deux femmes envoyèrent la
lettre, elles rirent aux larmes en pensant à la
stupeur du destinataire. Par retour du courrier je
reçus un poème à ma gloire; j'y répondis par un
poème. L'habitude était prise, le grand-père et son
petit-fils s'étaient unis par un lien nouveau; ils se
parlaient, comme les Indiens, comme les maque-
reaux de Montmartre, dans une langue interdite
aux femmes. On m'offrit un dictionnaire de rimes,
je me fis versificateur : j'écrivais des madrigaux
pour Vévé, une petite fille blonde qui ne quittait
pas sa chaise longue et qui devait mourir quelques
années plus tard. La petite fille s'en foutait : c'était
un ange; mais l'admiration d'un large public me
consolait de cette indifférence. J'ai retrouvé quelques-uns de ces poèmes. Tous les enfants ont du
génie, sauf Minou Drouet,* a dit Cocteau* en 1955.
En 1912, ils en avaient tous sauf moi : j'écrivais
par singerie, par cérémonie, pour faire la grande
personne : j'écrivais surtout parce que j'étais le
petit-fils de Charles Schweitzer. On me donna les
fables de La Fontaine; elles me déplurent : l'auteur
en prenait à son aise;* je décidai de les récrire en
alexandrins. L'entreprise dépassait mes forces et
je crus remarquer qu'elle faisait sourire : ce fut
ma dernière expérience poétique. Mais j'étais
lancé : je passai des vers à la prose et n'eus pas
la moindre peine à réinventer par écrit les aventures passionnantes que je lisais dans *Cri-Cri.* Il
était temps : j'allais découvrir l'inanité de mes

songes. Au cours de mes chevauchées fantastiques, c'était la réalité que je voulais atteindre. Quand ma mère me demandait, sans détourner les yeux de sa partition : « Poulou,* qu'est-ce que tu fais ? » il m'arrivait parfois de rompre mon vœu de silence et de lui répondre : « Je fais du cinéma. » En effet, j'essayais d'arracher les images de ma tête et de les *réaliser* hors de moi, entre de vrais meubles et de vrais murs, éclatantes et visibles autant que celles qui ruisselaient sur les écrans. Vainement; je ne pouvais plus ignorer ma double imposture : je feignais d'être un acteur feignant d'être un héros.

A peine eus-je commencé d'écrire, je posai ma plume pour jubiler. L'imposture était la même mais j'ai dit que je tenais les mots pour la quintessence des choses.*Rien ne me troublait plus que de voir mes pattes de mouche échanger peu à peu leur luisance*de feux follets contre la terne consistance de la matière : c'était la réalisation de l'imaginaire. Pris au piège de la nomination,* un lion, un capitaine du Second Empire, un Bédouin s'introduisaient dans la salle à manger; ils y demeureraient à jamais captifs, incorporés par les signes; je crus avoir ancré mes rêves dans le monde par les grattements d'un bec d'acier. Je me fis donner un cahier, une bouteille d'encre violette, j'inscrivis sur la couverture : « Cahier de romans ». Le premier que je menai à bout, je l'intitulai : « Pour un papillon ». Un savant, sa fille, un jeune explorateur athlétique remontaient le cours de l'Amazone en quête d'un papillon précieux. L'argument, les personnages, le détail des aventures, le titre même, j'avais tout emprunté à un récit en images

paru le trimestre précédent. Ce plagiat délibéré
me délivrait de mes dernières inquiétudes : tout
était forcément vrai puisque je n'inventais rien.
Je n'ambitionnais pas d'être publié mais je m'étais
arrangé pour qu'on m'eût imprimé d'avance et je
ne traçais pas une ligne que mon modèle ne cau-
tionnât. Me tenais-je pour un copiste? Non. Mais
pour un auteur original : je retouchais, je rajeu-
nissais; par exemple, j'avais pris soin de changer
les noms des personnages. Ces légères altérations
m'autorisaient à confondre la mémoire et l'imagination. Neuves et tout écrites, des phrases se refor-
maient dans ma tête avec l'implacable sûreté qu'on
prête à l'inspiration. Je les transcrivais, elles
prenaient sous mes yeux la densité des choses. Si
l'auteur inspiré, comme on croit communément,
est autre que soi au plus profond de soi-même, j'ai
connu l'inspiration entre sept et huit ans.

Je ne fus jamais tout à fait dupe de cette « écriture automatique ». Mais le jeu me plaisait aussi
pour lui-même : fils unique, je pouvais y jouer
seul. Par moments, j'arrêtais ma main, je feignais
d'hésiter pour me sentir, front sourcilleux, regard
halluciné, *un écrivain*. J'adorais le plagiat, d'ailleurs, par snobisme et je le poussais délibérément
à l'extrême, comme on va voir.

Boussenard*et Jules Verne ne perdent pas une
occasion d'intruire : aux instants les plus critiques,
ils coupent le fil du récit pour se lancer dans la
description d'une plante vénéneuse, d'un habitat
indigène. Lecteur, je sautais ces passages didac-
tiques; auteur, j'en bourrai mes romans; je prétendis enseigner à mes contemporains tout ce que

j'ignorais : les mœurs des Fuégiens,* la flore afri-
caine, le climat du désert. Séparés par un coup du
sort puis embarqués sans le savoir sur le même
navire et victimes du même naufrage, le collection-
neur de papillons et sa fille s'accrochaient à la
même bouée, levaient la tête, chacun jetait un
cri : « Daisy! », « Papa! ». Hélas un squale rôdait
en quête de chair fraîche, il s'approchait, son
ventre brillait entre les vagues. Les malheureux
échapperaient-ils à la mort? J'allais chercher le
tome « Pr-Z » du Grand Larousse, je le portais
péniblement jusqu'à mon pupitre, l'ouvrais à la
bonne page et copiais mot pour mot en passant à
la ligne : « Les requins sont communs dans l'Atlan-
tique tropical. Ces grands poissons de mer très
voraces atteignent jusqu'à treize mètres de long et
pèsent jusqu'à huit tonnes... » Je prenais tout mon
temps pour transcrire l'article : je me sentais délicieusement ennuyeux, aussi distingué que Boussenard et, n'ayant pas encore trouvé le moyen de
sauver mes héros, je mijotais dans des transes
exquises.

Tout destinait cette activité nouvelle à n'être
qu'une singerie de plus. Ma mère me prodiguait les
encouragements, elle introduisait les visiteurs dans
la salle à manger pour qu'ils surprissent le jeune
créateur à son pupitre d'écolier; je feignais d'être
trop absorbé pour sentir la présence de mes admi-
rateurs; ils se retiraient sur la pointe des pieds
en murmurant que j'étais trop mignon, que c'était
trop charmant. Mon oncle Emile me fit cadeau
d'une petite machine à écrire dont je ne me servis
pas, Mme Picard m'acheta une mappemonde pour

que je pusse fixer sans risque d'erreur l'itinéraire
de mes *globe-trotters*. Anne-Marie recopia mon
second roman *Le Marchand de bananes* sur du
papier glacé, on le fit circuler. Mamie elle-même
m'encourageait : « Au moins, disait-elle, il est sage,
il ne fait pas de bruit. » Par bonheur la consécration fut différée par le mécontentement de mon
grand-père.

Karl n'avait jamais admis ce qu'il appelait mes
« mauvaises lectures ». Quand ma mère lui annonça
que j'avais commencé d'écrire, il fut d'abord
enchanté, espérant, je suppose, une chronique de
notre famille avec des observations piquantes et
d'adorables naïvetés. Il prit mon cahier, le feuilleta,
fit la moue et quitta la salle à manger, outré de
retrouver sous ma plume les « bêtises » de mes
journaux favoris. Par la suite, il se désintéressa de
mon œuvre. Mortifiée, ma mère essaya plusieurs
fois de lui faire lire par surprise *Le Marchand de
bananes*. Elle attendait qu'il eût mis ses chaussons
et qu'il se fût assis dans son fauteuil; pendant qu'il
se reposait en silence, l'œil fixe et dur, les mains
sur les genoux, elle s'emparait de mon manuscrit,
le feuilletait distraitement puis, soudain captivée,
se mettait à rire toute seule. Pour finir, dans un
irrésistible emportement, elle le tendait à mon
grand-père : « Lis donc, papa! C'est *trop* drôle. »
Mais il écartait le cahier de la main ou bien, s'il
y donnait un coup d'œil, c'était pour relever avec
humeur mes fautes d'orthographe. A la longue ma
mère fut intimidée : n'osant plus me féliciter et
craignant de me faire de la peine, elle cessa de lire
mes écrits pour n'avoir plus à m'en parler.

A peine tolérées, passées sous silence, mes acti-
vités littéraires tombèrent dans une semi-clandestinité; je les poursuivais, néanmoins, avec assiduité :
aux heures de récréation, le jeudi et le dimanche,
aux vacances et, quand j'avais la chance d'être
malade, dans mon lit; je me rappelle des convs-
lescences heureuses, un cahier noir à tranche rouge
que je prenais et quittais comme une tapisserie.
Je fis moins de cinéma : mes romans me tenaient
lieu de tout. Bref, j'écrivis pour mon plaisir.

Mes intrigues se compliquèrent, j'y fis entrer les
épisodes les plus divers, je déversai toutes mes
lectures, les bonnes et les mauvaises, pêle-mêle,
dans ces fourre-tout. Les récits en souffrirent;
ce fut un gain, pourtant : il fallut inventer des
raccords, et, du coup, je devins un peu moins
plagiaire. Et puis, je me dédoublai. L'année précé-
dente, quand je « faisais du cinéma », je jouais
mon propre rôle, je me jetais à corps perdu dans
l'imaginaire et j'ai pensé plus d'une fois m'y
engouffrer tout entier. Auteur, le héros c'était
encore moi, je projetais en lui mes rêves épiques.
Nous étions deux, pourtant : il ne portait pas mon
nom et je ne parlais de lui qu'à la troisième personne. Au lieu de lui prêter mes gestes, je lui
façonnais par des mots un corps que je prétendis
voir. Cette « distanciation »* soudaine aurait pu
m'effrayer : elle me charma; je me réjouis d'être
lui sans qu'il fût tout à fait moi. C'était ma poupée,
je le pliais à mes caprices, je pouvais le mettre
à l'épreuve, lui percer le flanc d'un coup de lance
et puis le soigner comme me soignait ma mère,
le guérir comme elle me guérissait. Mes auteurs

favoris, par un reste de vergogne, s'arrêtaient à
mi-chemin du sublime : même chez Zévaco jamais
preux ne défit plus de vingt truands à la fois. Je
voulus radicaliser le roman d'aventures, je jetai
par-dessus bord la vraisemblance, je décuplai les
ennemis, les dangers : pour sauver son futur beau-
père et sa fiancée, le jeune explorateur de *Pour un
papillon* lutta trois jours et trois nuits contre les
requins; à la fin la mer était rouge; le même,
blessé, s'évada d'un ranch assiégé par les Apaches,
traversa le désert en tenant ses tripes dans ses
mains, et refusa qu'on le recousît avant qu'il eût
parlé au général. Un peu plus tard, sous le nom de
Gœtz von Berlichingen,* le même encore mit en
déroute une armée. Un contre tous : c'était ma
règle; qu'on cherche la source de cette rêverie
morne et grandiose dans l'individualisme bourgeois
et puritain de mon entourage.

Héros, je luttais contre les tyrannies; démiurge,*
je me fis tyran moi-même, je connus toutes les
tentations du pouvoir. J'étais inoffensif, je devins
méchant. Qu'est-ce qui m'empêchait de crever les
yeux de Daisy? Mort de peur, je me répondais :
rien. Et je les lui crevais comme j'aurais arraché
les ailes d'une mouche. J'écrivais, le cœur battant :
« Daisy passa la main sur ses yeux : elle était
devenue aveugle » et je restais saisi, la plume en
l'air : j'avais produit dans l'absolu un petit événement qui me compromettait délicieusement. Je
n'étais pas vraiment sadique : ma joie perverse
se changeait tout de suite en panique, j'annulais
tous mes décrets, je les surchargeais de ratures
pour les rendre indéchiffrables : la jeune fille

recouvrait la vue ou plutôt elle ne l'avait jamais
perdue. Mais le souvenir de mes caprices me tour-
mentait longtemps : je me donnais de sérieuses
inquiétudes.

Le monde écrit lui aussi m'inquiétait : parfois,
lassé des doux massacres pour enfants, je me
laissais couler, je découvrais dans l'angoisse des
possibilités effroyables, un univers monstrueux qui
n'était que l'envers de ma toute-puissance; je me
disais : tout peut arriver! et cela voulait dire :
je peux tout imaginer. Tremblant, toujours sur le
point de déchirer ma feuille, je racontais des atro-
cités surnaturelles. Ma mère, s'il lui arrivait de lire
par-dessus mon épaule, jetait un cri de gloire et
d'alarme : « Quelle imagination! » Elle mordillait
ses lèvres, voulait parler, ne trouvait rien à dire
et s'enfuyait brusquement : sa déroute mettait le
comble à mon angoisse. Mais l'imagination n'était
pas en cause : je n'inventais pas ces horreurs, je
les trouvais, comme le reste, dans ma mémoire.

A cette époque,* l'Occident mourait d'asphyxie :
c'est ce qu'on appela « douceur de vivre ». Faute
d'ennemis visibles, la bourgeoisie prenait plaisir
à s'effrayer de son ombre; elle troquait son ennui
contre une inquiétude dirigée. On parlait de spiri-
tisme, d'ectoplasmes;* rue Le Goff, au numéro 2,
face à notre immeuble, on faisait tourner les tables.
Cela se passait au quatrième étage : « chez le
mage »,* disait ma grand-mère. Parfois, elle nous
appelait et nous arrivions à temps pour voir des
paires de mains sur un guéridon mais quelqu'un
s'approchait de la fenêtre et tirait les rideaux.
Louise prétendait que ce mage recevait chaque

jour des enfants de mon âge, conduits par leurs
mères. « Et, disait-elle, je le vois : il leur fait
l'imposition des mains. » Mon grand-père hochait
la tête mais, bien qu'il condamnât ces pratiques,
il n'osait les tourner en dérision; ma mère en avait
peur, ma grand-mère, pour une fois, semblait plus
intriguée que sceptique. Finalement, ils tombaient
d'accord : « Il ne faut surtout pas s'occuper de ça,
ça rend fou ! » La mode était aux histoires fantastiques; les journaux bien pensants en fournissaient
deux ou trois par semaine à ce public déchris-
tianisé qui regrettait les élégances de la foi. Le
narrateur rapportait en toute objectivité un fait
troublant; il laissait une chance au positivisme :*
pour étrange qu'il fût, l'événement devait comporter
une explication rationnelle. Cette explication,
l'auteur la cherchait, la trouvait, nous la présentait
loyalement. Mais, tout aussitôt, il mettait son art
à nous en faire mesurer l'insuffisance et la légèreté.
Rien de plus : le conte s'achevait sur une interro-
gation. Mais cela suffisait : l'Autre Monde était là,
d'autant plus redoutable qu'on ne le nommait
point.

Quand j'ouvrais *le Matin,* l'effroi me glaçait. Une
histoire entre toutes me frappa. Je me rappelle
encore son titre : « Du vent dans les arbres ». Un
soir d'été, une malade, seule au premier étage
d'une maison de campagne, se tourne et se retourne
dans son lit; par la fenêtre ouverte, un marronnier
pousse ses branches dans la chambre. Au rez-de-
chaussée plusieurs personnes sont réunies, elles
causent et regardent la nuit tomber sur le jardin.
Tout à coup quelqu'un montre le marronnier :

« Tiens, tiens! Mais il y a donc du vent? » On s'étonne, on sort sur le perron : pas un souffle; pourtant le feuillage s'agite. A cet instant, un cri! le mari de la malade se jette dans l'escalier et trouve sa jeune épouse dressée sur le lit, qui désigne l'arbre du doigt et tombe morte; le marronnier a retrouvé sa stupeur coutumière. Qu'a-t-elle vu? Un fou s'est échappé de l'asile : ce sera lui, caché dans l'arbre, qui aura montré sa face grimaçante. C'est lui, il *faut* que ce soit lui par la raison qu'aucune autre explication ne peut satisfaire. Et pourtant... Comment ne l'a-t-on pas vu monter? Ni descendre? Comment les chiens n'ont-ils pas aboyé? Comment a-t-on pu l'arrêter, six heures plus tard, à cent kilomètres de la propriété? Questions sans réponse. Le conteur passait à la ligne et négligemment concluait : « S'il faut en croire les gens du village, c'était la Mort qui secouait les branches du marronnier. » Je rejetai le journal, je frappai du pied, je dis à haute voix : « Non! Non! » Mon cœur battait à se rompre. Je pensai m'évanouir un jour, dans le train de Limoges, en feuilletant l'almanach Hachette : j'étais tombé sur une gravure à faire dresser les cheveux : un quai sous la lune, une longue pince rugueuse sortait de l'eau, accrochait un ivrogne, l'entraînait au fond du bassin. L'image illustrait un texte que je lus avidement et qui se terminait — ou presque — par ces mots : « Etait-ce une hallucination d'alcoolique? L'Enfer s'était-il entrouvert? » J'eus peur de l'eau, peur des crabes et des arbres. Peur des livres surtout : je maudis les bourreaux qui peuplaient leurs récits de ces figures atroces. Pourtant je les imitai.

Il fallait, bien sûr, une occasion. Par exemple, la tombée du jour : l'ombre noyait la salle à manger, je poussais mon petit bureau contre la fenêtre, l'angoisse renaissait, la docilité de mes héros, immanquablement sublimes, méconnus et réhabilités, révélait leur inconsistance; alors *ça* venait : un être vertigineux me fascinait, invisible; pour le voir il fallait le décrire. Je terminai vivement l'aventure en cours, j'emmenai mes personnages en une tout autre région du globe, en général sous-marine ou souterraine, je me hâtai de les exposer à de nouveaux dangers : scaphandriers ou géologues improvisés, ils trouvaient la trace de l'Etre, la suivaient et, tout à coup, le rencontraient. Ce qui venait alors sous ma plume — pieuvre aux yeux de feu, crustacé de vingt tonnes, araignée géante et qui parlait — c'était moi-même, monstre enfantin, c'était mon ennui de vivre, ma peur de mourir, ma fadeur et ma perversité. Je ne me reconnaissais pas : à peine enfantée, la créature immonde se dressait contre moi, contre mes courageux spéléologues, je craignais pour leur vie, mon cœur s'emballait, j'oubliais ma main, traçant les mots, je croyais les lire. Très souvent les choses en restaient là : je ne livrais pas les hommes à la Bête mais je ne les tirais pas non plus d'affaire; il suffisait, en somme, que je les eusse mis en contact; je me levais, j'allais à la cuisine, à la bibliothèque; le lendemain, je laissais une ou deux pages blanches et lançais mes personnages dans une nouvelle entreprise. Etranges « romans », toujours inachevés, toujours recommencés ou continués, comme on voudra, sous d'autres titres, bric-àbrac de contes noirs et d'aventures blanches,* d'événements fantastiques et d'articles de diction- naire; je les ai perdus et je me dis parfois que c'est dommage : si je m'étais avisé de les mettre sous clef, ils me livreraient toute mon enfance.

Je commençais à me découvrir. Je n'étais presque rien, tout au plus une activité sans contenu, mais il n'en fallait pas davantage. J'échappais à la comédie : je ne travaillais pas encore mais déjà je ne jouais plus, le menteur trouvait sa vérité dans l'élaboration de ses mensonges. Je suis né de l'écriture : avant elle, il n'y avait qu'un jeu de miroirs; dès mon premier roman, je sus qu'un enfant s'était introduit dans le palais de glaces. Ecrivant, j'existais, j'échappais aux grandes per- sonnes; mais je n'existais que pour écrire et si je disais : moi, cela signifiait : moi qui écris. N'im- porte : je connus la joie; l'enfant public se donna des rendez-vous privés.

C'était trop beau pour durer : je serais resté sincère si je m'étais maintenu dans la clandestinité; on m'en arracha. J'atteignais l'âge où l'on est convenu que les enfants bourgeois donnent les premières marques de leur vocation, on nous avait fait savoir depuis longtemps que mes cousins Schweitzer, de Guérigny, seraient ingénieurs comme leur père : il n'y avait plus une minute à perdre. Mme Picard voulut être la première à découvrir le signe que je portais au front. « Ce petit écrira! » dit-elle avec conviction. Agacée, Louise fit son petit sourire sec; Blanche Picard se tourna vers elle et répéta sévèrement : « Il écrira!

Il est fait pour écrire. » Ma mère savait que Charles ne m'encourageait guère : elle craignit des complications et me considéra d'un œil myope : « Vous croyez, Blanche? Vous croyez? » Mais le soir, comme je bondissais sur mon lit, en chemise, elle me serra fortement les épaules et me dit en souriant : « Mon petit bonhomme écrira! » Mon grand-père fut informé prudemment : on craignait un éclat. Il se contenta de hocher la tête et je l'entendis confier à M. Simonnot, le jeudi suivant, que personne, au soir de la vie, n'assistait sans émotion à l'éveil d'un talent. Il continua d'ignorer mes gribouillages mais, quand ses élèves allemands venaient dîner à la maison, il posait sa main sur mon crâne et répétait, en détachant les syllabes pour ne pas perdre une occasion de leur enseigner des locutions françaises par la méthode directe : « Il a la bosse de la littérature. »

Il ne croyait pas un mot de ce qu'il disait, mais quoi? Le mal était fait; à me heurter de front on risquait de l'aggraver : je m'opiniâtrerais peut-être. Karl proclama ma vocation pour garder une chance de m'en détourner. C'était le contraire d'un cynique mais il vieillissait : ses enthousiasmes le fatiguaient; au fond de sa pensée, dans un froid désert peu visité, je suis sûr qu'*on* savait à quoi s'en tenir*sur moi, sur la famille, sur lui. Un jour que je lisais, couché entre ses pieds, au milieu de ces interminables silences* pétrifiés qu'il nous imposait, une idée le traversa, qui lui fit oublier ma présence; il regarda ma mère avec reproche : « Et s'il se mettait en tête de vivre de sa plume? » Mon grand-père appréciait Verlaine* dont il possédait un choix de poèmes. Mais il croyait l'avoir vu, en 1894, entrer « saoul comme un cochon » dans un mastroquet de la rue Saint-Jacques :* cette rencontre l'avait ancré dans le mépris des écrivains professionnels, thaumaturges dérisoires qui demandent un louis d'or pour faire voir la lune et finissent par montrer, pour cent sous, leur derrière. Ma mère prit l'air effrayé mais ne répondit pas : elle savait que Charles avait d'autres vues sur moi. Dans la plupart des lycées, les chaires de langue allemande étaient occupées par des Alsaciens qui avaient opté pour la France et dont on avait voulu récompenser le patriotisme : pris entre deux nations, entre deux langages, ils avaient fait des études irrégulières et leur culture avait des trous; ils en souffraient; ils se plaignaient aussi que l'hostilité de leurs collègues les tînt à l'écart de la communauté enseignante. Je serais leur vengeur, je vengerais mon grand-père : petit-fils d'Alsacien, j'étais en même temps Français de France; Karl me ferait acquérir un savoir universel, je prendrais la voie royale :* en ma personne l'Alsace martyre entrerait à l'Ecole Normale Supérieure, passerait brillamment le concours d'agrégation,* deviendrait ce prince : un professeur de lettres.* Un soir, il annonça qu'il voulait me parler d'homme à homme, les femmes se retirèrent, il me prit sur ses genoux et m'entretint gravement. J'écrirais, c'était une affaire entendue; je devais le connaître assez pour ne pas redouter qu'il contrariât mes désirs. Mais il fallait regarder les choses en face, avec lucidité : la littérature ne nourrissait pas. Savais-je que des écrivains fameux étaient morts de faim? Que d'autres, pour manger, s'étaient vendus? Si je voulais garder mon indépendance, il convenait de choisir un second métier. Le professorat laissait des loisirs; les préoccupations des universitaires rejoignent celles des littérateurs : je passerais constamment d'un sacerdoce à l'autre; je vivrais dans le commerce des grands auteurs; d'un même mouvement, je révélerais leurs ouvrages à mes élèves et j'y puiserais mon inspiration. Je me distrairais de ma solitude provinciale en composant des poèmes, une traduction d'Horace*en vers blancs, je donnerais aux journaux locaux de courts billets* littéraires, à la *Revue Pédagogique* un essai brillant sur l'enseignement du grec, un autre sur la psychologie des adolescents; à ma mort on trouverait des inédits dans mes tiroirs, une méditation sur la mer, une comédie en un acte, quelques pages érudites et sensibles sur les monuments d'Aurillac,* de quoi faire une plaquette qui serait publiée par les soins de mes anciens élèves.

Depuis quelque temps, quand mon grand-père s'extasiait sur mes vertus, je restais de glace; la voix qui tremblait d'amour en m'appelant « cadeau du Ciel »,* je feignais encore de l'écouter mais j'avais fini par ne plus l'entendre. Pourquoi lui ai-je prêté l'oreille ce jour-là, au moment qu'elle mentait*le plus délibérément? Par quel malentendu lui ai-je fait dire*le contraire de ce qu'elle prétendait m'apprendre? C'est qu'elle avait changé : asséchée, durcie, je la pris pour celle de l'absent* qui m'avait donné le jour. Charles avait deux visages : quand il jouait au grand-père, je le tenais pour un bouffon de mon espèce et ne le respectais

pas. Mais s'il parlait à M. Simonnot, à ses fils, s'il
se faisait servir par ses femmes à table, en dési-
gnant du doigt, sans un mot, l'huilier ou la corbeille
à pain, j'admirais son autorité. Le coup de l'index,
surtout, m'en imposait : il prenait soin de ne pas
le tendre, de le promener vaguement dans les airs,
à demi ployé, pour que la désignation demeurât
imprécise et que ses deux servantes eussent à
deviner ses ordres; parfois, exaspérée, ma grand-
mère se trompait et lui offrait le compotier quand
il demandait à boire : je blâmais ma grand-mère,
je m'inclinais devant ces désirs royaux qui voulaient être prévenus plus encore que comblés. Si
Charles se fût écrié de loin, en ouvrant les bras :
« Voici le nouvel Hugo, voici Shakespeare en
herbe! », je serais aujourd'hui dessinateur indus-
triel ou professeur de lettres. Il s'en garda bien :
pour la première fois j'eus affaire au patriarche;
il semblait morose et d'autant plus vénérable qu'il
avait oublié de m'adorer. C'était Moïse dictant la
loi nouvelle.*Ma loi. Il n'avait mentionné ma vocation que pour en souligner les désavantages : j'en
conclus qu'il la tenait pour acquise. M'eût-il prédit
que je tremperais mon papier de mes larmes ou
que je me roulerais sur le tapis, ma modération
bourgeoise se fût effarouchée. Il me convainquit
de ma vocation en me faisant comprendre que ces
fastueux désordres ne m'étaient pas réservés : pour
traiter d'Aurillac ou de la pédagogie, point n'était
besoin de fièvre, hélas, ni de tumulte; les immortels
sanglots du xx° siècle,* d'autres se chargeraient de
les pousser. Je me résignai à n'être jamais tempête
ni foudre, à briller dans la littérature par des qua-

lités domestiques, par ma gentillesse et mon application. Le métier d'écrire m'apparut comme une
activité de grande personne, si lourdement sérieuse,
si futile et, dans le fond, si dépourvue d'intérêt que
je ne doutai pas un instant qu'elle me fût réservée;
je me dis à la fois : « ce n'est que ça » et « je suis
doué ». Comme tous les songe-creux, je confondis
le désenchantement avec la vérité.

Karl m'avait retourné comme une peau de lapin :
j'avais cru n'écrire que pour fixer mes rêves quand
je ne rêvais, à l'en croire, que pour exercer ma
plume : mes angoisses, mes passions imaginaires
n'étaient que les ruses de mon talent, elles n'avaient
d'autre office que de me ramener chaque jour à mon
pupitre et de me fournir les thèmes de narration
qui convenaient à mon âge en attendant les grandes
dictées de l'expérience et la maturité. Je perdis mes
illusions fabuleuses : « Ah ! disait mon grand-père, ce
n'est pas tout que d'avoir des yeux, il faut apprendre à s'en servir. Sais-tu ce que faisait Flaubert
quand Maupassant était petit ? Il l'installait devant
un arbre et lui donnait deux heures pour le décrire. »
J'appris donc à voir. Chantre prédestiné des édifices
aurillaciens, je regardais avec mélancolie ces autres
monuments : le sous-main, le piano, la pendule
qui seraient eux aussi — pourquoi pas ? — immor-
talisés par mes pensums futurs. J'observai. C'était
un jeu funèbre et décevant : il fallait se planter
devant le fauteuil en velours frappé et l'inspecter.
Qu'y avait-il à dire ? Eh bien, qu'il était recouvert
d'une étoffe verte et râpeuse, qu'il avait deux bras,
quatre pieds, un dossier surmonté de deux petites
pommes de pin en bois. C'était tout pour l'instant

mais j'y reviendrais, je ferais mieux la prochaine
fois, je finirais par le connaître sur le bout du
doigt; plus tard, je le décrirais, les lecteurs
diraient : « Comme c'est bien observé, comme c'est
vu, comme c'est ça! Voilà des traits qu'on n'invente
pas! » Peignant de vrais objets avec de vrais mots
tracés par une vraie plume, ce serait bien le diable
si je ne devenais pas vrai moi aussi. Bref je savais,
une fois pour toutes, ce qu'il fallait répondre aux
contrôleurs qui me demanderaient mon billet.*

On pense bien que j'appréciais mon bonheur!
L'ennui, c'est que je n'en jouissais pas. J'étais
titularisé,* on avait eu la bonté de me donner un
avenir et je le proclamais enchanteur mais, sournoisement, je l'abominais. L'avais-je demandée,
moi, cette charge de greffier? La fréquentation des
grands hommes m'avait convaincu qu'on ne saurait
être écrivain sans devenir illustre; mais, quand je
comparais la gloire qui m'était échue aux quelques
opuscules que je laisserais derrière moi, je me
sentais mystifié : pouvais-je croire en vérité que
mes petits-neveux me reliraient encore et qu'ils
s'enthousiasmeraient pour une œuvre si mince,
pour des sujets qui m'ennuyaient d'avance? Je me
disais parfois que je serais sauvé de l'oubli par
mon « style », cette énigmatique vertu que mon
grand-père déniait à Stendhal* et reconnaissait à
Renan :*mais ces mots dépourvus de sens ne parve-
naient pas à me rassurer.

Surtout, il fallut renoncer à moi-même. Deux
mois plus tôt, j'étais un bretteur, un athlète : fini!
Entre Corneille et Pardaillan, on me sommait de
choisir. J'écartai Pardaillan que j'aimais d'amour;

par humilité j'optai pour Corneille. J'avais vu les héros courir et lutter au Luxembourg; terrassé par leur beauté, j'avais compris que j'appartenais à l'espèce inférieure. Il fallut le proclamer, remettre l'épée au fourreau, rejoindre le bétail ordinaire, renouer avec les grands écrivains, ces foutriquets qui ne m'intimidaient pas : ils avaient été des enfants rachitiques, en cela au moins je leur ressemblais; ils étaient devenus des adultes malingres, des vieillards catarrheux, je leur ressemblerais en cela; un noble avait fait rosser Voltaire* et je serais cravaché, peut-être, par un capitaine, ancien fier-à-bras de jardin public.

Je me crus doué par résignation : dans le bureau de Charles Schweitzer, au milieu de livres éreintés, débrochés,* dépareillés,* le talent était la chose du monde la plus dépréciée. Ainsi, sous l'Ancien Régime, bien des cadets se seraient damnés pour commander un bataillon, qui étaient voués de naissance à la cléricature.*Une image a résumé longtemps à mes yeux les fastes sinistres de la notoriété : une longue table recouverte d'une nappe blanche portait des carafons d'orangeade et des bouteilles de mousseux, je prenais une coupe, des hommes en habit qui m'entouraient — ils étaient bien quinze — portaient un toast à ma santé, je devinais derrière nous l'immensité poussiéreuse et déserte d'une salle en location. On voit que je n'attendais plus rien de la vie sinon qu'elle ressuscitât pour moi, sur le tard, la fête annuelle de l'Institut des Langues Vivantes.

Ainsi s'est forgé mon destin, au numéro un de la rue Le Goff, dans un appartement du cin-

quième étage, au-dessous de Gœthe*et de Schiller,
au-dessus de Molière, de Racine, de La Fontaine,
face à Henri Heine, à Victor Hugo, au cours
d'entretiens cent fois recommencés : Karl et moi
nous chassions les femmes, nous nous embrassions
étroitement, nous poursuivions de bouche à oreille
ces dialogues de sourds dont chaque mot me mar-
quait. Par petites touches bien placées, Charles me
persuadait que je n'avais pas de génie. Je n'en
avais pas, en effet, je le savais, je m'en foutais;
absent, impossible, l'héroïsme faisait l'unique objet
de ma passion : c'est la flambée des âmes pauvres,
ma misère intérieure et le sentiment de ma gratuité
m'interdisaient d'y renoncer tout à fait. Je n'osais
plus m'enchanter de ma geste*future mais dans le
fond j'étais terrorisé : on avait dû se tromper
d'enfant ou de vocation. Perdu, j'acceptai, pour
obéir à Karl, la carrière appliquée d'un écrivain
mineur. Bref, il me jeta dans la littérature par le
soin qu'il mit à m'en détourner : au point qu'il
m'arrive aujourd'hui encore, de me demander,
quand je suis de mauvaise humeur, si je n'ai pas
consommé tant de jours et tant de nuits, couvert
tant de feuillets de mon encre, jeté sur le marché
tant de livres qui n'étaient souhaités par personne,
dans l'unique et fol espoir de plaire à mon grand-
père. Ce serait farce : à plus de cinquante ans, je
me trouverais embarqué, pour accomplir les volontés d'un très vieux mort,* dans une entreprise qu'il
ne manquerait pas de désavouer.

En vérité, je ressemble à Swann* guéri de son
amour et soupirant : « Dire que j'ai gâché ma vie
pour une femme qui n'était pas mon genre! » Par-

fois, je suis mufle en secret : c'est une hygiène rudimentaire.* Or le mufle a toujours raison mais jusqu'à un certain point. Il est vrai que je ne suis pas doué pour écrire; on me l'a fait savoir, on m'a traité de fort en thème : j'en suis un; mes livres sentent la sueur et la peine, j'admets qu'ils puent au nez de nos aristocrates;* je les ai souvent faits contre moi, ce qui veut dire contre tous [1], dans une contention d'esprit* qui a fini par devenir une hypertension de mes artères. On m'a cousu mes commandements sous la peau : si je reste un jour sans écrire, la cicatrice me brûle; si j'écris trop aisément, elle me brûle aussi. Cette exigence fruste me frappe aujourd'hui par sa raideur, par sa maladresse : elle ressemble à ces crabes préhistoriques et solennels que la mer porte sur les plages de Long Island; elle survit, comme eux, à des temps révolus. Longtemps j'ai envié les concierges de la rue Lacépède, quand le soir et l'été les font sortir sur le trottoir, à califourchon sur leurs chaises : leurs yeux innocents voyaient sans avoir mission de regarder.

Seulement voilà : à part quelques vieillards* qui trempent leur plume dans l'eau de Cologne et de petits dandies qui écrivent comme des bouchers, les forts en version n'existent pas. Cela tient à la nature du Verbe : on parle dans sa propre langue, on écrit en langue étrangère.* J'en conclus que nous sommes tous pareils dans notre métier : tous

1. Soyez complaisants à vous-même, les autres complaisants vous aimeront; déchirez votre voisin, les autres voisins riront. Mais si vous battez votre âme, toutes les âmes crieront.

bagnards, tous tatoués. Et puis le lecteur a compris
que je déteste mon enfance*et tout ce qui en survit :
la voix de mon grand-père, cette voix enregistrée
qui m'éveille en sursaut et me jette à ma table,
je ne l'écouterais pas si ce n'était la mienne, si je
n'avais, entre huit et dix ans, repris à mon compte
dans l'arrogance, le mandat soi-disant impératif que
j'avais reçu dans l'humilité.*

> *« Je sais fort bien que je ne suis*
> *qu'une machine à faire des livres. »*
>
> (Chateaubriand)*

J'ai failli déclarer forfait. Le don que Karl me
reconnaissait du bout des lèvres, jugeant maladroit
de le dénier tout à fait, je n'y voyais au fond qu'un
hasard incapable de légitimer cet autre hasard,
moi-même. Ma mère avait une belle voix, *donc* elle
chantait. Elle n'en voyageait pas moins sans billet.
Moi, j'avais la bosse de la littérature, donc j'écrirais, j'exploiterais ce filon toute ma vie. D'accord.
Mais l'Art perdait — pour moi du moins — ses
pouvoirs sacrés, je resterais vagabond — un peu
mieux nanti, c'est tout. Pour que je me sentisse
nécessaire, il eût fallu qu'on me réclamât. Ma
famille m'avait entretenu quelque temps dans cette
illusion; on m'avait répété que j'étais un don du
Ciel, très attendu, indispensable à mon grand-père,
à ma mère : je n'y croyais plus mais j'avais gardé
le sentiment qu'on naît superflu à moins d'être mis
au monde spécialement pour combler une attente.*

Mon orgueil et mon délaissement étaient tels, à
l'époque, que je souhaitais être mort ou requis par
toute la terre.

Je n'écrivais plus : les déclarations de Mme Picard
avaient donné aux soliloques de ma plume une
telle importance que je n'osais plus les poursuivre.
Quand je voulus reprendre mon roman, sauver au
moins le jeune couple que j'avais laissé sans pro-
visions ni casque colonial au beau milieu du
Sahara, je connus les affres de l'impuissance. A
peine assis, ma tête s'emplissait de brouillard, je
mordillais mes ongles en grimaçant : j'avais perdu
l'innocence. Je me relevais, je rôdais dans l'appartement avec une âme d'incendiaire; hélas, je n'y
mis jamais le feu : docile par condition, par goût,
par coutume, je ne suis venu, plus tard, à la rébel-
lion que pour avoir poussé la soumission à
l'extrême. On m'acheta un « cahier de devoirs »,
recouvert de toile noire avec des tranches rouges :
aucun signe extérieur ne le distinguait de mon
« cahier de romans » : à peine l'eus-je regardé, mes
devoirs scolaires et mes obligations personnelles
fusionnèrent, j'identifiai l'auteur à l'élève, l'élève
au futur professeur, c'était tout un d'écrire et d'enseigner la grammaire; ma plume, socialisée, me
tomba de la main et je restai plusieurs mois sans
la ressaisir. Mon grand-père souriait dans sa barbe
quand je traînais ma maussaderie dans son bureau :
il se disait sans doute que sa politique portait ses
premiers fruits.

Elle échoua parce que j'avais la tête épique.*Mon
épée brisée, rejeté dans la roture, je fis souvent, la
nuit, ce rêve anxieux : j'étais au Luxembourg, près

du bassin, face au Sénat; il fallait protéger contre
un danger inconnu une petite fille blonde qui ressemblait à Vévé,* morte un an plus tôt. La petite,
calme et confiante, levait vers moi ses yeux graves;
souvent, elle tenait un cerceau. C'était moi qui
avais peur : je craignais de l'abandonner à des
forces invisibles. Combien je l'aimais pourtant, de
quel amour désolé! Je l'aime toujours; je l'ai cher-
chée, perdue, retrouvée, tenue dans mes bras,
reperdue : c'est l'Epopée. A huit ans, au moment
de me résigner, j'eus un violent sursaut; pour
sauver cette petite morte, je me lançai dans une
opération simple et démente qui dévia le cours de
ma vie : je refilai à l'écrivain les pouvoirs sacrés du
héros.

A l'origine il y eut une découverte ou plutôt
une réminiscence — car j'en avais eu deux ans plus
tôt le pressentiment : les grands auteurs s'apparentent aux chevaliers errants en ceci que les uns
et les autres suscitent des marques passionnées de
gratitude. Pour Pardaillan, la preuve n'était plus
à faire : les larmes d'orphelines reconnaissantes
avaient raviné le dos de sa main. Mais, à croire le
Grand Larousse et les notices nécrologiques que je
lisais dans les journaux, l'écrivain n'était pas moins
favorisé : pour peu qu'il vécût longtemps, il finissait invariablement par recevoir une lettre d'un
inconnu qui le *remerciait*; à dater de cette minute,
les remerciements ne s'arrêtaient plus, s'entassaient
sur son bureau, encombraient son appartement;
des étrangers traversaient les mers pour le saluer;
ses compatriotes, après sa mort, se cotisaient pour
lui élever un monument; dans sa ville natale et

parfois dans la capitale de son pays, des rues portaient son nom. En elles-mêmes, ces gratulations*ne
m'intéressaient pas : elles me rappelaient trop la
comédie familiale. Une gravure, pourtant, me bou-
leversa : le célèbre romancier Dickens va débar-
quer dans quelques heures à New-York, on aperçoit au loin le bateau qui le transporte; la foule
s'est massée sur le quai pour l'accueillir, elle ouvre
toutes ses bouches et brandit mille casquettes, si
dense que les enfants étouffent, solitaire, pourtant,
orpheline et veuve, dépeuplée*par la seule absence
de l'homme qu'elle attend. Je murmurai : « Il y a
quelqu'un qui manque ici : c'est Dickens! » et les
larmes me vinrent aux yeux. Pourtant j'écartai ces
effets, j'allai droit à leur cause : pour être si fol-
lement acclamés, il fallait, me dis-je, que les
hommes de lettres affrontassent les pires dangers et
rendissent à l'humanité les services les plus émi-
nents. Une fois dans ma vie j'avais assisté à un
pareil déchaînement d'enthousiasme : les chapeaux
volaient, hommes et femmes criaient : bravo, hur-
rah; c'était le 14 juillet, les Turcos*défilaient. Ce
souvenir acheva de me convaincre : en dépit de
leurs tares physiques, de leur afféterie, de leur
apparente féminité, mes confrères étaient des
manières de soldats, ils risquaient leur vie en francs-
tireurs dans de mystérieux combats, on applaudis-
sait, plus encore que le talent, leur courage militaire. C'est donc vrai! me dis-je. On a *besoin d'eux!*
A Paris, à New-York, à Moscou, on les attend, dans
l'angoisse ou dans l'extase, avant qu'ils aient publié
leur premier livre, avant qu'ils aient commencé
d'écrire, avant même qu'ils soient nés.

Mais alors... moi? Moi qui avais mission d'écrire?
Eh bien l'on m'attendait.*Je transformai Corneille
en Pardaillan : il conserva ses jambes torses, sa
poitrine étroite et sa face de carême*mais je lui
ôtai son avarice et son appétit du gain; je confondis
délibérément l'art d'écrire et la générosité. Après
quoi ce fut un jeu de me changer en Corneille et
de me donner ce mandat : protéger l'espèce. Ma
nouvelle imposture me préparait un drôle d'avenir;
sur l'instant j'y gagnai tout. Mal né,*j'ai dit mes
efforts pour renaître :*mille fois les supplications
de l'innocence en péril m'avaient suscité. Mais
c'était pour rire : faux chevalier, je faisais de
fausses prouesses dont l'inconsistance avait fini par
me dégoûter. Or voici qu'on me rendait mes rêves
et qu'ils se réalisaient. Car elle était réelle, ma
vocation, je ne pouvais en douter puisque le grand
prêtre*s'en portait garant. Enfant imaginaire, je
devenais un vrai paladin dont les exploits seraient
de vrais livres. J'étais requis! On attendait mon
œuvre dont le premier tome, malgré mon zèle, ne
paraîtrait pas avant 1935. Aux environs de 1930 les
gens commenceraient à s'impatienter, ils se diraient
entre eux : « Il prend son temps, celui-là! Voici
vingt-cinq ans qu'on le nourrit à ne rien faire!
Allons-nous crever sans l'avoir lu? » Je leur répondais, avec ma voix de 1913 : « Hé, laissez-moi le
temps de travailler! » Mais gentiment : je voyais
bien qu'ils avaient — Dieu seul savait pourquoi —
besoin de mes secours et que ce besoin m'avait
engendré, moi, l'unique moyen de le combler. Je
m'appliquais à surprendre, au fond de moi-même,
cette universelle attente, ma source vive et ma

raison d'être; je me croyais quelquefois sur le point
d'y réussir et puis, au bout d'un moment, je laissais
tout aller. N'importe : ces fausses illuminations me
suffisaient. Rassuré, je regardais au-dehors : peut-
être en certains lieux manquais-je déjà. Mais non :
c'était trop tôt. Bel objet d'un désir qui s'ignorait
encore, j'acceptais joyeusement de garder pour
quelque temps l'*incognito*. Quelquefois ma grand-
mère m'emmenait à son cabinet de lecture et je
voyais avec amusement de longues dames pensives,
insatisfaites, glisser d'un mur à l'autre en quête de
l'auteur qui les rassasierait : il restait introuvable
puisque c'était moi, ce môme dans leurs jupes,
qu'elles ne regardaient même pas.

Je riais de malice, je pleurais d'attendrissement :
j'avais passé ma courte vie à m'inventer des goûts
et des partis pris qui se diluaient aussitôt. Or voici
qu'on m'avait sondé et que la sonde avait rencontré
le roc; j'étais écrivain comme Charles Schweitzer
était grand-père : de naissance et pour toujours. Il
arrivait cependant qu'une inquiétude perçât sous
l'enthousiasme : le talent que je croyais cautionné
par Karl, je refusais d'y voir un accident èt je
m'étais arrangé pour en faire un mandat, mais,
faute d'encouragements et d'une réquisition véritable, je ne pouvais oublier que je me le donnais
moi-même. Surgi d'un monde antédiluvien, à l'instant que j'échappais à la Nature pour devenir enfin
moi, cet Autre que je prétendais être aux yeux des
autres, je regardais en face mon Destin et je le
reconnaissais : ce n'était que ma liberté, dressée
devant moi par mes soins* comme un pouvoir
étranger. Bref je n'arrivais pas à me pigeonner tout

à fait. Ni tout à fait à me désabuser. J'oscillais.
Mes hésitations ressuscitèrent un vieux problème :
comment joindre les certitudes de Michel Strogoff
à la générosité de Pardaillan? Chevalier, je n'avais
jamais pris les ordres du roi; fallait-il accepter
d'être auteur par commandement? Le malaise ne
durait jamais bien longtemps; j'étais la proie de
deux mystiques opposées mais je m'accommodais
fort bien de leurs contradictions. Cela m'arrangeait,
même, d'être à la fois cadeau du Ciel et fils de
mes œuvres. Les jours de bonne humeur, tout
venait de moi, je m'étais tiré du néant par mes
propres forces pour apporter aux hommes les lectures qu'ils souhaitaient : enfant soumis, j'obéirais
jusqu'à la mort mais à moi. Aux heures désolées,
quand je sentais l'écœurante fadeur de ma disponi-
bilité, je ne pouvais me calmer qu'en forçant sur
la prédestination : je convoquais l'espèce et lui refi-
lais la responsabilité de ma vie; je n'étais que le
produit d'une exigence collective. La plupart du
temps, je ménageais la paix de mon cœur en prenant soin de ne jamais tout à fait exclure ni la
liberté qui exalte ni la nécessité qui justifie.

Pardaillan et Strogoff pouvaient faire bon
ménage : le danger était ailleurs et l'on me rendit
témoin d'une confrontation déplaisante qui m'obli-
gea par la suite à prendre des précautions. Le grand
responsable est Zévaco dont je ne me méfiais pas;
voulut-il me gêner ou me prévenir? Le fait est
qu'un beau jour, à Madrid,* dans une *posada*,* quand
je n'avais d'yeux que pour Pardaillan qui se reposait, le pauvre, en buvant un coup de vin bien
mérité, cet auteur attira mon attention sur un

consommateur qui n'était autre que Cervantès. Les
deux hommes font connaissance, affichent une
estime réciproque et vont tenter ensemble un vertueux coup de main. Pis encore, Cervantès, tout
heureux, confie à son nouvel ami qu'il veut écrire
un livre : jusque-là, le personnage principal en restait flou mais, grâce à Dieu, Pardaillan était
apparu, qui lui servirait de modèle. L'indignation
me saisit, je faillis jeter le livre : quel manque de
tact! J'étais écrivain-chevalier, on me coupait en
deux, chaque moitié devenait tout un homme, rencontrait l'autre et la contestait. Pardaillan n'était
pas sot mais n'aurait point écrit Don Quichotte;
Cervantès se battait bien mais il ne fallait pas
compter qu'il mît à lui seul vingt reîtres en fuite.
Leur amitié, elle-même, soulignait leurs limites. Le
premier pensait : « Il est un peu malingre, ce
cuistre, mais il ne manque pas de courage. » Et le
second : « Parbleu! Pour un soudard, cet homme
ne raisonne pas trop mal. » Et puis je n'aimais pas
du tout que mon héros servît de modèle au chevalier de la Triste Figure.* Au temps du « cinéma »
on m'avait fait cadeau d'un *Don Quichotte*
expurgé, je n'en avais pas lu plus de cinquante
pages : on ridiculisait publiquement mes prouesses!
Et voici que Zévaco lui-même... A qui se fier? En
vérité, j'étais une ribaude, une fille à soldats : mon
cœur, mon lâche cœur préférait l'aventurier à l'intellectuel; j'avais honte de n'être que Cervantès.*
Pour m'empêcher de trahir, je fis régner la terreur
dans ma tête et dans mon vocabulaire, je pourchas-
sai le mot d'héroïsme et ses succédanés, je refoulai
les chevaliers errants, je me parlai sans cesse des

hommes de lettres, des dangers qu'ils couraient, de leur plume acérée qui embrochait les méchants. Je poursuivis la lecture de *Pardaillan et Fausta*, des *Misérables*,* de *La Légende des Siècles*,* je pleurai sur Jean Valjean, sur Eviradnus mais, le livre fermé, j'effaçais leurs noms de ma mémoire et je faisais l'appel de mon vrai régiment. Silvio Pellico :*emprisonné à vie. André Chénier :*guillotiné. Etienne Dolet :* brûlé vif. Byron :* mort pour la Grèce. Je m'employai avec une passion froide à transfigurer ma vocation en y versant mes anciens rêves, rien ne me fit reculer : je tordis les idées, je faussai le sens des mots, je me retranchai du monde par crainte des mauvaises rencontres et des comparaisons. A la vacance de mon âme succéda la mobilisation totale et permanente : je devins une dictature militaire.

Le malaise persista sous une autre forme : j'affûtai mon talent, rien de mieux. Mais à quoi servirait-il? Les hommes avaient besoin de moi : *pour quoi faire?* J'eus le malheur de m'interroger sur mon rôle et ma destination. Je demandai : « enfin, de quoi s'agit-il? » et, sur l'instant, je crus tout perdu. Il ne s'agissait de *rien.* N'est pas héros qui veut; ni le courage ni le don ne suffisent, il faut qu'il y ait des hydres*et des dragons. Je n'en voyais nulle part. Voltaire et Rousseau avaient ferraillé* dur en leur temps : c'est qu'il restait encore des tyrans. Hugo, de Guernesey,*avait foudroyé Badinguet que mon grand-père m'avait appris à détester. Mais je ne trouvais pas de mérite à proclamer ma haine puisque cet empereur était mort depuis quarante ans. Sur l'histoire contemporaine, Charles

restait muet : ce dreyfusard*ne me parla jamais de
Dreyfus. Quel dommage! avec quel entrain j'aurais
joué le rôle de Zola : houspillé à la sortie du Tribunal, je me retourne sur le marchepied de ma
calèche, je casse les reins*des plus excités — non,
non : je trouve un mot terrible qui les fait reculer.
Et, bien entendu, je refuse, *moi*, de fuir en Angleterre;* méconnu, délaissé, quelles délices de redevenir Grisélidis, de battre le pavé de Paris sans
me douter une minute que le Panthéon m'attend.*

Ma grand-mère recevait chaque jour *Le Matin* et,
si je ne m'abuse, l'*Excelsior* : j'appris l'existence
de la pègre que j'abominai comme tous les hon-
nêtes gens. Mais ces tigres à face humaine ne faisaient pas mon affaire : l'intrépide M. Lépine*suffisait à les mater. Parfois les ouvriers se fâchaient,
aussitôt les capitaux s'envolaient mais je n'en sus
rien et j'ignore encore ce qu'en pensait mon grand-
père. Il remplissait ponctuellement ses devoirs
d'électeur, sortait rajeuni de l'isoloir, un peu fat et,
quand nos femmes le taquinaient : « Enfin, dis-
nous pour qui tu votes! », il répondait sèchement :
« C'est une affaire d'homme! »*Pourtant, lorsqu'on
élut le nouveau Président de la République, il nous
fit entendre, dans un moment d'abandon, qu'il
déplorait la candidature de Pams :*« C'est un marchand de cigarettes! » s'écria-t-il avec colère. Cet
intellectuel petit-bourgeois voulait que le premier
fonctionnaire de France fût un de ses pairs, un
petit bourgeois intellectuel, Poincaré. Ma mère
m'assure aujourd'hui qu'il votait radical et qu'elle
le savait fort bien. Cela ne m'étonne pas : il avait
choisi le parti des fonctionnaires; et puis les radi-

caux se survivaient déjà :* Charles avait la satisfac-
tion de voter pour un parti d'ordre en donnant sa
voix au parti du mouvement. Bref la politique
française, à l'en croire, n'allait pas mal du tout.

Cela me navrait : je m'étais armé pour défendre
l'humanité contre des dangers terribles et tout le
monde m'assurait qu'elle s'acheminait doucement
vers la perfection. Grand-père m'avait élevé dans
le respect de la démocratie bourgeoise : pour elle,
j'aurais dégainé ma plume volontiers; mais sous la
présidence de Fallières* le paysan votait : que
demander de plus? Et que fait un républicain s'il
a le bonheur de vivre en république? Il se tourne
les pouces ou bien il enseigne le grec et décrit les
monuments d'Aurillac à ses moments perdus.
J'étais revenu à mon point de départ et je crus
étouffer une fois de plus dans ce monde sans conflits
qui réduisait l'écrivain au chômage.

Ce fut encore Charles qui me tira de peine. A son
insu, naturellement. Deux ans plus tôt, pour
m'éveiller à l'humanisme,* il m'avait exposé des idées
dont il ne soufflait plus mot, de crainte d'encou-
rager ma folie mais qui s'étaient gravées dans mon
esprit. Elles reprirent, sans bruit, leur virulence et,
pour sauver l'essentiel, transformèrent peu à peu
l'écrivain-chevalier* en écrivain-martyr.* J'ai dit
comment ce pasteur manqué, fidèle aux volontés
de son père, avait gardé le Divin pour le verser
dans la Culture.* De cet amalgame était né le Saint-
Esprit, attribut de la Substance infinie, patron des
lettres et des arts, des langues mortes ou vivantes
et de la Méthode Directe, blanche colombe qui
comblait la famille Schweitzer de ses apparitions,

voletait, le dimanche, au-dessus des orgues, des
orchestres et se perchait, les jours ouvrables, sur
le crâne de mon grand-père. Les anciens propos
de Karl, rassemblés, composèrent dans ma tête un
discours : le monde était la proie du Mal; un seul
salut : mourir à soi-même, à la Terre, contempler
du fond d'un naufrage les impossibles Idées.
Comme on n'y parvenait pas sans un entraînement
difficile et dangereux, on avait confié la besogne
à un corps de spécialistes. La cléricature*prenait
l'humanité en charge et la sauvait par la réversi-
bilité des mérites : les fauves du temporel, grands
et petits, avaient tout loisir de s'entretuer ou de
mener dans l'hébétude une existence sans vérité
puisque les écrivains et les artistes méditaient à leur
place sur la Beauté, sur le Bien. Pour arracher
l'espèce entière à l'animalité il ne fallait que deux
conditions : que l'on conservât dans des locaux surveillés les reliques — toiles, livres, statues — des
clercs morts; qu'il restât au moins un clerc vivant
pour continuer la besogne et fabriquer les reliques
futures.

Sales fadaises : je les gobai sans trop les
comprendre, j'y croyais encore à vingt ans. A cause
d'elles j'ai tenu longtemps l'œuvre d'art pour un
événement métaphysique dont la naissance intéressait l'univers. Je déterrai cette religion féroce
et je la fis mienne pour dorer ma terne vocation :
j'absorbai des rancunes et des aigreurs qui ne m'appartenaient point, pas davantage à mon grand-père,
les vieilles biles* de Flaubert, des Goncourt, de
Gautier m'empoisonnèrent; leur haine abstraite de
l'homme, introduite en moi sous le masque de

l'amour, m'infecta de prétentions nouvelles. Je
devins cathare,* je confondis la littérature avec la
prière, j'en fis un sacrifice humain. Mes frères, déci-
dai-je, me demandaient tout simplement de consa-
crer ma plume à leur rachat : ils souffraient d'une
insuffisance d'être qui, sans l'intercession des Saints,
les aurait voués en permanence à l'anéantissement;
si j'ouvrais les yeux chaque matin, si, courant
à la fenêtre, je voyais passer dans la rue des
Messieurs et des Dames encore vivants, c'est que,
du crépuscule à l'aube, un travailleur en chambre
avait lutté pour écrire une page immortelle qui
nous valait ce sursis d'un jour. Il recommencerait
à la tombée de la nuit, ce soir, demain, jusqu'à
mourir d'usure; je prendrais la relève : moi aussi,
je retiendrais l'espèce au bord du gouffre par mon
offrande mystique, par mon œuvre; en douce le
militaire cédait la place au prêtre : Parsifal* tra-
gique, je m'offrais en victime expiatoire. Du jour
où je découvris Chantecler,* un nœud se fit dans
mon cœur : un nœud de vipères qu'il fallut trente
ans pour dénouer : déchiré, sanglant, rossé, ce coq
trouve le moyen de protéger toute une basse-cour,
il suffit de son chant pour mettre un épervier en
déroute et la foule abjecte l'encense après l'avoir
moqué; l'épervier disparu, le poète revient au
combat, la Beauté l'inspire, décuple ses forces, il
fond sur son adversaire et le terrasse. Je pleurai :
Grisélidis, Corneille, Pardaillan, je les retrouvais
tous en un : Chantecler ce serait moi. Tout me
parut simple : écrire, c'est augmenter d'une perle
le sautoir des Muses, laisser à la postérité le souvenir d'une vie exemplaire, défendre le peuple

contre lui-même et contre ses ennemis, attirer sur
les hommes par une Messe solennelle la bénédic-
tion du ciel. L'idée ne me vint pas qu'on pût écrire
pour être lu.

On écrit pour ses voisins ou pour Dieu. Je pris
le parti d'écrire pour Dieu en vue de sauver mes
voisins. Je voulais des obligés et non pas des lecteurs. Le mépris corrompait ma générosité. Déjà,
du temps que je protégeais les orphelines,* je commençais par me débarrasser d'elles en les envoyant
se cacher. Ecrivain, ma manière ne changea pas :
avant de sauver l'humanité, je commencerais par
lui bander les yeux; alors seulement je me tourne-
rais contre les petits reîtres noirs et véloces, contre
les mots; quand ma nouvelle orpheline oserait
dénouer le bandeau, je serais loin; sauvée par une
prouesse solitaire, elle ne remarquerait pas d'abord,
flambant sur un rayon de la Nationale,* le petit
volume tout neuf qui porterait mon nom.

Je plaide les circonstances atténuantes. Il y en
a trois. D'abord, à travers un fantasme limpide,
c'était mon droit de vivre que je mettais en question. En cette humanité sans visa qui attend le
bon plaisir de l'Artiste, on aura reconnu l'enfant
gavé de bonheur qui s'ennuyait sur son perchoir,*
j'acceptais le mythe odieux du Saint qui sauve la
populace, parce que finalement la populace c'était
moi : je me déclarais sauveteur patenté des foules
pour faire mon propre salut en douce et, comme
disent les Jésuites, par-dessus le marché.

Et puis j'avais neuf ans. Fils unique et sans
camarade, je n'imaginais pas que mon isolement
pût finir. Il faut avouer que j'étais un auteur très

ignoré. J'avais recommencé d'écrire. Mes nouveaux
romans, faute de mieux, ressemblaient aux anciens
trait pour trait, mais personne n'en prenait connaissance. Pas même moi, qui détestais me relire : ma
plume allait si vite que, souvent, j'avais mal au
poignet ; je jetais sur le parquet les cahiers rem-
plis, je finissais par les oublier, ils disparaissaient ;
par cette raison je n'achevais rien : à quoi bon
raconter la fin d'une histoire quand le commencement s'en est perdu. D'ailleurs, si Karl avait daigné
jeter un coup d'œil sur ces pages, il n'aurait pas
été *lecteur* à mes yeux mais juge suprême et j'aurais redouté qu'il ne me condamnât. L'écriture, mon
travail noir, ne renvoyait à rien* et, du coup,* se
prenait elle-même pour fin : j'écrivais pour écrire.
Je ne le regrette pas : eussé-je été lu, je tentais de
plaire, je redevenais*merveilleux. Clandestin, je fus
vrai.

Enfin l'idéalisme du clerc se fondait sur le réa-
lisme de l'enfant. Je l'ai dit plus haut :* pour avoir
découvert le monde à travers le langage, je pris
longtemps le langage pour le monde. Exister, c'était
posséder une appellation contrôlée, quelque part
sur les Tables infinies du Verbe ; écrire c'était y
graver des êtres neufs ou — ce fut ma plus tenace
illusion — prendre les choses, vivantes, au piège
des phrases : si je combinais les mots ingénieuse-
ment, l'objet s'empêtrait dans les signes, je le tenais.
Je commençais, au Luxembourg, par me fasciner
sur un brillant simulacre de platane : je ne l'obser-
vais pas, tout au contraire, je faisais confiance au
vide, j'attendais ; au bout d'un moment, son vrai
feuillage surgissait sous l'aspect d'un simple adjectif

ou, quelquefois, de toute une proposition : j'avais
enrichi l'univers d'une frissonnante verdure. Jamais
je n'ai déposé mes trouvailles sur le papier : elles
s'accumulaient, pensai-je, dans ma mémoire. En
fait je les oubliais. Mais elles me donnaient un
pressentiment de mon rôle futur : j'imposerais des
noms. Depuis plusieurs siècles, à Aurillac, de vains
ramas de blancheurs* réclamaient des contours
fixes, un sens; j'en ferais des monuments véritables.
Terroriste, je ne visais que leur être : je le consti-
tuerais par le langage; rhétoricien, je n'aimais que
les mots : je dresserais des cathédrales de paroles
sous l'œil bleu du mot ciel. Je bâtirais pour des
millénaires. Quand je prenais un livre, j'avais beau
l'ouvrir et le fermer vingt fois, je voyais bien qu'il
ne s'altérait pas. Glissant sur cette substance incorruptible : le *texte,**mon regard n'était qu'un minuscule accident de surface, il ne dérangeait rien,
n'usait pas. Moi, par contre, passif, éphémère,
j'étais un moustique ébloui, traversé par les feux
d'un phare; je quittais le bureau, j'éteignais : invisible dans les ténèbres, le livre étincelait toujours;
pour lui seul. Je donnerais à mes ouvrages la violence de ces jets de lumière corrosifs, et, plus tard,
dans les bibliothèques en ruines, ils survivraient à
l'homme.

Je me complus à mon obscurité, je souhaitai la
prolonger, m'en faire un mérite. J'enviai les détenus
célèbres qui ont écrit dans des cachots sur du papier
à chandelle. Ils avaient gardé l'obligation de rache-
ter leurs contemporains et perdu celle de les fréquenter. Naturellement, le progrès des mœurs
diminuait mes chances de puiser mon talent dans

la réclusion, mais je n'en désespérais pas tout à fait : frappée par la modestie de mes ambitions, la Providence aurait à cœur de les réaliser. En attendant je me séquestrais par anticipation.

Circonvenue par mon grand-père, ma mère ne perdait pas une occasion de peindre mes joies futures : pour me séduire elle mettait dans ma vie tout ce qui manquait à la sienne : la tranquillité, le loisir, la concorde; jeune professeur encore célibataire, une jolie vieille dame me louerait une chambre confortable qui sentirait la lavande et le linge frais, j'irais au lycée d'un saut, j'en reviendrais de même; le soir je m'attarderais sur le pas de ma porte pour bavarder avec ma logeuse qui raffolerait de moi; tout le monde m'aimerait, d'ailleurs, parce que je serais courtois et bien élevé. Je n'entendais qu'un mot : ta chambre, j'oubliais le lycée, la veuve d'officier supérieur, l'odeur de province, je ne voyais plus qu'un rond de lumière sur ma table : au centre d'une pièce noyée d'ombre, rideaux tirés, je me penchais sur un cahier de toile noire. Ma mère continuait son récit, sautait dix ans : un inspecteur général me protégeait, la bonne société d'Aurillac voulait bien me recevoir, ma jeune femme me portait l'affection la plus tendre, je lui faisais de beaux enfants bien sains, deux fils et une fille, elle héritait, j'achetais un terrain au bord de la ville, nous faisions bâtir et, tous les dimanches, la famille entière allait inspecter les travaux. Je n'écoutais rien : pendant ces dix années, je n'avais pas quitté ma table : petit, moustachu comme mon père, juché sur une pile de dictionnaires, ma moustache blanchissait, mon poi-

gnet courait toujours, les cahiers tombaient sur le
parquet l'un après l'autre. L'humanité dormait,
c'était la nuit, ma femme et mes enfants dormaient
à moins qu'ils ne fussent morts, ma logeuse dormait; dans toutes les mémoires le sommeil m'avait
aboli. Quelle solitude : deux milliards d'hommes
en long et moi, au-dessus d'eux, seule vigie.

Le Saint-Esprit*me regardait. Il venait justement
de prendre la décision de remonter au Ciel et
d'abandonner les hommes; je n'avais que le temps
de m'offrir, je lui montrais les plaies de mon âme,
les larmes qui trempaient mon papier, il lisait par-
dessus mon épaule et sa colère tombait. Etait-il
apaisé par la profondeur des souffrances ou par la
magnificence de l'œuvre ? Je me disais : par
l'œuvre; à la dérobée je pensais : par les souffrances. Bien entendu le Saint-Esprit n'appréciait
que les écrits *vraiment* artistiques mais j'avais lu
Musset,* je savais que « les plus désespérés sont
les chants les plus beaux » et j'avais décidé de
capter la Beauté par un désespoir piégé. Le mot
de génie m'avait toujours paru suspect : j'allai
jusqu'à le prendre en dégoût totalement. Où serait
l'angoisse, où l'épreuve, où la tentation déjouée, où
le mérite, enfin, si j'avais le don ? Je supportais mal
d'avoir un corps et tous les jours la même tête, je
n'allais pas me laisser enfermer dans un équipement. J'acceptais ma désignation à condition qu'elle
ne s'appuyât sur rien, qu'elle brillât, gratuite, dans
le vide absolu. J'avais des conciliabules avec le
Saint-Esprit : « Tu écriras », me disait-il. Et moi je
me tordais les mains : « Qu'ai-je donc, Seigneur,
pour que vous m'ayez choisi ? » — « Rien de parti-

culier. » — « Alors, pourquoi moi? » — « Sans
raison. » — « Ai-je au moins quelques facilités de
plume? » — « Aucune. Crois-tu que les grandes
œuvres naissent des plumes faciles? »*— « Seigneur,
puisque je suis si nul, comment pourrais-je faire un
livre? » — « En t'appliquant. » — « N'importe qui
peut donc écrire? » — « N'importe qui, mais c'est toi
que j'ai choisi. » Ce truquage était bien commode :
il me permettait de proclamer mon insignifiance et
simultanément de vénérer en moi l'auteur de chefs-
d'œuvre futurs. J'étais élu, marqué mais sans
talent : tout viendrait de ma longue patience et de
mes malheurs; je me déniais toute singularité : les
traits de caractère engoncent; je n'étais fidèle à
rien sauf à l'engagement royal qui me conduisait à
la gloire par les supplices. Ces supplices, restait à
les trouver;* c'était l'unique problème mais qui
paraissait insoluble puisqu'on m'avait ôté l'espoir
de vivre misérable : obscur ou fameux, j'émargerais
au budget de l'Enseignement, je n'aurais jamais
faim. Je me promis d'atroces chagrins d'amour mais
sans enthousiasme : je détestais les amants transis;
Cyrano me scandalisait, ce faux Pardaillan qui bêti-
fiait devant les femmes : le vrai traînait tous les
cœurs après soi sans même y prendre garde; il est
juste de dire que la mort de Violetta, son amante,
lui avait percé le cœur à jamais. Un veuvage, une
plaie inguérissable : à cause, à cause d'une femme
mais non point par sa faute; cela me permettrait
de repousser les avances de toutes les autres. A
creuser. Mais, de toute manière, en admettant que
ma jeune épouse aurillacienne disparût dans un
accident, ce malheur ne suffirait pas à m'élire : il

était à la fois fortuit et trop commun. Ma furie
vint à bout de tout; moqués, battus, certains auteurs
avaient jusqu'au dernier soupir croupi dans l'op-
probre et la nuit, la gloire n'avait couronné que
leurs cadavres : voilà ce que je serais. J'écrirais sur
Aurillac et sur ses statues, consciencieusement.
Incapable de haine, je ne viserais qu'à réconcilier,
qu'à servir. Pourtant, à peine paru, mon premier
livre déchaînerait le scandale, je deviendrais un
ennemi public : insulté par les journaux auver-
gnats, les commerçants refuseraient de me servir,
des exaltés jetteraient des pierres dans mes carreaux; pour échapper au lynchage il me faudrait
fuir. D'abord foudroyé, je passerais des mois dans
l'imbécillité, répétant sans cesse : « Ce n'est qu'un
malentendu, voyons! Puisque tout le monde est
bon! » Et ce ne serait en effet qu'un malentendu
mais le Saint-Esprit ne permettrait pas qu'il se dis-
sipât. Je guérirais; un jour, je m'assiérais à ma
table et j'écrirais un nouveau livre : sur la mer ou
sur la montagne. Celui-là ne trouverait pas d'éditeur. Poursuivi, déguisé, proscrit peut-être, j'en
ferais d'autres, beaucoup d'autres, je traduirais
Horace en vers, j'exposerais des idées modestes et
toutes raisonnables sur la pédagogie. Rien à faire :
mes cahiers s'empileraient dans une malle, inédits.

L'histoire avait deux conclusions; je choisissais
l'une ou l'autre suivant mon humeur. Dans mes
jours maussades, je me voyais mourir sur un lit de
fer, haï de tous, désespéré, à l'heure même où la
Gloire embouchait sa trompette. D'autres fois je
m'accordais un peu de bonheur. A cinquante ans,
pour essayer une plume neuve, j'écrivais mon nom

sur un manuscrit qui, peu après, s'égarait. Quelqu'un le trouvait, dans un grenier, dans le ruisseau, dans un placard de la maison que je venais de quitter, il le lisait, le portait bouleversé chez Arthème Fayard, le célèbre éditeur de Michel Zévaco. C'était le triomphe : dix mille exemplaires enlevés en deux jours. Que de remords dans les cœurs. Cent reporters se lançaient à ma recherche et ne me trouvaient pas. Reclus, j'ignorais longtemps ce revirement d'opinion. Un jour, enfin, j'entre dans un café pour m'abriter de la pluie, j'avise une gazette qui traîne et que vois-je? « Jean-Paul Sartre, l'écrivain masqué, le chantre d'Aurillac, le poète de la mer. » A la trois, sur six colonnes, en capitales. J'exulte. Non : je suis voluptueusement mélancolique. En tout cas je rentre chez moi, je ferme et ficelle, avec l'aide de ma logeuse, la malle aux cahiers et je l'expédie chez Fayard sans donner mon adresse. A ce moment de mon récit, je m'interrompais pour me lancer dans des combinaisons délicieuses : si j'envoyais le colis de la ville même où je résidais, les journalistes auraient tôt fait de découvrir ma retraite. J'emportais donc la malle à Paris, je la faisais déposer par un commissionnaire à la maison d'éditions; avant de prendre le train, je retournais aux lieux de mon enfance, rue Le Goff, rue Soufflot, au Luxembourg. Le Balzar m'attirait; je me rappelais que mon grand-père — mort depuis — m'y avait amené quelquefois, en 1913 : nous nous asseyions côte à côte sur la banquette, tout le monde nous regardait d'un air de connivence, il commandait un bock et, pour moi, un galopin*de bière, je me sentais aimé. Donc,

quinquagénaire et nostalgique, je poussais la porte
de la brasserie et je me faisais servir un galopin.
A la table voisine des femmes jeunes et belles parlaient avec vivacité, prononçaient mon nom. « Ah!
disait l'une d'elles, il se peut qu'il soit vieux, qu'il
soit laid mais qu'importe : je donnerais trente ans
de ma vie pour devenir son épouse! » Je lui adressais
un fier et triste sourire, elle me répondait par un
sourire étonné, je me levais, je disparaissais.

J'ai passé beaucoup de temps à fignoler cet épisode et cent autres que j'épargne au lecteur. On y
aura reconnu, projetée dans un monde futur, mon
enfance elle-même, ma situation, les inventions de
ma sixième année,*les bouderies de mes paladins
méconnus.*Je boudais encore, à neuf ans, et j'y prenais un plaisir extrême : par bouderie, je maintenais, martyr inexorable, un malentendu* dont le
Saint-Esprit lui-même semblait s'être lassé. Pourquoi ne pas dire mon nom à cette ravissante admi-
ratrice? Ah! me disais-je, elle vient trop tard. —
Mais puisqu'elle m'accepte de toute façon? — Eh
bien c'est que je suis trop pauvre. — Trop pauvre!
Et les droits d'auteur? Cette objection ne m'arrêtait pas : j'avais écrit à Fayard de distribuer aux
pauvres l'argent qui me revenait. Il fallait pourtant
conclure : eh bien! je m'éteignais dans ma cham-
brette, abandonné de tous mais serein : mission
remplie.

Une chose me frappe dans ce récit mille fois
répété : du jour où je vois mon nom sur le journal,
un ressort se brise, je suis fini; je jouis tristement
de mon renom mais je n'écris plus. Les deux
dénouements ne font qu'un : que je meure pour

naître à la gloire, que la gloire vienne d'abord et
me tue, l'appétit d'écrire enveloppe un refus de
vivre. Vers cette époque une anecdote m'avait
troublé, lue je ne sais où : c'est au siècle dernier;
dans une halte sibérienne un écrivain fait les cent
pas en attendant le train. Pas une masure à l'hori-
zon, pas une âme en vie. L'écrivain a de la peine
à porter sa grosse tête morose. Il est myope, célibataire, grossier, toujours furieux; il s'ennuie, il
pense à sa prostate, à ses dettes. Surgit une jeune
comtesse, dans son coupé,*sur la route qui longe les
rails : elle saute de la voiture, court au voyageur
qu'elle n'a jamais vu mais prétend reconnaître
d'après un daguerréotype qu'on lui a montré, elle
s'incline, lui prend la main droite et la baise. L'histoire s'arrêtait là et je ne sais pas ce qu'elle veut
nous faire entendre. A neuf ans j'étais émerveillé
que cet auteur bougon se trouvât des lectrices dans
la steppe et qu'une si belle personne vînt lui rappeler la gloire qu'il avait oubliée : c'était naître.
Plus au fond, c'était mourir : je le sentais, je le
voulais ainsi; un roturier vivant ne pouvait recevoir
d'une aristocrate pareil témoignage d'admiration.
La comtesse semblait lui dire : « Si j'ai pu venir
à vous et vous toucher, c'est qu'il n'est même plus
besoin de maintenir la supériorité du rang; je ne
me soucie pas de ce que vous penserez de mon
geste, je ne vous tiens plus pour un homme mais
pour le symbole de votre œuvre. » Tué par un
baise-main : à mille verstes* de Saint-Pétersbourg,
à cinquante-cinq ans de sa naissance, un voyageur
prenait feu, sa gloire le consumait, ne laissait de
lui, en lettres de flammes, que le catalogue de ses

œuvres. Je voyais la comtesse remonter dans son
coupé, disparaître, et la steppe retomber dans la
solitude; au crépuscule, le train brûlait la halte
pour rattraper son retard, je sentais, au creux des
reins, le frisson de la peur, je me rappelais *Du vent
dans les arbres** et je me disais : « La Comtesse,
c'était la mort. » Elle viendrait : un jour, sur une
route déserte, elle baiserait mes doigts.

La mort était mon vertige parce que je n'aimais
pas vivre : c'est ce qui explique la terreur qu'elle
m'inspirait. En l'identifiant à la gloire, j'en fis ma
destination. Je voulus mourir; parfois l'horreur
glaçait mon impatience : jamais longtemps; ma joie
sainte renaissait, j'attendais l'instant de foudre où
je flamberais jusqu'à l'os. Nos intentions profondes
sont des projets et des fuites inséparablement liés :
l'entreprise folle d'écrire pour me faire pardonner
mon existence, je vois bien qu'elle avait, en dépit
des vantardises et des mensonges, quelque réalité :
la preuve en est que j'écris encore, cinquante ans
après. Mais, si je remonte aux origines, j'y vois une
fuite en avant,* un suicide à la Gribouille; oui, plus
que l'épopée, plus que le martyre, c'était la mort
que je cherchais. Longtemps j'avais redouté de finir
comme j'avais commencé, n'importe où, n'importe
comment, et que ce vague trépas ne fût que le reflet
de ma vague naissance. Ma vocation changea tout :*
les coups d'épée s'envolent, les écrits restent, je
découvris que le Donateur, dans les Belles-Lettres,
peut se transformer en son propre Don, c'est-à-dire
en objet pur. Le hasard m'avait fait homme, la
générosité me ferait livre; je pourrais couler ma
babillarde, ma conscience, dans des caractères de

bronze, remplacer les bruits de ma vie par des ins-
criptions ineffaçables, ma chair par un style, les
molles spirales du temps par l'éternité, apparaître
au Saint-Esprit comme un précipité du langage,
devenir une obsession pour l'espèce, être *autre*
enfin, autre que moi, autre que les autres, autre
que tout. Je commencerais par me donner un corps
inusable et puis je me livrerais aux consommateurs.
Je n'écrirais pas pour le plaisir d'écrire mais pour
tailler ce corps de gloire dans les mots. A la considérer du haut de ma tombe, ma naissance*m'apparut comme un mal nécessaire, comme une incarnation tout à fait provisoire qui préparait ma
transfiguration : pour renaître il fallait écrire, pour
écrire il fallait un cerveau, des yeux, des bras; le
travail terminé, ces organes se résorberaient d'eux-
mêmes : aux environs de 1955, une larve éclaterait,
vingt-cinq papillons in-folio s'en échapperaient,
battant de toutes leurs pages pour s'aller poser sur
un rayon de la Bibliothèque Nationale. Ces papillons ne seraient autres que moi. Moi : vingt-cinq
tomes, dix-huit mille pages de texte, trois cents
gravures dont le portrait de l'auteur. Mes os sont
de cuir et de carton, ma chair parcheminée sent
la colle et le champignon,* à travers soixante kilos
de papier je me carre, tout à l'aise. Je renais, je
deviens enfin tout un homme, pensant, parlant,
chantant, tonitruant, qui s'affirme avec l'inertie
péremptoire de la matière. On me prend, on
m'ouvre, on m'étale sur la table, on me lisse du
plat de la main et parfois on me fait craquer. Je
me laisse faire et puis tout à coup je fulgure,
j'éblouis, je m'impose à distance, mes pouvoirs tra-

versent l'espace et le temps, foudroient les
méchants, protègent les bons. Nul ne peut m'oublier, ni me passer sous silence : je suis un grand
fétiche maniable et terrible. Ma conscience est en
miettes : tant mieux. D'autres consciences m'ont
pris en charge. On *me* lit, je saute aux yeux; on *me*
parle, je suis dans toutes les bouches, langue universelle et singulière; dans des millions de regards
je me fais curiosité prospective; pour celui qui
sait m'aimer, je suis son inquiétude la plus intime
mais, s'il veut me toucher, je m'efface et disparais :
je n'existe plus nulle part, je *suis*,* enfin! je suis
partout : parasite de l'humanité, mes bienfaits la
rongent et l'obligent sans cesse à ressusciter mon
absence.

Ce tour de passe-passe réussit : j'ensevelis la mort
dans le linceul de la gloire, je ne pensai plus qu'à
celle-ci, jamais à celle-là,*sans m'aviser que les deux
n'étaient qu'une. A l'heure où j'écris ces lignes, je
sais que j'ai fait mon temps à quelques années près.
Or je me représente clairement, sans trop de gaîté,
la vieillesse qui s'annonce et ma future décrépitude,
la décrépitude et la mort de ceux que j'aime; ma
mort, jamais. Il m'arrive de laisser entendre à mes
proches — dont certains ont quinze, vingt,
trente ans de moins que moi — combien je regret-
terai de leur survivre : ils me moquent et je ris
avec eux mais rien n'y fait, rien n'y fera : à
l'âge de neuf ans, une opération m'a ôté les
moyens d'éprouver un certain pathétique qu'on
dit propre à notre condition. Dix ans plus tard,
à l'Ecole Normale, ce pathétique réveillait en
sursaut, dans l'épouvante ou dans la rage, quel-

ques-uns de mes meilleurs amis : je ronflais comme
un sonneur. Après une grave maladie, l'un d'eux
nous assurait qu'il avait connu les affres de
l'agonie, jusqu'au dernier soupir inclusivement;
Nizan*était le plus obsédé : parfois, en pleine veille,
il se voyait cadavre; il se levait, les yeux grouillants
de vers, prenait en tâtonnant son Borsalino*à coiffe
ronde, disparaissait; on le retrouvait le surlendemain, saoul, avec des inconnus. Quelquefois, dans
une turne, ces condamnés*se racontaient leurs nuits
blanches, leurs expériences anticipées du néant : ils
s'entendaient au quart de mot.* Je les écoutais, je
les aimais assez pour souhaiter passionnément leur
ressembler, mais j'avais beau faire, je ne saisissais
et je ne retenais que des lieux communs d'enterrement : on vit, on meurt, on ne sait ni qui vit ni
qui meurt; une heure avant la mort, on est encore
vivant. Je ne doutais pas qu'il y eût dans leur
propos un sens qui m'échappait; je me taisais,
jaloux, en exil. A la fin, ils se tournaient vers moi,
agacés d'avance : « Toi, ça te laisse froid? » J'écartais les bras en signe d'impuissance et d'humilité.
Ils riaient de colère, éblouis par la foudroyante
évidence qu'ils n'arrivaient pas à me communi-
quer : « Tu ne t'es jamais dit en t'endormant qu'il
y avait des gens qui mouraient pendant leur sommeil? Tu n'as jamais pensé, en te brossant les
dents : cette fois ça y est, c'est mon dernier jour?
Tu n'as jamais senti qu'il fallait aller vite, vite, vite
et que le temps manquait? Tu te crois immortel? »
Je répondais, moitié par défi, moitié par entraînement :* « C'est ça : je me crois immortel. » Rien
n'était plus faux : je m'étais prémuni contre les

décès accidentels, voilà tout; le Saint-Esprit m'avait
commandé un ouvrage de longue haleine, il fallait
bien qu'il me laissât le temps de l'accomplir. Mort
d'honneur,*c'était ma mort qui me protégeait contre
les déraillements, les congestions, la péritonite :
nous avions pris date, elle et moi; si je me présen-
tais au rendez-vous trop tôt, je ne l'y trouverais
pas; mes amis pouvaient bien me reprocher de ne
jamais penser à elle : ils ignoraient que je ne cessais pas une minute de la vivre.

Aujourd'hui, je leur donne raison : ils avaient
tout accepté de notre condition, même l'inquiétude;
j'avais choisi d'être rassuré; et c'était bien vrai,
au fond, que je me croyais immortel : je m'étais
tué d'avance parce que les défunts sont seuls à jouir
de l'immortalité. Nizan et Maheu savaient qu'ils
feraient l'objet d'une agression sauvage, qu'on les
arracherait du monde tout vifs, pleins de sang. Moi,
je me mentais : pour ôter à la mort sa barbarie,
j'en avais fait mon but et de ma vie l'unique
moyen connu de mourir : j'allais doucement vers
ma fin, n'ayant d'espoirs et de désirs que ce qu'il
en fallait pour remplir mes livres, sûr que le
dernier élan de mon cœur s'inscrirait sur la dernière page du dernier tome de mes œuvres et que
la mort ne prendrait qu'un mort. Nizan regardait,
à vingt ans, les femmes et les autos, tous les biens
de ce monde avec une précipitation désespérée :
il fallait tout voir, tout prendre tout de suite. Je
regardais aussi, mais avec plus de zèle que de
convoitise : je n'étais pas sur terre pour jouir mais
pour faire un bilan. C'était un peu trop commode :
par timidité d'enfant trop sage, par lâcheté, j'avais

reculé devant les risques d'une existence ouverte, libre et sans garantie providentielle, je m'étais persuadé que tout était écrit d'avance, mieux encore, révolu.

Evidemment cette opération frauduleuse m'épargnait la tentation de m'aimer. Menacé d'abolition, chacun de mes amis se barricadait dans le présent, découvrait l'irremplaçable qualité de sa vie mortelle et se jugeait touchant, précieux, unique; chacun se plaisait à soi-même; moi, le mort, je ne me plaisais pas : je me trouvais très ordinaire, plus ennuyeux que le grand Corneille et ma singularité de sujet n'offrait d'autre intérêt à mes yeux que de préparer le moment qui me changerait en objet. En étais-je plus modeste? Non mais plus rusé : je chargeais mes descendants de m'aimer à ma place; pour des hommes et des femmes qui n'étaient pas encore nés, j'aurais un jour du charme, un je ne sais quoi, je ferais leur bonheur. J'avais plus de malice encore et plus de sournoiserie : cette vie que je trouvais fastidieuse et dont je n'avais su faire que l'instrument de ma mort, je revenais sur elle en secret pour la sauver; je la regardais à travers des yeux futurs et elle m'apparaissait comme une histoire touchante et merveilleuse que j'avais vécue pour tous, que nul, grâce à moi, n'avait plus à revivre et qu'il suffirait de raconter. J'y mis une véritable frénésie : je choisis pour avenir un passé de grand mort et j'essayai de vivre à l'envers. Entre neuf et dix ans, je devins tout à fait posthume.

Ce n'est pas entièrement ma faute : mon grandpère m'avait élevé dans l'illusion rétrospective. Lui non plus, d'ailleurs, il n'est pas coupable et je

suis loin de lui en vouloir : ce mirage-là naît
spontanément de la culture. Quand les témoins ont
disparu, le décès d'un grand homme cesse à jamais
d'être un coup de foudre, le temps en fait un trait
de caractère. Un vieux défunt est mort par consti-
tution, il l'est au baptême ni plus ni moins qu'à
l'extrême-onction, sa vie nous appartient, nous y
entrons par un bout, par l'autre, par le milieu, nous
en descendons, nous en remontons le cours à
volonté : c'est que l'ordre chronologique a sauté;
impossible de le restituer : ce personnage ne court
plus aucun risque et n'attend même plus que les
chatouillements de sa narine aboutissent à la ster-
nutation. Son existence offre les apparences d'un
déroulement mais, dès qu'on veut lui rendre un
peu de vie, elle retombe dans la simultanéité. Vous
aurez beau vous mettre à la place du disparu,
feindre de partager ses passions, ses ignorances, ses
préjugés, ressusciter des résistances abolies, un
soupçon d'impatience ou d'appréhension, vous ne
pourrez vous défendre d'apprécier sa conduite à la
lumière de résultats qui n'étaient pas prévisibles et
de renseignements qu'il ne possédait pas, ni de
donner une solennité particulière à des événements
dont les effets plus tard l'ont marqué mais qu'il a
vécus négligemment. Voilà le mirage : l'avenir plus
réel que le présent. Cela n'étonnera pas : dans une
vie terminée, c'est la fin qu'on tient pour la vérité
du commencement. Le défunt reste à mi-chemin
entre l'être et la valeur, entre le fait brut et la
reconstruction; son histoire devient une manière
d'essence circulaire qui se résume en chacun de ses
moments. Dans les salons d'Arras,*un jeune avocat

froid et minaudier porte sa tête sous son bras parce
qu'il est feu Robespierre, cette tête dégoutte de
sang mais ne tache pas le tapis; pas un des convives
ne la remarque et nous ne voyons qu'elle; il s'en
faut de cinq ans qu'elle ait roulé dans le panier et
pourtant la voilà, coupée, qui dit des madrigaux
malgré sa mâchoire qui pend. Reconnue, cette
erreur d'optique ne gêne pas : on a les moyens de
la corriger; mais les clercs de l'époque* la mas-
quaient, ils en nourrissaient leur idéalisme. Quand
une grande pensée veut naître, insinuaient-ils, elle
va réquisitionner dans un ventre de femme le grand
homme qui la portera; elle lui choisit sa condition,
son milieu, elle dose exactement l'intelligence et
l'incompréhension de ses proches, règle son éducation, le soumet aux épreuves nécessaires, lui
compose par touches successives un caractère ins-
table dont elle gouverne les déséquilibres jusqu'à
ce que l'objet de tant de soins éclate en accouchant
d'elle. Cela n'était nulle part déclaré mais tout
suggérait que l'enchaînement des causes couvre un
ordre inverse et secret.

J'usai de ce mirage avec enthousiasme pour
achever de garantir mon destin. Je pris le temps,
je le mis cul par-dessus tête et tout s'éclaira. Cela
commença par un petit livre bleu de nuit avec des
chamarrures d'or un peu noircies, dont les feuilles
épaisses sentaient le cadavre et qui s'intitulait :
L'Enfance des hommes illustres; une étiquette
attestait que mon oncle Georges l'avait reçu en
1885, à titre de second prix d'arithmétique. Je
l'avais découvert, au temps de mes voyages excen-
triques, feuilleté puis rejeté par agacement : ces

jeunes élus ne ressemblaient en rien à des enfants
prodiges; ils ne se rapprochaient de moi que par
la fadeur de leurs vertus et je me demandais bien
pourquoi l'on parlait d'eux. Finalement le livre
disparut : j'avais décidé de le punir en le cachant.
Un an plus tard,*je bouleversai tous les rayons pour
le retrouver : j'avais changé, l'enfant prodige était
devenu grand homme en proie à l'enfance. Quelle
surprise : le livre avait changé lui aussi. C'étaient
les mêmes mots mais ils me parlaient de moi. Je
pressentis que cet ouvrage allait me perdre, je le
détestai, j'en eus peur. Chaque jour, avant de
l'ouvrir, j'allais m'asseoir contre la fenêtre : en
cas de danger, je ferais entrer dans mes yeux la
vraie lumière du jour. Ils me font bien rire, aujour-
d'hui, ceux qui déplorent l'influence de Fantômas*
ou d'André Gide :*croit-on que les enfants ne choi-
sissent pas leurs poisons eux-mêmes? J'avalais le
mien avec l'anxieuse austérité des drogués. Il
paraissait bien inoffensif, pourtant. On encourageait les jeunes lecteurs : la sagesse et la piété
filiale mènent à tout, même à devenir Rembrandt
ou Mozart; on retraçait dans de courtes nouvelles
les occupations très ordinaires de garçons non
moins ordinaires mais sensibles et pieux qui s'appelaient Jean-Sébastien, Jean-Jacques ou Jean-Baptiste*
et qui faisaient le bonheur de leurs proches comme
je faisais celui des miens. Mais voici le venin : sans
jamais prononcer le nom de Rousseau, de Bach ni
de Molière, l'auteur mettait son art à placer partout
des allusions à leur future grandeur, à rappeler
négligemment, par un détail, leurs œuvres ou leurs
actions les plus fameuses, à machiner si bien ses

récits qu'on ne pût comprendre l'incident le plus
banal sans le rapporter à des événements postérieurs; dans le tumulte quotidien il faisait descendre un grand silence fabuleux, qui transfigurait
tout : l'avenir. Un certain Sanzio mourait d'envie
de voir le pape; il faisait si bien qu'on le menait
sur la place publique un jour que le Saint-Père
passait par là; le gamin pâlissait, écarquillait les
yeux, on lui disait enfin : « Je pense que tu es
content, Raffaello?*L'as-tu bien regardé, au moins,
notre Saint-Père? » Mais il répondait, hagard :
« Quel Saint-Père? Je n'ai vu que des couleurs! »
Un autre jour le petit Miguel,*qui voulait embrasser
la carrière des armes, assis sous un arbre, se délec-
tait d'un roman de chevalerie quand, tout à coup,
un tonnerre de ferraille le faisait sursauter : c'était
un vieux fou du voisinage, un hobereau ruiné qui
caracolait sur une haridelle et pointait sa lance
rouillée contre un moulin. Au dîner, Miguel racontait l'incident avec des mines si drôles et si gentilles
qu'il donnait le fou rire à tout le monde; mais,
plus tard, seul dans sa chambre, il jetait son roman
sur le sol, le piétinait, sanglotait longuement.

Ces enfants vivaient dans l'erreur : ils croyaient
agir et parler au hasard quand leurs moindres
propos avaient pour but réel d'annoncer leur
Destin. L'auteur et moi nous échangions des sourires attendris par-dessus leurs têtes; je lisais la vie
de ces faux médiocres comme Dieu l'avait conçue :
en commençant par la fin. D'abord, je jubilais :
c'étaient mes frères, leur gloire serait la mienne.
Et puis tout basculait : je me retrouvais de l'autre
côté de la page, *dans le livre* : l'enfance de Jean-

Paul ressemblait à celles de Jean-Jacques et de
Jean-Sébastien et rien ne lui arrivait qui ne fût
largement prémonitoire. Seulement, cette fois-ci,
c'était à mes petits-neveux que l'auteur faisait des
clins d'œil. Moi, j'étais vu, de la mort à la naissance, par ces enfants futurs que je n'imaginais pas
et je n'arrêtais pas de leur envoyer des messages
indéchiffrables pour moi. Je frissonnais, transi par
ma mort, sens véritable de tous mes gestes, dépos-
sédé de moi-même, j'essayais de retraverser la page
en sens inverse et de me retrouver du côté des
lecteurs, je levais la tête, je demandais secours à
la lumière : or *cela aussi*, c'était un message; cette
inquiétude soudaine, ce doute, ce mouvement des
yeux et du cou, comment les interpréterait-on, en
2013, quand on aurait les deux clés qui devaient
m'ouvrir, l'œuvre et le trépas? Je ne pus sortir du
livre : j'en avais depuis longtemps terminé la lecture mais j'en restais un personnage. Je m'épiais :
une heure plus tôt j'avais babillé avec ma mère :
qu'avais-je annoncé? Je me rappelais quelques-uns
de mes propos, je les répétais à voix haute, cela ne
m'avançait pas. Les phrases glissaient, impénétrables; à mes propres oreilles ma voix résonnait
comme une étrangère, un ange filou me piratait
mes pensées jusque dans ma tête et cet ange n'était
autre qu'un blondinet du XXX⁰ siècle,* assis contre
une fenêtre, qui m'observait à travers un livre. Avec
une amoureuse horreur, je sentais son regard
m'épingler à mon millénaire.*Pour lui je me tru-
quai : je fabriquai des mots à double sens que je
lâchais en public. Anne-Marie me trouvait à mon
pupitre, gribouillant, elle disait : « Comme il fait

sombre! Mon petit chéri se crève les yeux. » C'était
l'occasion de répondre en toute innocence : « Même
dans le noir je pourrais écrire. » Elle riait, m'appelait petit sot, donnait de la lumière, le tour était
joué, nous ignorions l'un et l'autre que je venais
d'informer l'an trois mille de ma future infirmité.
En effet, sur la fin de ma vie, plus aveugle encore
que Beethoven ne fût sourd,* je confectionnerais à
tâtons mon dernier ouvrage : on retrouverait le
manuscrit dans mes papiers, les gens diraient,
déçus : « Mais c'est illisible! » Il serait même
question de le jeter à la poubelle. Pour finir la
Bibliothèque municipale d'Aurillac le réclamerait
par piété pure, il y resterait cent ans, oublié. Et
puis, un jour, pour l'amour de moi, de jeunes
érudits tenteraient de le déchiffrer : ils n'auraient
pas trop de toute leur vie pour reconstituer ce qui,
naturellement, serait mon chef-d'œuvre. Ma mère
avait quitté la pièce, j'étais seul, je répétais pour
moi-même, lentement, sans y penser, surtout :
« Dans le noir! » Il y avait un claquement sec :
mon arrière-petit-neveu, là-haut, fermait son livre :
il rêvait à l'enfance de son arrière-grand-oncle et
des larmes roulaient sur ses joues : « C'est pourtant
vrai, soupirait-il, il a écrit dans les ténèbres! »

Je paradais devant des enfants à naître qui me
ressemblaient trait pour trait, je me tirais des
làrmes en évoquant celles que je leur ferais verser.
Je voyais ma mort par leurs yeux; elle avait eu
lieu, c'était ma vérité : je devins ma notice nécro-
logique.

Après avoir lu ce qui précède, un ami me considéra d'un air inquiet : « Vous étiez, me dit-il,

encore plus atteint que je n'imaginais. » Atteint?
Je ne sais trop. Mon délire était manifestement
travaillé. A mes yeux, la question principale serait
plutôt celle de la sincérité. A neuf ans, je restais
en deçà d'elle; ensuite j'allai bien au-delà.

Au début, j'étais sain comme l'œil : un petit
truqueur qui savait s'arrêter à temps. Mais je
m'appliquais : jusque dans le bluff, je restais un
fort en thème; je tiens aujourd'hui mes batelages*
pour des exercices spirituels et mon insincérité
pour la caricature d'une sincérité totale qui me
frôlait sans cesse et m'échappait. Je n'avais pas
choisi ma vocation : d'autres me l'avaient imposée.
En fait il n'y avait rien eu : des mots en l'air, jetés
par une vieille femme,* et le machiavélisme de
Charles. Mais il suffisait que je fusse convaincu. Les
grandes personnes, établies dans mon âme, mon-
traient du doigt mon étoile; je ne la voyais pas
mais je voyais le doigt, je croyais en elles qui
prétendaient croire en moi.* Elles m'avaient appris
l'existence de grands morts — un d'eux futur —
Napoléon, Thémistocle,* Philippe-Auguste,* Jean-
Paul Sartre. Je n'en doutais pas : c'eût été douter
d'elles. Le dernier, simplement, j'eusse aimé le rencontrer face à face.* Je béais, je me contorsionnais
pour provoquer l'intuition qui m'eût comblé, j'étais
une femme froide dont les convulsions sollicitent
puis tentent de remplacer l'orgasme. La dira-t-on
simulatrice ou juste un peu trop appliquée? De
toute façon je n'obtenais rien, j'étais toujours avant
ou après l'impossible vision qui m'aurait découvert
à moi-même et je me retrouvais, à la fin de mes
exercices, douteux et n'ayant rien gagné sauf

quelques beaux énervements. Fondé sur le principe d'autorité, sur l'indéniable bonté des grandes personnes, rien ne pouvait confirmer ni démentir mon mandat : hors d'atteinte, cacheté, il restait en moi mais m'appartenait si peu que je n'avais jamais pu, fût-ce un instant, le mettre en doute, que j'étais incapable de le dissoudre et de l'assimiler.

Même profonde, jamais la foi n'est entière. Il faut la soutenir sans cesse ou, du moins, s'empêcher de la ruiner. J'étais voué, illustre, *j'avais* ma tombe au Père-Lachaise* et peut-être au Panthéon, mon avenue à Paris, mes squares et mes places en province, à l'étranger : pourtant, au cœur de l'optimisme, invisible, innommé, je gardais le soupçon de mon inconsistance. A Sainte-Anne,* un malade criait de son lit : « Je suis prince! Qu'on mette le Grand-Duc aux arrêts. » On s'approchait, on lui disait à l'oreille : « Mouche-toi! » et il se mouchait; on lui demandait : « Quel est ton métier? », il répondait doucement : « Cordonnier » et repartait à crier. Nous ressemblons tous à cet homme, j'imagine; en tout cas, moi, au début de ma neuvième année, je lui ressemblais : j'étais prince et cordonnier.

Deux ans plus tard on m'eût donné pour guéri : le prince avait disparu, le cordonnier ne croyait à rien, je n'écrivais même plus; jetés à la poubelle, égarés ou brûlés, les cahiers de roman avaient fait place à ceux d'analyse logique, de dictées, de calcul. Si quelqu'un se fût introduit dans ma tête ouverte à tous les vents, il y eût rencontré quelques bustes, une table de multiplication aberrante et la règle de trois, trente-deux départements avec chefs-

lieux mais sans sous-préfectures, une rose appelée
rosarosarosamrosærosærosa,* des monuments histo-
riques et littéraires, quelques maximes de civilité
gravées sur des stèles et parfois, écharpe de brume
traînant sur ce triste jardin, une rêverie sadique.
D'orpheline, point. De preux, pas trace. Les mots
de héros, de martyr et de saint n'étaient inscrits
nulle part, répétés par nulle voix. L'ex-Pardaillan
recevait tous les trimestres des bulletins de santé
satisfaisants : enfant d'intelligence moyenne et
d'une grande moralité, peu doué pour les sciences
exactes, imaginatif sans excès, sensible; normalité
parfaite en dépit d'un certain maniérisme d'ailleurs
en régression. Or j'étais devenu tout à fait fou.
Deux événements, l'un public et l'autre privé,
m'avaient soufflé le peu de raison qui me restait.

Le premier fut une véritable surprise : au mois
de juillet 14, on comptait encore quelques
méchants; mais le 2 août,* brusquement, la vertu
prit le pouvoir et régna : tous les Français devin-
rent bons. Les ennemis de mon grand-père se
jetaient dans ses bras, des éditeurs s'engagèrent,
le menu peuple prophétisait : nos amis recueil-
laient les grandes paroles simples de leur concierge,
du facteur, du plombier, et nous les rapportaient,
tout le monde se récriait, sauf ma grand-mère,
décidément suspecte. J'étais ravi : la France me
donnait la comédie, je jouai la comédie pour la
France. Pourtant la guerre m'ennuya vite : elle
dérangeait si peu ma vie que je l'eusse oubliée sans
doute; mais je la pris en dégoût lorsque je
m'aperçus qu'elle ruinait mes lectures. Mes publications préférées disparurent des kiosques à jour-

naux; Arnould Galopin,* Jo Valle, Jean de la Hire
abandonnèrent leurs héros familiers, ces adolescents, mes frères, qui faisaient le tour du monde
en biplan, en hydravion, et qui luttaient à deux ou
trois contre cent; les romans colonialistes de
l'avant-guerre cédèrent la place aux romans guer-
riers, peuplés de mousses, de jeunes Alsaciens et
d'orphelins, mascottes de régiment. Je détestais
ces nouveaux venus. Les petits aventuriers de la
jungle, je les tenais pour des enfants prodiges parce
qu'ils massacraient des indigènes qui, après tout,
sont des adultes : enfant prodige moi-même, en
eux je me reconnaissais. Mais, ces enfants de troupe,
tout se passait en dehors d'eux. L'héroïsme individuel vacilla : contre les sauvages il était soutenu
par la supériorité de l'armement; contre les canons
des Allemands que faire? Il fallait d'autres canons,
des artilleurs, une armée. Au milieu des courageux
poilus qui lui flattaient la tête et qui le protégeaient, l'enfant prodige retombait en enfance; j'y
retombais avec lui. De temps en temps, l'auteur,
par pitié, me chargeait de porter un message, les
Allemands me capturaient, j'avais quelques fières
ripostes et puis je m'évadais, je regagnais nos lignes
et je m'acquittais de ma mission. On me félicitait,
bien sûr, mais sans véritable enthousiasme et je ne
retrouvais pas dans les yeux paternels du général
le regard ébloui des veuves et des orphelins.
J'avais perdu l'initiative : on gagnait les batailles,
on gagnerait la guerre sans moi; les grandes personnes reprenaient le monopole de l'héroïsme, il
m'arrivait de ramasser le fusil d'un mort et de tirer
quelques coups, mais jamais Arnould Galopin ni

Jean de la Hire ne m'ont permis de charger à la
baïonnette. Héros apprenti, j'attendais avec impatience d'avoir l'âge de m'engager. Ou plutôt non :
c'était l'enfant de troupe qui attendait, c'était
l'orphelin d'Alsace. Je me retirais d'eux, je fermais
la brochure. Ecrire, ce serait un long travail ingrat,
je le savais, j'aurais toutes les patiences. Mais la
lecture, c'était une fête : je voulais toutes les gloires
tout de suite. Et quel avenir m'offrait-on? Soldat?
La belle affaire! Isolé, le poilu ne comptait pas
plus qu'un enfant. Il montait à l'assaut avec les
autres et c'était le régiment qui gagnait la bataille.
Je ne me souciais pas de participer à des victoires
communautaires. Quand Arnould Galopin voulait
distinguer un militaire il ne trouvait rien de mieux
que de l'envoyer au secours d'un capitaine blessé.
Ce dévouement obscur m'agaçait : l'esclave sauvait
le maître. Et puis, ce n'était qu'une prouesse d'occasion : en temps de guerre, le courage est la chose
la mieux partagée; avec un peu de chance, tout
autre soldat en eût fait autant. J'enrageais : ce que
je préférais dans l'héroïsme d'avant-guerre, c'était
sa solitude et sa gratuité : je laissais derrière moi
les pâles vertus quotidiennes, j'inventais l'homme
à moi tout seul, par générosité; *Le Tour du Monde
en Hydravion, Les Aventures d'un gamin de Paris,
Les Trois Boy-scouts,* tous ces textes sacrés me
guidaient sur le chemin de la mort et de la résurrection. Et voilà que, tout d'un coup, leurs auteurs
m'avaient trahi : ils avaient mis l'héroïsme à portée
de tous; le courage et le don de soi devenaient des
vertus quotidiennes; pis encore, on les ravalait au
rang des plus élémentaires devoirs. Le changement

du décor était à l'image de cette métamorphose :
les brumes collectives de l'Argonne* avaient rem-
placé le gros soleil unique et la lumière individua-
liste de l'Equateur.

Après une interruption de quelques mois, je
résolus de reprendre la plume pour écrire un roman
selon mon cœur et donner à ces Messieurs une
bonne leçon. C'était en octobre 14, nous n'avions
pas quitté Arcachon. Ma mère m'acheta des cahiers,
tous pareils; sur leur couverture mauve on avait
figuré Jeanne d'Arc casquée, signe des temps. Avec
la protection de la Pucelle,* je commençai l'histoire
du soldat Perrin : il enlevait le Kaiser,* le ramenait
ligoté dans nos lignes, puis, devant le régiment
rassemblé, le provoquait en combat singulier, le
terrassait, l'obligeait, le couteau sur la gorge, à
signer une paix infamante, à nous rendre l'Alsace-
Lorraine. Au bout d'une semaine mon récit
m'assomma. Le duel, j'en avais emprunté l'idée
à des romans de cape et d'épée : Stoerte-Becker
entrait, fils de famille et proscrit, dans une taverne
de brigands; insulté par un hercule, le chef de la
bande, il le tuait à coups de poings, prenait sa
place et ressortait, roi des truands, juste à temps
pour embarquer ses troupes sur un bateau-pirate.
Des lois immuables et strictes régissaient la cérémonie : il fallait que le champion du Mal passât
pour invincible, que celui du Bien se battît sous les
huées et que sa victoire inattendue glaçât d'effroi
les railleurs. Mais moi, dans mon inexpérience,
j'avais enfreint toutes les règles et fait le contraire
de ce que je souhaitais : pour costaud qu'il pût
être, le Kaiser n'était pas un gros bras,* on savait

d'avance que Perrin, athlète magnifique, n'en ferait
qu'une bouchée. Et puis, le public lui était hostile,
nos poilus lui criaient leur haine : par un renver-
sement qui me laissa pantois, Guillaume II, criminel mais seul, couvert de quolibets et de crachats,
usurpa sous mes yeux le royal délaissement de mes
héros.*

Il y avait bien pis. Jusqu'alors rien n'avait
confirmé ni démenti ce que Louise appelait mes
« élucubrations » : l'Afrique était vaste, lointaine,
sous-peuplée, les informations manquaient, personne n'était en mesure de prouver que mes explo-
rateurs ne s'y trouvaient pas, qu'ils ne faisaient pas
le coup de feu contre les Pygmées à l'heure même
où je racontais leur combat. Je n'allais pas jusqu'à
me prendre pour leur historiographe mais on
m'avait tant parlé de la vérité des œuvres roma-
nesques que je pensais dire le vrai à travers mes
fables, d'une manière qui m'échappait encore mais
qui sauterait aux yeux de mes futurs lecteurs. Or,
en ce mois d'octobre malencontreux, j'assistai,
impuissant, au télescopage de la fiction et de la
réalité : le Kaiser né de ma plume, vaincu, ordon-
nait le cessez-le-feu; il *fallait* donc en bonne
logique que notre automne vît le retour de la paix;
mais justement les journaux et les adultes répé-
taient matin et soir qu'on s'installait dans la guerre
et qu'elle allait durer. Je me sentis mystifié : j'étais
un imposteur, je racontais des sornettes que personne ne voudrait croire; bref je découvris l'imagination. Pour la première fois de ma vie je me relus.
Le rouge au front. C'était moi, *moi* qui m'étais
complu à ces fantasmes puérils? Il s'en fallut de

peu que je ne renonçasse à la littérature. Finalement j'emportai mon cahier sur la plage et je l'ensevelis dans le sable. Le malaise se dissipa; je repris confiance : j'étais voué sans aucun doute; simplement, les Belles-Lettres avaient leur secret, qu'elles me révéleraient un jour. En attendant, mon âge me commandait une réserve extrême. Je n'écrivis plus.

Nous revînmes à Paris. J'abandonnai pour toujours Arnould Galopin et Jean de la Hire : je ne pouvais pardonner à ces opportunistes d'avoir eu raison contre moi. Je boudai la guerre, épopée de la médiocrité; aigri, je désertai l'époque et me réfugiai dans le passé. Quelques mois plus tôt, à la fin de 1913, j'avais découvert *Nick Carter, Buffalo Bill, Texas Jack, Sitting Bull* : dès le début des hostilités, ces publications disparurent : mon grand-père prétendit que l'éditeur était allemand. Heureusement, on trouvait chez les revendeurs des quais la plupart des livraisons parues. Je traînai ma mère sur les bords de la Seine, nous entreprîmes de fouiller les boîtes une à une de la gare d'Orsay à la gare d'Austerlitz :*il nous arrivait de rapporter quinze fascicules à la fois; j'en eus bientôt cinq cents. Je les disposais en piles régulières, je ne me lassais pas de les compter, de prononcer à voix haute leurs titres mystérieux : *Un crime en ballon, Le Pacte avec le Diable, Les Esclaves du Baron Moutoushimi, La Résurrection de Dazaar.* J'aimais qu'ils fussent jaunis, tachés, racornis, avec une étrange odeur de feuilles mortes : *c'étaient* des feuilles mortes, des ruines puisque la guerre avait tout arrêté; je savais que

l'ultime aventure de l'homme à la longue chevelure me resterait pour toujours inconnue, que
j'ignorerais toujours la dernière enquête du roi des
détectives : ces héros solitaires étaient comme moi
victimes du conflit mondial et je les en aimais
davantage. Pour délirer de joie, il me suffisait de
contempler les gravures en couleurs qui ornaient
les couvertures. Buffalo Bill, à cheval, galopait
dans la prairie, tantôt poursuivant, tantôt fuyant
les Indiens. Je préférais les illustrations de Nick
Carter. On peut les trouver monotones : sur presque
toutes le grand détective assomme ou se fait matra-
quer. Mais ces rixes avaient lieu dans les rues de
Manhattan, terrains vagues, bordés de palissades
brunes ou de frêles constructions cubiques couleur
de sang séché : cela me fascinait, j'imaginais une
ville puritaine et sanglante dévorée par l'espace
et dissimulant à peine la savane qui la portait :
le crime et la vertu y étaient l'un et l'autre hors
la loi; l'assassin et le justicier, libres et souverains
l'un et l'autre, s'expliquaient le soir, à coups de
couteau. En cette cité comme en Afrique, sous le
même soleil de feu, l'héroïsme redevenait une
improvisation perpétuelle : ma passion pour New-
York vient de là.

J'oubliai conjointement la guerre et mon mandat.
Lorsqu'on me demandait : « Qu'est-ce que tu feras
quand tu seras grand? » je répondais aimablement,
modestement que j'écrirais, mais j'avais abandonné
mes rêves de gloire et les exercices spirituels. Grâce
à cela, peut-être, les années quatorze* furent les
plus heureuses de mon enfance. Ma mère et moi
nous avions le même âge et nous ne nous quittions

pas. Elle m'appelait son chevalier servant, son petit homme; je lui disais tout. Plus que tout : rentrée, l'écriture se fit babil et ressortit par ma bouche : je décrivais ce que je voyais, ce qu'Anne-Marie voyait aussi bien que moi, les maisons, les arbres, les gens; je me donnais des sentiments pour le plaisir de lui en faire part, je devins un transformateur d'énergie : le monde usait de moi pour se faire parole. Cela commençait par un bavardage anonyme dans ma tête : quelqu'un disait : « Je marche, je m'assieds, je bois un verre d'eau, je mange une praline. » Je répétais à voix haute ce commentaire perpétuel : « Je marche, maman, je bois un verre d'eau, je m'assieds. » Je crus avoir deux voix dont l'une — qui m'appartenait à peine et ne dépendait pas de ma volonté — dictait à l'autre ses propos; je décidai que j'étais double. Ces troubles légers persistèrent jusqu'à l'été : ils m'épuisaient, je m'en agaçais et je finis par prendre peur. « Ça parle dans ma tête », dis-je à ma mère qui, par chance, ne s'inquiéta pas.

Cela ne gâchait pas mon bonheur ni notre union. Nous eûmes nos mythes, nos tics de langage, nos plaisanteries rituelles. Pendant près d'une année je terminai mes phrases, au moins une fois sur dix, par ces mots prononcés avec une résignation ironique : « Mais ça ne fait rien. » Je disais : « Voilà un grand chien blanc. Il n'est pas blanc, il est gris mais ça ne fait rien. » Nous prîmes l'habitude de nous raconter les menus incidents de notre vie en style épique à mesure qu'ils se produisaient; nous parlions de nous à la troisième personne du pluriel. Nous attendions l'autobus, il passait devant

nous sans s'arrêter; l'un de nous s'écriait alors :
« Ils frappèrent du pied le sol en maudissant le
ciel » et nous nous mettions à rire. En public nous
avions nos connivences : un clin d'œil suffisait.
Dans un magasin, dans un salon de thé, la vendeuse
nous semblait comique, ma mère me disait en
sortant : « Je ne t'ai pas regardé, j'avais peur de
lui pouffer au nez », et je me sentais fier de mon
pouvoir : il n'y a pas tant d'enfants qui sachent
d'un seul regard faire pouffer leur mère. Timides,
nous avions peur ensemble : un jour, sur les quais,
j'avais découvert douze numéros de Buffalo Bill
que je ne possédais pas encore; elle se disposait
à les payer quand un homme s'approcha, gras et
pâle, avec des yeux charbonneux, des moustaches
cirées, un canotier et cet aspect comestible qu'affec-
taient volontiers les beaux garçons de l'époque. Il
regardait fixement ma mère, mais c'est à moi qu'il
s'adressa : « On te gâte, petit, on te gâte! » répétait-il avec précipitation. D'abord, je ne fis que
m'offenser : on ne me tutoyait pas si vite; mais
je surpris son regard maniaque et nous ne fîmes
plus, Anne-Marie et moi, qu'une seule jeune fille
effarouchée qui bondit en arrière. Déconcerté, le
monsieur s'éloigna : j'ai oublié des milliers de
visages, mais cette face de saindoux, je me la rappelle encore; j'ignorais tout de la chair* et je
n'imaginais pas ce que cet homme nous voulait
mais l'évidence du désir est telle*qu'il me semblait
comprendre et que, d'une certaine manière, tout
m'était dévoilé. Ce désir, je l'avais ressenti à travers
Anne-Marie; à travers elle, j'appris à flairer le
mâle, à le craindre, à le détester. Cet incident

resserra nos liens : je trottinais d'un air dur, la
main dans la main de ma mère et j'étais sûr de
la protéger. Est-ce le souvenir de ces années ?
Aujourd'hui encore, je ne puis voir sans plaisir un
enfant trop sérieux parler gravement, tendrement
à sa mère enfant; j'aime ces douces amitiés sauvages qui naissent loin des hommes et contre eux.
Je regarde longuement ces couples puérils et puis
je me rappelle que je suis un homme et je détourne
la tête.

Le deuxième événement se produisit en octobre
1915 : j'avais dix ans et trois mois, on ne pouvait
songer à me garder plus longtemps sous séquestre.
Charles Schweitzer musela ses rancunes et me fit
inscrire au petit lycée* Henri IV en qualité
d'externe.

A la première composition, je fus dernier. Jeune
féodal, je tenais l'enseignement pour un lien per-
sonnel : Mlle Marie-Louise* m'avait donné son
savoir par amour, je l'avais reçu par bonté, pour
l'amour d'elle. Je fus déconcerté par ces cours
ex cathedra qui s'adressaient à tous, par la froideur
démocratique de la loi. Soumis à des comparaisons
perpétuelles, mes supériorités rêvées s'évanouirent :
il se trouvait toujours quelqu'un pour répondre
mieux ou plus vite que moi. J'étais trop aimé pour
me remettre en question : j'admirais de bon cœur
mes camarades et je ne les enviais pas : j'aurais
mon tour. A cinquante ans.* Bref, je me perdais
sans souffrir; saisi d'un affolement sec, je remettais
avec zèle des copies exécrables. Déjà mon grand-
père fronçait les sourcils; ma mère se hâta de
demander un rendez-vous à M. Ollivier, mon pro-

fesseur principal. Il nous reçut dans son petit
appartement de célibataire; ma mère avait pris sa
voix chantante; debout contre son fauteuil, je
l'écoutais en regardant le soleil à travers la poussière des carreaux. Elle s'efforça de prouver que
je valais mieux que mes devoirs : j'avais appris à
lire tout seul, j'écrivais des romans; à bout d'argu-
ments elle révéla que j'étais né à dix mois : mieux
cuit que les autres, plus doré, plus croustillant
pour être resté plus longtemps au four. Sensible à
ses charmes plus qu'à mes mérites, M. Ollivier
l'écoutait attentivement. C'était un grand homme
décharné, chauve et tout en crâne, avec des yeux
caves, un teint de cire et, sous un long nez busqué,
quelques poils roux. Il refusa de me donner des
leçons particulières, mais promit de me « suivre ».
Je n'en demandais pas plus : je guettais son regard
pendant les cours; il ne parlait que pour moi, j'en
étais sûr; je crus qu'il m'aimait, je l'aimais,
quelques bonnes paroles firent le reste : je devins
sans effort un assez bon élève. Mon grand-père
grommelait en lisant les bulletins trimestriels, mais
il ne songeait plus à me retirer du lycée. En cinquième, j'eus d'autres professeurs, je perdis mon
traitement de faveur mais je m'étais habitué à la
démocratie.

Mes travaux scolaires ne me laissaient pas le
temps d'écrire; mes nouvelles fréquentations m'en
ôtèrent jusqu'au désir. Enfin j'avais des camarades!
Moi, l'exclu des jardins publics, on m'avait adopté
du premier jour et le plus naturellement du
monde : je n'en revenais pas. A vrai dire mes amis

semblaient plus proches de moi que des jeunes
Pardaillan qui m'avaient brisé le cœur : c'étaient
des externes, des fils à maman,*des élèves appliqués.
N'importe : j'exultais. J'eus deux vies. En famille,
je continuai de singer l'homme. Mais les enfants
entre eux détestent l'enfantillage : ce sont des
hommes pour de vrai. Homme parmi les hommes,*
je sortais du lycée tous les jours en compagnie des
trois Malaquin, Jean, René, André, de Paul et de
Norbert Meyre, de Brun, de Max Bercot, de Grégoire, nous courions en criant sur la place du
Panthéon, c'était un moment de bonheur grave :*
je me lavais de la comédie familiale; loin de vouloir briller, je riais en écho, je répétais les mots
d'ordre et les bons mots, je me taisais, j'obéissais,
j'imitais les gestes de mes voisins, je n'avais qu'une
passion : m'intégrer. Sec, dur et gai, je me sentais
d'acier, enfin délivré du péché d'exister :* nous
jouions à la balle, entre l'Hôtel des Grands
Hommes et la statue de Jean-Jacques Rousseau,
j'étais indispensable : *the right man in the right
place.* Je n'enviais plus rien à M. Simonnot : à qui
Meyre, feintant Grégoire, aurait-il fait sa passe si
je n'avais été, *moi, ici présent, maintenant?* Comme
ils paraissaient fades et funèbres mes rêves de
gloire auprès de ces intuitions fulgurantes qui me
découvraient ma nécessité.

Par malheur elles s'éteignaient plus vite qu'elles
ne s'allumaient. Nos jeux nous « surexcitaient »,
comme disaient nos mères, et transformaient parfois
nos groupes en une petite foule unanime qui
m'engloutissait; mais nous ne pûmes jamais oublier
longtemps nos parents dont l'invisible présence

nous faisait vite retomber dans la solitude en
commun des colonies animales. Sans but, sans fin,
sans hiérarchie, notre société oscillait entre la
fusion totale et la juxtaposition. Ensemble, nous
vivions dans la vérité mais nous ne pouvions pas
nous défendre du sentiment qu'on nous prêtait
les uns aux autres et que nous appartenions chacun
à des collectivités*étroites, puissantes et primitives,
qui forgeaient des mythes fascinants, se nourrissaient d'erreur et nous imposaient leur arbitraire.
Choyés et bien-pensants, sensibles, raisonneurs,
effarouchés par le désordre, détestant la violence
et l'injustice, unis et séparés par la conviction tacite
que le monde avait été créé pour notre usage et
que nos parents respectifs étaient les meilleurs du
monde, nous avions à cœur de n'offenser personne
et de demeurer courtois jusque dans nos jeux.
Moqueries et quolibets en étaient sévèrement pros-
crits; celui qui s'emportait, le groupe entier
l'entourait, l'apaisait, l'obligeait à s'excuser, c'était
sa propre mère qui le tançait par la bouche de
Jean Malaquin ou de Norbert Meyre. Toutes ces
dames se connaissaient, d'ailleurs et se traitaient
cruellement : elles se rapportaient nos propos, nos
critiques, les jugements de chacun sur tous; nous
autres, les fils, nous nous cachions les leurs. Ma
mère revint outrée d'une visite à Mme Malaquin
qui lui avait dit tout net : « André trouve que
Poulou fait des embarras. »*Cette réflexion ne me
troubla pas : ainsi parlent les mères entre elles;
je n'en voulus point à André et ne lui soufflai mot
de l'affaire. Bref, nous respections le monde entier,
les riches et les pauvres, les soldats et les civils,

les jeunes et les vieux, les hommes et les bêtes : nous n'avions de mépris que pour les demi-pensionnaires et les internes : il fallait qu'ils fussent bien coupables pour que leur famille les eût abandonnés; peut-être avaient-ils de mauvais parents, mais cela n'arrangeait rien : les enfants ont les pères qu'ils méritent. Le soir, après quatre heures, quand les externes libres*l'avaient quitté, le lycée devenait un coupe-gorge.

Des amitiés si précautionneuses ne vont pas sans quelque froideur. Aux vacances, nous nous séparions sans regret. Pourtant, j'aimais Bercot. Fils de veuve, c'était mon frère. Il était beau, frêle et doux; je ne me lassais pas de regarder ses longs cheveux noirs peignés à la Jeanne d'Arc. Mais surtout, nous avions, l'un et l'autre, l'orgueil d'avoir tout lu et nous nous isolions dans un coin du préau pour parler littérature, c'est-à-dire pour recommencer cent fois, toujours avec plaisir, l'énumération des ouvrages qui nous étaient passés par les mains. Un jour, il me regarda d'un air maniaque et me confia qu'il voulait écrire. Je l'ai retrouvé plus tard en rhétorique,*toujours beau mais tuberculeux : il est mort à dix-huit ans.

Tous, même le sage Bercot, nous admirions Bénard, un garçon frileux et rond qui ressemblait à un poussin. Le bruit de ses mérites était parvenu jusqu'aux oreilles de nos mères qui s'en agaçaient un peu mais ne se lassaient pas de nous le donner en exemple sans parvenir à nous dégoûter de lui. Qu'on juge de notre partialité : il était demi-pensionnaire et nous l'en aimions davantage; à nos yeux, c'était un externe d'honneur. Le soir,

sous la lampe familiale, nous pensions à ce mission-
naire qui restait dans la jungle pour convertir les
cannibales de l'internat et nous avions moins peur.
Il est juste de dire que les internes eux-mêmes le
respectaient. Je ne vois plus très clairement les
raisons de ce consentement unanime. Bénard était
doux, affable, sensible; avec cela, premier partout.
Et puis, sa maman se privait pour lui. Nos mères
ne fréquentaient pas cette couturière mais elles
nous parlaient d'elle souvent pour nous faire
mesurer la grandeur de l'amour maternel; nous ne
pensions qu'à Bénard : il était le flambeau, la joie
de cette malheureuse; nous mesurions la grandeur
de l'amour filial; tout le monde, pour finir, s'atten-
drissait sur ces bons pauvres.* Pourtant, cela n'eût
pas suffi : la vérité, c'est que Bénard ne vivait qu'à
demi; je ne l'ai jamais vu sans un gros foulard de
laine; il nous souriait gentiment mais parlait peu
et je me rappelle qu'on lui avait défendu de se
mêler à nos jeux. Pour ma part, je le vénérais
d'autant plus que sa fragilité nous séparait de lui :
on l'avait mis sous verre; il nous faisait des saluts
et des signes derrière la vitre mais nous ne l'appro-
chions pas : nous le chérissions de loin parce qu'il
avait, de son vivant, l'effacement des symboles.
L'enfance est conformiste : nous lui étions recon-
naissants de pousser la perfection jusqu'à l'imper-
sonnalité. S'il causait avec nous, l'insignifiance de
ses propos nous ravissait d'aise; jamais nous ne le
vîmes en colère ou trop gai; en classe, il ne levait
jamais le doigt, mais lorsqu'on l'interrogeait, la
Vérité parlait par sa bouche, sans hésitation et sans
zèle, tout juste comme doit parler la Vérité. Il

frappait d'étonnement notre gang d'enfants prodiges parce qu'il était le meilleur sans être prodigieux. En ce temps-là, nous étions tous plus ou
moins orphelins de père : ces Messieurs étaient
morts ou au front, ceux qui restaient, diminués,
dévirilisés, cherchaient à se faire oublier de leurs
fils; c'était le règne des mères : Bénard nous
reflétait les vertus négatives de ce matriarcat.

A la fin de l'hiver, il mourut. Les enfants et les
soldats ne se soucient guère des morts : pourtant
nous fûmes quarante à sangloter derrière son cercueil. Nos mères veillaient : l'abîme fut recouvert
de fleurs; elles firent tant que nous tînmes cette
disparition pour un superprix d'excellence décerné
en cours d'année. Et puis Bénard vivait si peu qu'il
ne mourut pas vraiment : il resta parmi nous,
présence diffuse et sacrée. Notre moralité fit un
bond : nous avions notre cher défunt, nous parlions
de lui à voix basse, avec un plaisir mélancolique.
Peut-être serions-nous, comme lui, prématurément
emportés : nous imaginions les larmes de nos mères
et nous nous sentions précieux. Ai-je rêvé, pourtant? Je garde confusément le souvenir d'une atroce
évidence : cette couturière, cette veuve, elle avait
tout perdu. Ai-je vraiment étouffé d'horreur à cette
pensée? Ai-je entrevu le Mal, l'absence de Dieu,
un monde inhabitable? Je le crois : pourquoi,
sinon, dans mon enfance reniée, oubliée, perdue,
l'image de Bénard aurait-elle gardé sa netteté
douloureuse?

Quelques semaines plus tard, la classe de cinquième A I* fut le théâtre d'un événement singulier : pendant le cours de latin la porte s'ouvrit,

Bénard entra, escorté du concierge, salua M. Durry,
notre professeur, et s'assit. Nous reconnûmes tous
ses lunettes de fer, son cache-nez, son nez un peu
busqué, son air de poussin frileux : je crus que
Dieu nous le rendait. M. Durry sembla partager
notre stupeur : il s'interrompit, respira fortement
et demanda : « Nom, prénoms, qualité, profession
des parents. » Bénard répondit qu'il était demi-
pensionnaire et fils d'ingénieur, qu'il s'appelait
Paul-Yves Nizan.* J'étais le plus frappé de tous ; à
la récréation je lui fis des avances, il y répondit :
nous étions liés. Un détail pourtant me fit pressentir
que je n'avais pas affaire à Bénard mais à son
simulacre satanique : Nizan louchait. Il était trop
tard pour en tenir compte : j'avais aimé dans ce
visage l'incarnation du Bien ; je finis par l'aimer
pour lui-même. J'étais pris au piège, mon penchant
pour la vertu m'avait conduit à chérir le Diable.
A vrai dire, le pseudo-Bénard n'était pas bien
méchant : il vivait, voilà tout ; il avait toutes les
qualités de son sosie, mais flétries. En lui, la réserve
de Bénard tournait à la dissimulation ; terrassé par
des émotions violentes et passives, il ne criait pas
mais nous l'avons vu blanchir de colère, bégayer :
ce que nous prenions pour de la douceur n'était
qu'une paralysie momentanée ; ce n'était pas la
vérité qui s'exprimait par sa bouche mais une sorte
d'objectivité cynique et légère qui nous mettait
mal à l'aise parce que nous n'en avions pas l'habitude et, quoiqu'il adorât ses parents, bien entendu,
il était le seul à parler d'eux ironiquement. En
classe, il brillait moins que Bénard ; par contre,
il avait beaucoup lu et souhaitait écrire. Bref,

c'était une personne complète et rien ne m'étonnait
plus que de voir une personne sous les traits de
Bénard. Obsédé par cette ressemblance, je ne savais
jamais s'il fallait le louer d'offrir l'apparence de la
vertu ou le blâmer de n'en avoir que l'apparence
et je passais sans cesse de la confiance aveugle à la
défiance irraisonnée. Nous ne devînmes de vrais
amis que beaucoup plus tard, après une longue
séparation.

Pendant deux ans ces événements et ces rencontres suspendirent mes ruminations sans en éli-
miner la cause. De fait, en profondeur, rien n'avait
changé : ce mandat en moi déposé par les adultes
sous pli scellé, je n'y pensais plus mais il subsistait.
Il s'empara de ma personne. A neuf ans, jusque
dans mes pires excès je me surveillais. A dix, je me
perdis de vue. Je courais avec Brun, je causais avec
Bercot, avec Nizan : pendant ce temps, abandonnée
à elle-même, ma fausse mission prit du corps et,
finalement, bascula dans ma nuit;* je ne la revis
plus, elle me fit,* elle exerçait sa force d'attraction
sur tout, courbant les arbres et les murs, voûtant le
ciel au-dessus de ma tête. Je m'étais pris pour un
prince, ma folie fut de l'être. Névrose caractérielle,
dit un analyste de mes amis. Il a raison : entre
l'été 14 et l'automne de 1916 mon mandat est
devenu mon caractère; mon délire a quitté ma
tête pour se couler dans mes os.

Il ne m'arrivait rien de neuf : je retrouvais intact
ce que j'avais joué, prophétisé. Une seule différence : sans connaissance, sans mots, en aveugle je
réalisai tout.* Auparavant, je me représentais ma

vie par des images : c'était ma mort provoquant
ma naissance, c'était ma naissance me jetant vers
ma mort; dès que je renonçai à la voir, je devins
moi-même cette réciprocité, je me tendis à craquer
entre ces deux extrêmes, naissant et mourant à
chaque battement de cœur. Mon éternité future
devint mon avenir concret : elle frappait chaque
instant de frivolité, elle fut au centre de l'attention
la plus profonde, une distraction plus profonde
encore, le vide de toute plénitude, l'irréalité légère
de la réalité; elle tuait, de loin, le goût d'un
caramel dans ma bouche, les chagrins et les plaisirs
dans mon cœur; mais elle sauvait le moment le
plus nul par cette seule raison qu'il venait en
dernier et qu'il me rapprochait d'elle; elle me
donna la patience de vivre : jamais plus je ne
souhaitai sauter vingt années, en feuilleter vingt
autres, jamais plus je n'imaginai les jours lointains
de mon triomphe;* j'attendis. A chaque minute
j'attendis la prochaine parce qu'elle tirait à soi
celle qui suivait. Je vécus sereinement dans
l'extrême urgence : toujours en avant de moi-
même, tout m'absorbait, rien ne me retenait. Quel
soulagement! Autrefois mes journées se ressemblaient si fort que je me demandais parfois si je
n'étais pas condamné à subir l'éternel retour de la
même. Elles n'avaient pas beaucoup changé, elles
gardaient la mauvaise habitude de s'affaler en
tremblotant; mais *moi*, j'avais changé en elles : ce
n'était plus le temps qui refluait sur mon enfance
immobile, c'était moi, flèche décochée par ordre,
qui trouais le temps et filais droit au but. En 1948,
à Utrecht, le professeur Van Lennep me montrait

des tests projectifs.*Une certaine carte retint mon
attention : on y avait figuré un cheval au galop, un
homme en marche, un aigle en plein vol, un canot
automobile bondissant; le sujet devait désigner la
vignette qui lui donnait le plus fort sentiment de
vitesse. Je dis : « C'est le canot. » Puis je regardai
curieusement le dessin qui s'était si brutalement
imposé : le canot semblait décoller du lac, dans un
instant il planerait au-dessus de ce marasme ondu-
leux. La raison de mon choix m'apparut tout de
suite : à dix ans j'avais eu l'impression que mon
étrave fendait le présent et m'en arrachait; depuis
lors j'ai couru, je cours encore. La vitesse ne se
marque pas tant, à mes yeux, par la distance par-
courue en un laps de temps défini que par le
pouvoir d'arrachement.*

Il y a plus de vingt ans, un soir qu'il traversait
la place d'Italie,* Giacometti*fut renversé par une
auto. Blessé, la jambe tordue, dans l'évanouisse-
ment lucide où il était tombé il ressentit d'abord
une espèce de joie : « Enfin quelque chose
m'arrive! »*Je connais son radicalisme : il attendait
le pire; cette vie qu'il aimait au point de n'en
souhaiter aucune autre, elle était bousculée, brisée
peut-être par la stupide violence du hasard :
« Donc, se disait-il, je n'étais pas fait pour sculpter,
par même pour vivre; je n'étais fait pour rien. »
Ce qui l'exaltait c'était l'ordre menaçant des causes
tout à coup démasqué et de fixer sur les lumières
de la ville, sur les hommes, sur son propre corps
plaqué dans la boue le regard pétrifiant d'un cataclysme : pour un sculpteur le règne minéral n'est
jamais loin. J'admire cette volonté de tout

accueillir. Si l'on aime les surprises il faut les aimer
jusque-là, jusqu'à ces rares fulgurations qui révèlent
aux amateurs que la terre n'est pas faite pour eux.

A dix ans, je prétendais n'aimer qu'elles. Chaque
maillon de ma vie devait être imprévu, sentir la
peinture fraîche. Je consentais d'avance aux contre-
temps, aux mésaventures et, pour être juste, il faut
dire que je leur faisais bon visage. Un soir l'élec-
tricité s'éteignit : une panne; on m'appela d'une
autre pièce, j'avançai les bras écartés et j'allai
donner de la tête contre un battant de porte si fort
que je me cassai une dent. Cela m'amusa, malgré
la douleur, j'en ris. Comme Giacometti devait plus
tard rire de sa jambe mais pour des raisons diamé-
tralement opposées. Puisque j'avais décidé d'avance
que mon histoire aurait un dénouement heureux,
l'imprévu ne pouvait être qu'un leurre, la nou-
veauté qu'une apparence, l'exigence des peuples,*
en me faisant naître, avait tout réglé : je vis dans
cette dent cassée un signe, une monition* obscure
que je comprendrais plus tard. Autrement dit, je
conservais l'ordre des fins* en toute circonstance,
à tout prix; je regardais ma vie à travers mon décès
et ne voyais qu'une mémoire close dont rien ne
pouvait sortir, où rien n'entrait. Imagine-t-on ma
sécurité? Les hasards n'existaient pas : je n'avais
affaire qu'à leurs contrefaçons providentielles. Les
journaux donnaient à croire que des forces éparses
traînaient par les rues, fauchaient les petites gens :
moi, le prédestiné, je n'en rencontrerais pas. Peut-
être perdrais-je un bras, une jambe. les deux yeux.
Mais tout était dans la manière : mes infortunes ne
seraient jamais que des épreuves. que des moyens

de faire un livre. J'appris à supporter les chagrins
et les maladies : j'y vis les prémices de ma mort
triomphale, les degrés qu'elle taillait pour m'élever
jusqu'à elle. Cette sollicitude un peu brutale ne me
déplaisait pas et j'avais à cœur de m'en montrer
digne. Je tenais le pire pour la condition du
meilleur; mes fautes elles-mêmes servaient, ce qui
revenait à dire que je n'en commettais pas. A
dix ans, j'étais sûr de moi : modeste, intolérable,
je voyais dans mes déconfitures les conditions de
ma victoire posthume. Aveugle ou cul-de-jatte,
fourvoyé par mes erreurs, je gagnerais la guerre à
force de perdre les batailles. Je ne faisais pas de
différence entre les épreuves réservées aux élus et
les échecs dont je portais la responsabilité, cela
signifie que mes crimes me paraissaient, au fond,
des infortunes et que je revendiquais mes malheurs
comme des fautes; de fait, je ne pouvais attraper de
maladie, fût-ce la rougeole ou le coryza, sans me
déclarer coupable : j'avais manqué de vigilance,
j'avais oublié de mettre mon manteau, mon foulard. J'ai toujours mieux aimé m'accuser que l'univers; non par bonhomie : pour ne me tenir que de
moi.* Cette arrogance n'excluait pas l'humilité : je
me croyais faillible d'autant plus volontiers que
mes défaillances étaient forcément le chemin le
plus court pour aller au Bien. Je m'arrangeais pour
ressentir dans le mouvement de ma vie une irrésistible attraction qui me contraignait sans cesse,
fût-ce en dépit de moi-même, à faire de nouveaux
progrès.

Tous les enfants savent qu'ils progressent. D'ailleurs on ne leur permet pas de l'ignorer : « Des

progrès à faire, en progrès, progrès sérieux et régu-
liers... » Les grandes personnes nous racontaient
l'Histoire de France : après la première République,*cette incertaine, il y avait eu la deuxième
et puis la troisième qui était la bonne :* jamais
deux sans trois. L'optimisme bourgeois se résumait
alors dans le programme des radicaux :*abondance
croissante des biens, suppression du paupérisme
par la multiplication des lumières*et de la petite
propriété.*Nous autres, jeunes Messieurs, on l'avait
mis à notre portée et nous découvrions, satisfaits,
que nos progrès individuels reproduisaient ceux
de la Nation. Ils étaient rares, pourtant, ceux qui
voulaient s'élever au-dessus de leurs pères : pour
la plupart, il ne s'agissait que d'atteindre l'âge
d'homme; ensuite ils cesseraient de grandir et de
se développer : c'était le monde, autour d'eux, qui
deviendrait spontanément meilleur et plus confortable. Certains d'entre nous attendaient ce moment
dans l'impatience, d'autres dans la peur et d'autres
dans les regrets. Pour moi, avant d'être voué, je
grandissais dans l'indifférence : la robe prétexte,*
je m'en foutais. Mon grand-père me trouvait minuscule et s'en désolait : « Il aura la taille des Sartre »,
disait ma grand-mère pour l'agacer. Il feignait de
ne pas entendre, se plantait devant moi et me
toisait : « Il pousse! » disait-il enfin sans trop de
conviction. Je ne partageais ni ses inquiétudes ni
ses espoirs : les mauvaises herbes poussent, elles
aussi; preuve qu'on peut devenir grand sans cesser
d'être mauvais. Mon problème, alors, c'était d'être
bon *in aeternum.*Tout changea quand ma vie prit
de la vitesse : il ne suffisait plus de bien faire, il

fallait faire *mieux* à toute heure. Je n'eus plus
qu'une loi : grimper. Pour nourrir mes prétentions
et pour en masquer la démesure je recourus à
l'expérience commune : dans les progrès vacillants
de mon enfance je voulus voir les premiers effets
de mon destin. Ces améliorations vraies mais
petites et très ordinaires me donnèrent l'illusion
d'éprouver ma force ascensionnelle. Enfant public,
j'adoptai en public le mythe de ma classe et de ma
génération : on profite de l'acquis, on capitalise
l'expérience, le présent s'enrichit de tout le passé.
Dans la solitude j'étais loin de m'en satisfaire. Je
ne pouvais pas admettre qu'on reçût l'être du
dehors,* qu'il se conservât par inertie ni que les
mouvements de l'âme fussent les effets des mouvements antérieurs. Né d'une attente future je bondissais, lumineux, total et chaque instant répétait
la cérémonie de ma naissance : je voulais voir dans
les affections de mon cœur un crépitement d'étin-
celles. Pourquoi donc le passé m'eût-il enrichi? Il
ne m'avait pas fait, c'était moi, au contraire, ressus-
citant de mes cendres qui arrachais du néant ma
mémoire par une création toujours recommencée.
Je renaissais meilleur et j'utilisais mieux les inertes
réserves de mon âme par la simple raison que la
mort, à chaque fois, plus proche, m'éclairait plus
vivement de son obscure lumière. On me disait
souvent : le passé nous pousse mais j'étais convaincu
que l'avenir me tirait; j'aurais détesté sentir en
moi des forces douces à l'ouvrage, l'épanouissement
lent de mes dispositions. J'avais fourré le progrès
continu des bourgeois dans mon âme et j'en faisais
un moteur à explosion; j'abaissai le passé devant

le présent et celui-ci devant l'avenir, je transformai
un évolutionnisme tranquille en un catastrophisme
révolutionnaire et discontinu. On m'a fait remarquer, il y a quelques années, que les personnages
de mes pièces et de mes romans prennent leurs
décisions brusquement et par crise, qu'il suffit d'un
instant, par exemple, pour que l'Oreste des
Mouches accomplisse sa conversion. Parbleu : c'est
que je les fais à mon image; non point tels que
je suis, sans doute, mais tels que j'ai voulu être.

Je devins traître et je le suis resté. J'ai beau me
mettre entier dans ce que j'entreprends, me donner
sans réserve au travail, à la colère, à l'amitié, dans
un instant je me renierai, je le sais, je le veux et
je me trahis déjà, en pleine passion, par le pressentiment joyeux de ma trahison future. En gros,
je tiens mes engagements comme un autre; constant
dans mes affections et dans ma conduite je suis
infidèle à mes émotions : des monuments, des
tableaux, des paysages, il fut un temps où le dernier
vu était toujours le plus beau; je mécontentais mes
amis en évoquant dans le cynisme ou simplement
dans la légèreté — pour me convaincre que j'en
étais détaché — un souvenir commun qui pouvait
leur rester précieux. Faute de m'aimer assez, j'ai
fui en avant;* résultat : je m'aime encore moins,
cette inexorable progression me disqualifie sans
cesse à mes yeux : hier j'ai mal agi puisque c'était
hier et je pressens aujourd'hui le jugement sévère
que je porterai sur moi demain. Pas de promiscuité,* surtout : je tiens mon passé à distance respectueuse. L'adolescence, l'âge mûr, l'année même
qui vient de s'écouler, ce sera toujours l'Ancien

Régime : le Nouveau s'annonce dans l'heure présente mais n'est jamais institué : demain, on rasera
gratis.*Mes premières années, surtout, je les ai bif-
fées : quand j'ai commencé ce livre, il m'a fallu
beaucoup de temps pour les déchiffrer sous les
ratures. Des amis s'étonnaient, quand j'avais
trente ans : « On dirait que vous n'avez pas eu de
parents. Ni d'enfance. » Et j'avais la sottise d'être
flatté. J'aime et je respecte, pourtant, l'humble et
tenace fidélité que certaines gens — des femmes
surtout — gardent à leurs goûts, à leurs désirs, à
leurs anciennes entreprises, aux fêtes disparues,
j'admire leur volonté de rester les mêmes au milieu
du changement, de sauver leur mémoire, d'emporter dans la mort une première poupée, une dent
de lait, un premier amour. J'en ai connu des
hommes qui ont couché sur le tard avec une
femme vieillie par cette seule raison qu'ils l'avaient
désirée dans leur jeunesse; d'autres gardaient rancune aux morts ou se seraient battus plutôt que
de reconnaître une faute vénielle commise vingt ans
plus tôt. Moi, je ne tiens pas les rancunes et j'avoue
tout, complaisamment : pour l'autocritique, je suis
doué, à la condition qu'on ne prétende pas me
l'imposer. On a fait des misères en 1936, en 1945
au personnage qui portait mon nom : est-ce que
ça me regarde? Je porte à son débit*les affronts
essuyés : cet imbécile ne savait même pas se faire
respecter. Un vieil ami me rencontre; exposé*
d'amertume : il nourrit un grief depuis dix-sept
ans; en une circonstance définie, je l'ai traité sans
égards. Je me rappelle vaguement que je me défendais, à l'époque, en contre-attaquant, que je lui

reprochais sa susceptibilité, sa manie de la persé-
cution, bref que j'avais ma version personnelle de
cet incident : je n'en mets que plus d'empressement
à adopter la sienne; j'abonde en son sens, je m'accable : je me suis comporté en vaniteux, en égoïste,
je n'ai pas de cœur; c'est un massacre joyeux : je
me délecte de ma lucidité; reconnaître mes fautes
avec tant de bonne grâce, c'est me prouver que
je ne pourrais plus les commettre. Le croirait-on?
Ma loyauté, ma généreuse confession ne font qu'ir-
riter le plaignant. Il m'a déjoué, il sait que je me
sers de lui : c'est à moi qu'il en veut, à moi vivant,
présent, passé, *le même* qu'il a toujours connu et
je lui abandonne une dépouille inerte pour le
plaisir de me sentir *un enfant qui vient de naître.*
Je finis par m'emporter à mon tour contre ce
furieux qui déterre les cadavres. Inversement, si
l'on vient à me rappeler quelque circonstance où,
me dit-on, je n'ai pas fait mauvaise figure, je
balaie de la main ce souvenir; on me croit
modeste et c'est tout le contraire : je pense que
je ferais mieux aujourd'hui et *tellement* mieux
demain. Les écrivains d'âge mûr n'aiment pas
qu'on les félicite avec trop de conviction de leur
première œuvre : mais c'est à moi, j'en suis sûr,
que ces compliments-là font le moins de plaisir.
Mon meilleur livre, c'est celui que je suis en train
d'écrire; tout de suite après vient le dernier publié
mais je me prépare, en douce, à bientôt m'en
dégoûter. Que les critiques le trouvent aujourd'hui
mauvais, ils me blesseront peut-être, mais dans
six mois je ne serai pas loin de partager leur avis.
A une condition pourtant : si pauvre et si nul qu'ils

jugent cet ouvrage, je veux qu'ils le mettent au-dessus de tout ce que j'ai fait avant lui; je consens
que le lot soit déprécié en entier pourvu qu'on
maintienne la hiérarchie chronologique, la seule
qui me conserve la chance de faire mieux demain,
après-demain mieux encore et de finir par un chef-
d'œuvre.

Naturellement je ne suis pas dupe : je vois bien
que nous nous répétons. Mais cette connaissance
plus récemment acquise ronge mes vieilles évidences sans les dissiper entièrement. Ma vie a
quelques témoins sourcilleux qui ne me passent
rien; ils me surprennent souvent à retomber dans
les mêmes ornières. Ils me le disent, je les crois
et puis, au dernier moment, je me félicite : hier
j'étais aveugle; mon progrès d'aujourd'hui c'est
d'avoir compris que je ne progresse plus. Quelquefois, c'est moi-même qui suis mon témoin à charge.
Par exemple je m'avise que, deux ans plus tôt, j'ai
écrit une page qui pourrait me servir. Je la cherche
et ne la trouve pas; tant mieux : j'allais, cédant à
la paresse, glisser une vieillerie dans un ouvrage
neuf : j'écris tellement mieux aujourd'hui, je vais
la refaire. Quand j'ai terminé le travail, un hasard
me fait remettre la main sur la page égarée. Stupeur : à quelques virgules près, j'exprimais la
même idée dans les mêmes termes. J'hésite et puis
je jette au panier ce document périmé, je garde la
version nouvelle : elle a je ne sais quoi de supérieur à l'ancienne. En un mot je m'arrange : désabusé, je me truque pour ressentir encore, malgré
le vieillissement qui me délabre, la jeune ivresse
de l'alpiniste.

A dix ans je ne connaissais pas encore mes
manies, mes redites et le doute ne m'effleurait pas :
trottinant, babillant, fasciné par les spectacles de
la rue, je ne cessais de faire peau neuve et j'entendais mes vieilles peaux retomber les unes sur les
autres. Quand je remontais la rue Soufflot, j'éprouvais à chaque enjambée, dans l'éblouissante disparition des vitrines, le mouvement de ma vie, sa loi
et le beau mandat d'être infidèle à tout. Je m'emme-
nais tout entier avec moi. Ma grand-mère veut réas-
sortir son service de table; je l'accompagne dans
un magasin de porcelaines et de verreries; elle
montre une soupière dont le couvercle est surmonté
d'une pomme rouge, des assiettes à fleurs. Ce n'est
pas tout à fait ce qu'elle veut : sur ses assiettes il
y a, naturellement, des fleurs mais aussi des insectes
bruns qui grimpent le long des tiges. La marchande
s'anime à son tour : elle sait très bien ce que veut
la cliente, elle a possédé l'article mais, depuis
trois ans, on ne le fait plus; ce modèle-ci est plus
récent, plus avantageux, et puis, avec ou sans
insectes, des fleurs, n'est-ce pas, sont toujours des
fleurs, personne n'ira chercher, c'est le cas de le
dire, la petite bête.* Ma grand-mère n'est pas de
cet avis, elle insiste : ne pourrait-on pas jeter un
coup d'œil dans la réserve? Ah, dans la réserve, oui,
bien sûr, mais il faudrait du temps et la marchande
est seule : son employé vient de la quitter. On m'a
relégué dans un coin en me recommandant de ne
toucher à rien, on m'oublie, terrorisé par les fragi-
lités qui m'entourent, par des étincellements pous-
siéreux, par le masque de Pascal mort, par un pot
de chambre qui figure la tête du président Fallières.*

Or malgré les apparences, je suis un faux personnage secondaire.* Ainsi, certains auteurs poussent
des « utilités » sur le devant de la scène et présentent leur héros fugitivement en profil perdu.* Le
lecteur ne s'y trompe pas : il a feuilleté le dernier
chapitre pour voir si le roman finissait bien, il sait
que le jeune homme pâle, contre la cheminée, a
trois cent cinquante pages dans le ventre.* Trois cent
cinquante pages d'amour et d'aventures. J'en avais
au moins cinq cents. J'étais le héros d'une longue
histoire qui finissait bien. Cette histoire, j'avais
cessé de me la raconter : à quoi bon? Je me sentais
romanesque, voilà tout. Le temps tirait en arrière*
les vieilles dames perplexes, les fleurs de faïence
et toute la boutique, les jupes noires pâlissaient, les
voix devenaient cotonneuses, j'avais pitié de ma
grand-mère, on ne la reverrait certainement pas
dans la deuxième partie. Pour moi, j'étais le commencement, le milieu et la fin ramassés en un tout
petit garçon déjà vieux, déjà mort, *ici*, dans
l'ombre, entre des piles d'assiettes plus hautes que
lui et *dehors*, très loin, au grand soleil funèbre de
la gloire. J'étais le corpuscule au début de sa trajectoire et le train d'ondes* qui reflue sur lui après
s'être heurté au butoir d'arrivée. Rassemblé, resserré, touchant d'une main ma tombe et de l'autre
mon berceau, je me sentais bref et splendide, un
coup de foudre effacé par les ténèbres.

Pourtant l'ennui ne me quittait pas; parfois discret, parfois écœurant, je cédais à la tentation la
plus fatale quand je ne pouvais plus le supporter :
par impatience Orphée perdit Eurydice;* par impatience, je me perdis souvent. Egaré par le désœu

vrement, il m'arrivait de me retourner sur ma folie
quand il aurait fallu l'ignorer, la maintenir en sous-
main et fixer mon attention sur les objets exté-
rieurs; en ces moments-là, je voulais me *réaliser*
sur-le-champ, embrasser d'un seul coup d'œil la
totalité qui me hantait quand je n'y pensais pas.
Catastrophe! Le progrès, l'optimisme, les trahisons
joyeuses et la finalité secrète,* tout s'effondrait de
ce que j'avais ajouté moi-même à la prédiction de
Mme Picard.* La prédiction demeurait mais que
pouvais-je en faire? A vouloir sauver tous mes instants*cet oracle sans contenu s'interdisait d'en distinguer aucun; l'avenir, d'un seul coup desséché,
n'était plus qu'une carcasse, je retrouvais ma difficulté d'être et je m'apercevais qu'elle ne m'avait
jamais quitté.

Souvenir sans date : je suis assis sur un banc, au
Luxembourg : Anne-Marie m'a prié de me reposer
près d'elle parce que j'étais en nage, pour avoir
trop couru. Tel est du moins l'ordre des causes.
Je m'ennuie tant que j'ai l'arrogance de le ren-
verser : j'ai couru parce qu'il *fallait* que je fusse
en nage pour donner à ma mère l'occasion de me
rappeler. Tout aboutit à ce banc, tout devait y
aboutir. Quel en est le rôle? Je l'ignore et je ne
m'en soucie pas d'abord : de toutes les impressions
qui m'effleurent, pas une ne sera perdue; il y a
un but : je le connaîtrai, mes neveux le connaî-
tront. Je balance mes courtes jambes qui ne
touchent pas terre, je vois passer un homme qui
porte un paquet, une bossue : cela servira. Je me
répète dans l'extase : « Il est de toute importance
que je reste assis. » L'ennui redouble; je ne me

retiens plus de risquer un œil en moi : je ne
demande pas de révélations sensationnelles mais je
voudrais deviner le sens de cette minute, sentir son
urgence, jouir un peu de cette obscure prescience
vitale que je prête à Musset, à Hugo.* Naturellement je n'aperçois que des brumes. La postulation
abstraite de ma nécessité et l'intuition brute de
mon existence* subsistent côte à côte sans se
combattre ni se confondre. Je ne songe plus qu'à
me fuir, qu'à retrouver la sourde vitesse qui m'emportait : en vain; le charme est rompu. J'ai des
fourmis dans les jarrets, je me tortille. Fort à
propos le Ciel me charge d'une mission nouvelle :
il est de toute importance que je me remette à
courir. Je saute sur mes pieds, je file ventre à terre;
au bout de l'allée je me retourne : rien n'a bougé,
rien ne s'est produit. Je me cache ma déception par
des paroles : dans une chambre meublée d'Aurillac,
je l'affirme, aux environs de 1945, cette course aura
d'inappréciables conséquences. Je me déclare
comblé, je m'exalte; pour forcer la main du Saint-
Esprit,* je lui fais le coup de la confiance :* je jure
dans la frénésie de mériter la chance qu'il m'a
donnée. Tout est à fleur de peau, tout est joué sur
les nerfs et je le sais. Déjà ma mère fond sur moi,
voici le jersey de laine, le cache-nez, le paletot : je
me laisse envelopper, je suis un paquet. Il faut
encore subir la rue Soufflot, les moustaches du
concierge, M. Trigon, les toussotements de l'ascenseur hydraulique. Enfin le petit prétendant calamiteux* se retrouve dans la bibliothèque, traîne
d'une chaise à l'autre, feuillette des livres et les
rejette; je m'approche de la fenêtre, j'avise une

mouche sous le rideau, je la coince dans un piège
de mousseline et dirige vers elle un index meurtrier. Ce moment-ci est hors programme, extrait du
temps commun, mis à part, incomparable, immobile, rien n'en sortira ce soir ni plus tard : Aurillac
ignorera toujours*cette éternité trouble. L'Humanité sommeille; quant à l'illustre écrivain — un
saint, celui-là, qui ne ferait pas de mal à une
mouche —, il est justement de sortie.*Seul et sans
avenir dans une minute croupie, un enfant demande
des sensations fortes à l'assassinat; puisqu'on me
refuse un destin d'homme, je serai le destin d'une
mouche. Je ne me presse pas, je lui laisse le loisir
de deviner le géant qui se penche sur elle : j'avance
le doigt, elle éclate, je suis joué!*Il ne fallait pas
la tuer, bon Dieu! De toute la création, c'était le
seul être qui me craignait; je ne compte plus pour
personne. Insecticide, je prends la place de la victime et deviens insecte à mon tour. Je suis mouche,
je l'ai toujours été. Cette fois j'ai touché le fond.
Il ne me reste plus qu'à prendre sur la table *Les
Aventures du Capitaine Corcoran*, qu'à me laisser
tomber sur le tapis, ouvrant au hasard le livre
cent fois relu; je suis si las, si triste que je ne sens
plus mes nerfs et que, dès la première ligne, je
m'oublie. Corcoran fait des battues dans la bibliothèque déserte, sa carabine sous le bras, sa tigresse
sur les talons; les fourrés de la jungle se disposent
hâtivement autour d'eux; au loin j'ai planté des
arbres, les singes sautent de branche en branche.
Tout à coup Louison, la tigresse, se met à gronder,
Corcoran s'immobilise : voilà l'ennemi. C'est ce
moment palpitant que ma gloire choisit pour

réintégrer son domicile, l'Humanité pour se réveil-
ler en sursaut et m'appeler à son secours, le
Saint-Esprit pour me chuchoter ces mots boulever-
sants : « Tu ne me chercherais pas si tu ne m'avais
trouvé. » Ces flatteries seront perdues : il n'y a personne ici pour les entendre sauf le valeureux Corcoran. Comme s'il n'eût attendu que cette décla-
ration, l'Illustre Ecrivain fait sa rentrée; un arrière-
neveu penche sa tête blonde sur l'histoire de ma
vie, les pleurs lui mouillent les yeux, l'avenir se
lève, un amour infini m'enveloppe, des lumières
tournent dans mon cœur; je ne bouge pas, je ne
donne pas un regard à la fête. Je poursuis bien
sagement ma lecture, les lumières finissent par
s'éteindre, je ne sens plus rien sauf un rythme, une
impulsion irrésistible, je démarre, j'ai démarré,
j'avance, le moteur ronfle. J'éprouve la vitesse de
mon âme.

Voilà mon commencement : je fuyais, des forces
extérieures ont modelé ma fuite et m'ont fait. A
travers une conception périmée de la culture, la
religion transparaissait, qui servit de maquette :
enfantine, rien n'est plus proche d'un enfant. On
m'enseignait l'Histoire Sainte, l'Evangile, le caté-
chisme sans me donner les moyens de croire : le
résultat fut un désordre qui devint mon ordre par-
ticulier. Il y eut des plissements, un déplacement
considérable; prélevé sur le catholicisme, le sacré
se déposa dans les Belles-Lettres et l'homme de
plume apparut, *ersatz* du chrétien que je ne pou-

vais être : sa seule affaire était le salut, son séjour
ici-bas n'avait d'autre but que de lui faire mériter
la béatitude posthume par des épreuves dignement
supportées. Le trépas se réduisit à un rite de passage et l'immortalité terrestre s'offrit comme sub-
stitut de la vie éternelle. Pour m'assurer que
l'espèce humaine me perpétuerait on convint dans
ma tête qu'elle ne finirait pas. M'éteindre en elle,*
c'était naître et devenir infini mais si l'on émettait
devant moi l'hypothèse qu'un cataclysme pût un
jour détruire la planète, fût-ce dans cinquante
mille ans, je m'épouvantais; aujourd'hui encore,
désenchanté, je ne peux penser sans crainte au
refroidissement du soleil : que mes congénères
m'oublient au lendemain de mon enterrement, peu
m'importe; tant qu'ils vivront je les hanterai,
insaisissable, innommé, présent en chacun comme
sont en moi les milliards de trépassés que j'ignore
et que je préserve de l'anéantissement; mais que
l'humanité vienne à disparaître, elle tuera ses morts
pour de bon.

Le mythe était fort simple et je le digérai sans
peine. Protestant et catholique, ma double appar-
tenance confessionnelle me retenait de croire aux
Saints, à la Vierge et finalement à Dieu tant qu'on
les appelait par leur nom. Mais une énorme puissance collective m'avait pénétré; établie dans mon
cœur, elle guettait, c'était la Foi des autres; il
suffit de débaptiser et de modifier en surface son
objet ordinaire : elle le reconnut sous les déguisements qui me trompaient, se jeta sur lui, l'enserra
dans ses griffes. Je pensais me donner à la Littérature quand, en vérité, j'entrais dans les ordres. En

moi la certitude du croyant le plus humble devint
l'orgueilleuse évidence de ma prédestination. Prédestiné, pourquoi pas? Tout chrétien n'est-il pas
un élu? Je poussais, herbe folle, sur le terreau
de la catholicité, mes racines en pompaient les sucs
et j'en faisais ma sève. De là vint cet aveuglement
lucide dont j'ai souffert trente années. Un matin,
en 1917,* à La Rochelle, j'attendais des camarades
qui devaient m'accompagner au lycée; ils tardaient,
bientôt je ne sus plus qu'inventer pour me distraire
et je décidai de penser au Tout-Puissant. A l'instant il dégringola dans l'azur et disparut sans donner d'explication : il n'existe pas, me dis-je avec
un étonnement de politesse et je crus l'affaire
réglée. D'une certaine manière elle l'était puisque
jamais, depuis, je n'ai eu la moindre tentation de
le ressusciter. Mais l'Autre restait, l'Invisible, le
Saint-Esprit, celui qui garantissait mon mandat et
régentait ma vie par de grandes forces anonymes et
sacrées. De celui-là, j'eus d'autant plus de peine à
me délivrer qu'il s'était installé à l'arrière de ma
tête dans les notions trafiquées dont j'usais pour me
comprendre, me situer et me justifier. Ecrire, ce fut
longtemps demander à la Mort, à la Religion sous un
masque d'arracher ma vie au hasard. Je fus d'Eglise.*
Militant, je voulus me sauver par les œuvres; mystique, je tentai de dévoiler le silence de l'être par
un bruissement contrarié de mots et, surtout, je
confondis les choses avec leurs noms : c'est croire.
J'avais la berlue. Tant qu'elle dura, je me tins pour
tiré d'affaire. Je réussis à trente ans ce beau coup :
d'écrire dans *La Nausée* — bien sincèrement, on
peut me croire — l'existence injustifiée, saumâtre

de mes congénères et mettre la mienne hors de
cause. *J'étais* Roquentin,*je montrais en lui, sans
complaisance, la trame de ma vie; en même temps
j'étais *moi*, l'élu, annaliste*des enfers, photomicro-
scope de verre et d'acier penché sur mes propres
sirops protoplasmiques. Plus tard j'exposai gaîment
que l'homme est impossible;*impossible moi-même
je ne différais des autres que par le seul mandat
de manifester cette impossibilité qui, du coup, se
transfigurait, devenait ma possibilité la plus intime,
l'objet de ma mission, le tremplin de ma gloire.
J'étais prisonnier de ces évidences mais je ne les
voyais pas : je voyais le monde à travers elle.
Truqué jusqu'à l'os et mystifié, j'écrivais joyeusement sur notre malheureuse condition.*Dogmatique
je doutais de tout sauf d'être l'élu du doute; je réta-
blissais d'une main ce que je détruisais de l'autre
et je tenais l'inquiétude pour la garantie de ma
sécurité; j'étais heureux.

J'ai changé. Je raconterai plus tard*quels acides
ont rongé les transparences déformantes qui m'enveloppaient, quand et comment j'ai fait l'apprentissage de la violence, découvert ma laideur*— qui
fut pendant longtemps mon principe négatif, la
chaux vive où l'enfant merveilleux s'est dissous —
par quelle raison je fus amené à penser systématiquement contre moi-même*au point de mesurer
l'évidence d'une idée au déplaisir qu'elle me causait. L'illusion rétrospective*est en miettes; martyre, salut, immortalité, tout se délabre, l'édifice
tombe en ruine, j'ai pincé le Saint-Esprit dans les
caves et je l'en ai expulsé; l'athéisme*est une entreprise cruelle et de longue haleine : je crois l'avoir

menée jusqu'au bout. Je vois clair, je suis désabusé, je connais mes vraies tâches, je mérite sûrement un prix de civisme; depuis à peu près dix ans*je suis un homme qui s'éveille, guéri d'une longue, amère et douce folie et qui n'en revient pas et qui ne peut se rappeler sans rire ses anciens erre- ments et qui ne sait plus que faire de sa vie.* Je suis redevenu le voyageur sans billet*que j'étais à sept ans : le contrôleur est entré dans mon compar- timent, il me regarde, moins sévère qu'autrefois : en fait il ne demande qu'à s'en aller, qu'à me laisser finir le voyage en paix; que je lui donne une excuse valable, n'importe laquelle, il s'en contentera. Malheureusement je n'en trouve aucune et, d'ailleurs, je n'ai même pas l'envie d'en chercher : nous resterons en tête à tête, dans le malaise, jusqu'à Dijon où je sais fort bien que personne ne m'attend.

J'ai désinvesti mais je n'ai pas défroqué :*j'écris toujours. Que faire d'autre?

*Nulla dies sine linea.**

C'est mon habitude et puis c'est mon métier. Long- temps j'ai pris ma plume pour une épée : à présent je connais notre impuissance. N'importe : je fais, je ferai des livres; il en faut; cela sert tout de même. La culture ne sauve rien ni personne,*elle ne justifie pas. Mais c'est un produit de l'homme : il s'y projette, s'y reconnaît; seul, ce miroir critique lui offre son image. Du reste, ce vieux bâtiment ruineux, mon imposture, c'est aussi mon carac- tère*: on se défait d'une névrose, on ne se guérit pas de soi. Usés, effacés, humiliés, rencoignés,* passés sous silence, tous les traits de l'enfant sont restés*

chez le quinquagénaire. La plupart du temps ils
s'aplatissent dans l'ombre, ils guettent : au premier
instant d'inattention, ils relèvent la tête et pénètrent
dans le plein jour sous un déguisement : je prétends
sincèrement n'écrire que pour mon temps mais je
m'agace de ma notoriété présente : ce n'est pas la
gloire puisque je vis et cela suffit pourtant à
démentir mes vieux rêves, serait-ce que je les
nourris encore secrètement? Pas tout à fait : je les
ai, je crois, adaptés : puisque j'ai perdu mes chances
de mourir inconnu, je me flatte quelquefois de vivre
méconnu. Grisélidis pas morte. Pardaillan m'habite
encore. Et Strogoff.* Je ne relève que d'eux qui ne
relèvent que de Dieu et je ne crois pas en Dieu.
Allez vous y reconnaître.* Pour ma part, je ne m'y
reconnais pas et je me demande parfois si je ne joue
pas à qui perd gagne* et ne m'applique à piétiner
mes espoirs d'autrefois pour que tout me soit rendu
au centuple. En ce cas je serais Philoctète :* magnifique et puant, cet infirme a donné jusqu'à son arc
sans condition : mais, souterrainement, on peut
être sûr qu'il attend sa récompense.

Laissons cela. Mamie dirait :

« Glissez, mortels, n'appuyez pas. »*

Ce que j'aime en ma folie, c'est qu'elle m'a
protégé, du premier jour, contre les séductions
de « l'élite » : jamais je ne me suis cru l'heureux
propriétaire d'un « talent » : ma seule affaire
était de me sauver — rien dans les mains, rien
dans les poches — par le travail et la foi.* Du
coup ma pure option ne m'élevait au-dessus de
personne : sans équipement, sans outillage je me
suis mis tout entier à l'œuvre pour me sauver tout

entier. Si je range l'impossible Salut au magasin des accessoires,*que reste-t-il? Tout un homme, fait de tous les hommes et qui les vaut tous et que vaut n'importe qui.

NOTES TO THE TEXT

These notes are primarily intended to explain cultural references and to draw attention to words and phrases used by Sartre in an unusual or particular way. In addition students are recommended to consult the Collins-Robert dictionary.

For names of members of the Schweitzer/Sartre family, see the Genealogical table on p. xxii.

Page
  3 **Alsace:** After the Franco-Prussian war of 1870–1, most of Alsace (and of Lorraine) became, until 1918, part of the new German Empire; many inhabitants moved to France (to Paris, in particular) in order to retain their French citizenship.
  défroqué: having given up his vocation as a teacher.
  Charles: see note to p. 25.
  Albert Schweitzer: musician (he published a book on Bach in 1905), pastor and doctor, awarded the Nobel Peace Prize in 1952 for his work at the Lambarene hospital in Africa (Gabon), which he had set up in 1913.

Page

4 **Il soutint une thèse:** He defended a thesis (for a
higher degree).

Hans Sachs: German poet, singer and musician
(1494–1576), hero of Wagner's opera *Die Meister-
singer von Nürnberg.*

M. Simonnot: see p. 72.

Deutsches Lesebuch: German reader; Charles
Schweitzer's German textbook was widely used in
France at the time when Sartre was a child.

Mâcon, Lyon, Paris: indicating the normal course of
promotion in the French teaching profession: from
small to large towns and eventually to Paris.

un tirage à part: being published afterwards.

5 **pensait droit et mal, ... pensait bien et de
travers:** 'Penser bien' means to hold orthodox opinions
(on life, religion or politics), hence 'penser mal' means
the opposite; Sartre is also contrasting the directness of
Louise's thinking with the unsound nature of Charles's.

Cette réaliste si fine, ... spiritualistes grossiers:
Louise is down to earth but subtle, while Charles and
his family are vaguely religious but coarse.

voltairienne: scornful of metaphysics and religiosity,
and violently hostile to the spiritual and temporal power
of the Roman Catholic church (in the tradition of
Voltaire).

Naturalistes et puritains: firmly rooted in the physical realities of life, but regarding them as inferior to
the world of the spirit.

les mots couverts: euphemisms.

Glissez, mortels, n'appuyez pas!: These words, from
a poem by Pierre-Charles Roy (1683–1764), are now
proverbial.

de neige: cold, hard-hearted.

6 **Polytechnique:** Founded in 1794 and reorganized by

Page

 Napoleon on military lines, l'Ecole polytechnique trains engineers and officers. Entrance is by competitive examination after two years' post-baccalauréat study.

7 **un médecin de campagne:** Sartre's paternal grandfather.

8 **les zouaves:** French infantry corps, originally set up in Algeria in 1830.

 Navale: Founded in 1830 in Brest, l'Ecole navale trains officers for the French Navy.

 Cochinchine: the southern part (around Saigon) of Indo-China (a French colony from 1887 to 1954).

 des noces de sang: the wedding night for a virgin bride.

9 **n'avait pas fait d'usage:** hadn't lasted long enough, had worn out too quickly.

 la longue Ariane: According to Greek myth, Ariadne gave Theseus a thread with which to find his way back out of the labyrinth, after he had killed the Minotaur. The idea here is that Anne-Marie finds her own way back, through the labyrinth of marriage, motherhood and widowhood, to her parents.

 tout le monde fut parfait: everyone behaved impeccably (towards Anne-Marie).

 reprit du service: went back to teaching.

10 **majordome:** head servant.

 une vierge avec tache: Sartre stands the usual expression ('une vie, une femme, etc., sans tache') on its head: Anne-Marie has the worst of both worlds!

11 **qu'on n'en tienne pas grief aux hommes:** one should not blame men for this.

 Eût-il vécu: If he had lived (longer).

 Enées ... Anchises: In Virgil's poem the *Aeneid*, based on Homer, Aeneas carried his father Anchises on his shoulders from the burning city of Troy to safety.

Page

je n'ai pas de Sur-moi: In Freudian psychology the Superego is generally understood as the internalized voice, figure and attitude of the father, shaping the child's interpretation of life and living on in the adult's character. This influence may be exercised deliberately or involuntarily, and accepted or rejected by the child. Sartre is claiming here that he was spared this source of internal conflict.

12 **mourir à ses torts:** He put himself in the wrong by dying, as if he had abandoned his family (cf. *en filant à l'anglaise*, six lines later).

tout un homme: cf. the last sentence of *Les Mots*, p. 213.

Le Dantec: biologist and philosopher (1869–1917). Weber's book, mentioned in the next line, appeared in 1903: an example of the contemporary vogue for 'scientific' philosophies.

le Masque de fer: a mysterious figure, imprisoned in the château d'If and the Bastille from 1679 until his death in 1703.

le Chevalier d'Eon: a secret agent for Louis XV: he often appeared disguised as a woman (1728–1810).

14 **le patriarche:** Charles.

septembre 1914, ... le communiqué de la Marne: In the second month of the First World War, the French forces under Joffre successfully halted and reversed the German advance across the Marne; Joffre announced this victory in a famous bulletin.

15 **un fief du soleil:** because he belonged to no one on earth.

le Dieu d'Amour: the God of the New Testament as opposed to the Old Testament Lawgiver.

Victor Hugo: In the last decade of his life Hugo (1802–85) was the venerated patriarch of literature; in

Page

1877 he published a collection of poems entitled *L'Art d'être grand-père*.

16 **ce vieux républicain d'Empire:** Charles was brought up during the Second Empire (Napoléon III, 1852–70) but lived his adult life under the Third Republic.

l'histoire bourgeoise: history seen from a nineteenth-century bourgeois standpoint.

un joli groupe de Saxe: like a set of figurines in Dresden china.

17 **des traverses:** obstacles.

un 'Œdipe' fort incomplet: In Freudian psychology the Oedipus complex arises from the male infant's desire to kill the father out of jealousy for the mother. The way the child resolves this conflict is seen to be crucial for his future development. Sartre is saying that he was spared this conflict, since *Ma mère était à moi* (two lines later).

18 **ces dames:** the ladies, i.e. Louise and Anne-Marie.

c'est le cas: now's the time.

le prie-Dieu: prayer stool.

'Badaboum!': 'Crash! Bang!'

19 **je suis rose et blond, avec des boucles:** see note to p. 84.

le lac de Genève: generally referred to in French as 'le lac Léman'.

Henri Bergson: French philosopher (1859–1941). His ideas, which gave a prominent place to the role of intuition, aroused a wide interest in the first decades of this century.

20 **les pythies:** women who make prophecies. Pythia was the name given to each of the women who made prophecies at the oracle of Apollo in Delphi. Sartre's assertion ('toutes les pythies sont des mortes') is unfounded.

Page

   le discours tremblant: the emotional language which is to be found on each tombstone.

21 **Polonius:** Sartre scathingly chooses a dog with the name of the bumbling old man in Shakespeare's *Hamlet*.

   un caniche d'avenir: a poodle with a future. This is a many-sided pun, drawing on the ideas expressed in the two preceding paragraphs.

   sans y toucher: naturally, effortlessly, in all innocence.

   de confiance: on trust.

22 **l'acte d'éminente bonté:** refers to his mother's kindness in giving birth to him.

   si je mange *bien*: if I eat a lot.

23 **je pense bien:** see note to p. 5.

   Petit-fils de clerc: not strictly accurate since grandfather Charles had refused to become a minister, though his brother Louis did. See p. 3.

   dont il convient qu'ils soient dupes: which it is right they should be taken in by.

24 **pasquin:** buffoon (theatrical figure: a cheeky valet).

25 **c'était 'l'Esprit qui toujours nie':** she was contradiction personified. The quotation is from Mephistopheles' description of himself in Goethe's *Faust*.

   saint Michel . . . l'Esprit malin: In christian mythology the archangel Michael led the fight against Satan.

   son prénom alsacien, Karl: In the course of *Les Mots* Sartre refers to his grandfather as 'Charles', 'Charles Schweitzer' or 'Karl', depending on the context: 'Charles' in everyday family life, 'Charles Schweitzer' for the public figure and 'Karl' in his relations with his grandson.

   Philémon et Baucis: In Greek mythology these two characters are symbols of conjugal love and devotion.

Page

peccamineuse: sinful.

26 **Hansi:** a writer who caricatured the German occupiers of his native Alsace (1873–1951).

Y songes-tu?: You're not serious, are you?

ne lui vaut rien: isn't good for him.

27 **une pointe délicate:** a gentle hint.

rue Le Goff: in the Latin Quarter between the Panthéon and the Jardin du Luxembourg.

28 **de la tisane de:** cheap, mediocre.

'Charlotte ... Werther': the two young lovers in Goethe's Romantic novel *The Sorrows of Young Werther* (1774).

29 **C'était bien fait:** This was just as well.

30 **un cabinet de lecture:** a (private) lending-library.

31 **elles faisaient l'objet d'un culte mineur:** means that they were worshipped (as books) but not worthy of the 'religion' established by Karl.

'tu lis par-dedans!': you haven't started at the beginning!

32 *Deutsches Lesebuch:* see note to p. 4.

34 **pour disparaître dans un effilochement mélodieux:** dying away in musical wisps of sound.

baissa les paupières, s'endormit: The child believes his mother has gone to sleep.

35 **Quelqu'un se mit à poser des questions ... Il me sembla qu'on interrogeait un enfant...:** Jean-Paul feels estranged by the impersonal nature of the questions which accompany the text in the story-book his mother reads him.

36 *Tribulations d'un Chinois en Chine:* a novel by Jules Verne, published in 1879.

Sans Famille: a famous story (1878) for children by the novelist and critic Hector Malot (1830–1907).

ces voix séchées dans leurs petits herbiers: The

Page

    lines of print stand for people's voices, pressed like dried flowers between the pages of a book.

37 **Fontenelle:** (1657–1757) playwright, philosopher and secretary of the Académie française for over forty years.

    Aristophane: (*c*.445–*c*.386 BC) Greek satirical dramatist.

    Rabelais: (*c*.1494–1553) one of the great figures of the French Renaissance, best known for his racy and imaginative *Gargantua* (1534) and *Pantagruel* (1532).

    'Héautontimorouménos': the man who punishes himself. This play by Terence (*c*.190–158 BC) was widely read and translated after the Renaissance.

38 **Apocope, Chiasme, Parangon:** To the child, these strange words seemed to be 'names', as exotic and mysterious as 'Cafres' (the arabic word for black Africans).

    j'y dénichais les vrais oiseaux: In the rest of this paragraph Sartre develops the idea that as a child he came to see the world of books as more real than the world outside.

39 **Jardin du Luxembourg:** The grounds of the Palais du Luxembourg, seat of the French Senate, are a favourite playground for small children, watched over by mother, nanny or *au pair* girl, and for students from the nearby Latin Quarter.

    Platonicien: Plato held that the objects of the real world were only approximations to their ideal equivalent in the world of Forms.

    maniérisme de l'âme: affectation in thought rather than in gesture.

40 **Brutus . . . Mateo Falcone:** Lucius Junius Brutus, one of the first consuls of the early Roman republic, had his two sons executed for conspiracy; Mateo Falcone, in the

Page

story (1829) of the same name by Mérimée (1803–70), kills his dishonoured son.

41 **Horace, ... Camille:** In Corneille's play *Horace* (1640) Horace kills his sister Camille for infidelity to Rome.

Dérivation: Displacement; that is, the transference of the boy's desire for his mother to an imaginary 'sister'.

42 **sororicide:** someone who has killed his sister (cf. *fratricide*).

Madame Bovary: Flaubert's novel (1857), a masterpiece of style, recounts the disillusions and daydreams of Emma Bovary in her marriage to Charles, a country doctor, and in her affairs with Rodolphe (a landowner) and Léon (a lawyer's clerk); finally, she poisons herself and her husband dies.

des traces de ce fantasme: This fantasy also appears in Sartre's story 'Intimité', during Lulu's reverie as she lies beside her inert husband Henri: 'Je voudrais connaître un beau jeune homme, pur comme une fille, et nous ne nous toucherions pas . . . et la nuit nous coucherions dans deux lits jumeaux, nous resterions comme frère et sœur et nous parlerions jusqu'au matin' (*Le Mur*, p. 114).

43 **pourquoi le docteur l'ouvrait-il?:** a reference to the post-mortem examination which is carried out on Charles Bovary.

44 **'tu t'arraches les yeux':** you're ruining your eyesight.

pasquin: see note to p. 24.

affranchir: probably a play on the figurative and the slang meanings of the word: 'to set free' and 'to put in the picture'.

'A cheval sur mon bidet . . .': a French nursery equivalent to 'Ride a cock horse . . .'

Page

de scandale: because of the 'daring' last word in the rhyme.

'Je suis homme . . .': direct translation of a line from Terence's *Héautontimorouménos:* see note to p. 37.

comme Platon fit du poète . . .: Plato found no place for the poet in his ideal Republic.

45 **en sifflant:** a sign by Karl to express amazement.

'Les Schweitzer sont nés musiciens': cf. 'Tout le monde était musicien dans ma famille . . . et j'ai vécu toute mon enfance dans une atmosphère musicale' ('Autoportrait à 70 ans' in *Situations X*, pp. 167–8).

46 **Victor Hugo:** Many of Hugo's poems convey a sense of mystery and wonder in the phenomena of Nature. Sartre's sardonic reference to Hugo's 'inspiration' is in keeping with the tone of this paragraph, which is an ironic parody of the nineteenth century's love of Abstraction and Capital Letters, expressed through the speech of Karl.

je vivais sur le toit du monde, au sixième étage . . . J'allais, je venais sur le balcon: In Sartre's story 'Erostrate' the solitary central character says: 'Au balcon d'un sixième: c'est là que j'aurais dû passer toute ma vie' (*Le Mur*, p. 81).

cella . . . pronaos: Latin and Greek words respectively for the place where the statue of a God stood, and the space nearest the entrance in a temple.

je prêtais ma guenille aux basses contrées: I condescended to frequent these lowly places; *guenille*, 'a rag', acquired the meaning of 'the body' in an exchange between the blue-stocking Philaminte ('Le corps, cette guenille, est-il d'une importance . . .?) and her down-to-earth husband Chrysale ('Guenille si l'on veut, ma guenille m'est chère') in Molière's *Les Femmes savantes* (1672).

Page

47 **Enfant, eussé-je voulu . . .:** 'If I had sought, while
still a child . . .' The paragraph is divided into three
stages, marked by *'Enfant . . .'*, *'Plus tard . . .'*, *'Pour
finir . . .'*. Most of this paragraph suffers from the very
abstraction satirized on p. 46.

48 **ludion:** a small figurine which, placed in water, rises
or falls with a decrease or an increase in pressure.

dans notre partie: in our line of business (as writers).

Hésiode: eighth-century BC poet, considered by the
Greeks to be the equal of Homer.

Anatole France: (1844–1924) a staunch Republican
whose historical and social novels are steeped in irony
and scepticism.

Courteline: (1858–1929) writer of stories and of
often bitterly satirical comedies.

luthérien: a protestant who professes the Lutheran
religion, after Martin Luther (1483–1546), leader of
the Reformation in Germany.

cavalière: unsentimental, objective.

49 **la première révolution russe:** the revolution of
1905.

Mallarmé: (1842–98) Poet and teacher of English;
Sartre admired his commitment to literature.

Daniel de Fontanin: one of the young heroes of
Martin du Gard's cycle of novels, *Les Thibault* (1922–
40), set in the first twenty years of this century.

Les Nourritures terrestres: (1897) An early and in-
fluential work by André Gide (1869–1951): a fervid,
lyrical prose poem urging the young Nathanael to
cultivate and enjoy his ability to taste the 'fruits of the
earth'.

sous Louis-Philippe: during the 'July Monarchy'
(1830–48).

50 **entoilé:** bound in cloth.

Page

le multiple: because he wrote poems, novels and essays.

Chateaubriand: (1768–1848) Ultra-royalist writer, one of the leading lights of French romanticism.

51 **Charles Quint:** (1500–58) Holy Roman Emperor from 1519–56. He commissioned several works from the Italian painter Titian (*c.*1490–1576).

Maupassant ... élèves allemands: Sartre's intention may be ironic here since many of Maupassant's stories show the victorious Prussians of 1870–1 in a comic light. There is further irony in placing the prolific genius of Goethe 'just ahead' of the worthy but limited output of the Swiss writer Gottfried Keller (1819–90).

les morceaux choisis: Foreign literature is traditionally taught in French schools through the study of extracts from a wide range of authors rather than complete texts. The book of *Lectures* referred to two lines later is one such collection of extracts.

attendait ... son bon plaisir: i.e. remained unread.

52 **Mérimée:** (1803–70) Many of his stories have a Mediterranean setting: *Colomba* (1840), *Carmen* (1845), *Mateo Falcone* (1829).

Cours Moyen: Intermediate level.

l'Institut: L'Institut des Langues Vivantes (see the description on p. 27).

deux Yseut: In the medieval legend Tristan falls in love with one Isolde and marries another.

53 **je les tirais du néant pour les y replonger:** The dead authors of these books are brought back to life when the child reads them and are returned to nothingness when he closes the book. The idea that existence is conferred on people and things by being perceived is commonplace in Sartre's thought and works.

ces hommes-troncs: a summary of the image found in

Page

'découper en tranches' (pp. 51–2) and 'tronçonner les morts' (p. 53).

Théodore cherche des allumettes: a play by Courteline (1897).

J'écrivis: Jean-Paul's letter was addressed to 'Monsieur Courteline, Homme de lettres' and reads as follows:

> Cher Monsieur Courteline
>
> Grand-père m'a dit qu'on vous a donné une grande décoration cela me fai bien plaisir quart je rit bien en lisant Théodore et Phanthéon Courcelle qui passe devant chez nous. J'ai aussi esseyé de traduire Théodore avec ma bonne allemande mais ma pauvre nina ne comprnait pas le sence de la plaisentrie
>
> Votre futur ami (bonne année)
>
> Jean-Paul Sartre 6 ans ½
>
> (*Les Ecrits de Sartre*, p. 225)

54 **quand le diable y serait:** even if the devil himself were there.

Labadens: This name of a character in a comedy by Labiche (1815–88) came to mean 'an old school friend'.

l'humanisme de Karl, cet humanisme de prélat: Humanism is commonly seen as the study of man, as opposed to abstract ideas, with as its prime object the development of man's qualities. The suggestion here is that Karl's 'humanism' was in fact élitist, admitting only a minority to the elevated rank of 'men'.

je porte deux fois leur deuil: once, for their fall from eminence, and once for himself, who saw himself as their equal.

Les actes ... des gestes: The distinction is between things one does sincerely, spontaneously, in response to

Page

one's own conscious or unconscious wishes and things one does for the sake of appearances in order to conform or comply with other people's wishes. See also p. 67, *je sentais mes actes se changer en gestes.*

55 **la Salamandre:** a slow-burning stove, with transparent mica panels in the door.

la possession: 'bewitchment'. An ironic counterpart to the religious imagery previously used to describe his inspiration (*état de grâce*, p. 55).

eau rougie: water coloured by a few drops of wine.

en gésine: in labour.

56 **'le Chinois en Chine':** see note to p. 36.

Musset: The Romantic poet and playwright, Alfred de Musset (1810–57), was probably frowned on by Karl and so Jean-Paul hastily reaches down something more respectable (Corneille's works).

Rodelinde . . . Agésilas: these are all characters from plays by Pierre Corneille (1606–84).

le Cid . . . Cinna: eponymous characters of two of Corneille's best-known plays.

57 **mes petits amis:** cf. *mes premiers amis* (p. 50) and *mes petits camarades* (p. 52).

à l'angle du boulevard Saint-Michel et de la rue Soufflot: situated in the Latin Quarter near the Sorbonne and the Panthéon.

Cri-Cri, L'Epatant, Les Vacances: children's weeklies.

58 *Les Trois Boy-scouts . . . Le Tour du Monde en Aéroplane:* children's adventure stories published in serial form around 1913.

mes amis Rabelais et Vigny: The use of the term 'mes amis' (see note to p. 57) now underlines Jean-Paul's betrayal of his hitherto favourite authors.

Ma mère se mit en quête . . .: Anne-Marie is con-

Page

cerned that Jean-Paul is not having a 'normal' childhood, as far as reading-matter is concerned.

Les Enfants du Capitaine Grant . . .: As he gets
older, Jean-Paul progresses to novels by Jules Verne,
Fenimore Cooper, Charles Dickens and Paul d'Ivoi in
turn.

la collection Hetzel: a series of books brought out by
Hetzel who published the works of Jules Verne and
Victor Hugo.

poussière de soleil: gilt edging.

Chateaubriand: see note to p. 50. It is becoming clear
that he is not Sartre's favourite author!

de mon abolition: The phrase picks up the idea of
mourir in the previous phrase: cf. English 'lost' (or even
'buried') in a book.

Aouda . . . Philéas Fogg: heroine and hero of Jules
Verne's novel *Le Tour du monde en 80 jours* (1873).

la petite merveille: i.e. Jean-Paul.

59 **Gustave Doré:** (1833–83) imaginative illustrator of
the works of numerous French and foreign literary
'classics'.

60 **fantasmagorie:** an image or element from one's
private fantasy-world.

Pythonisse: see note to p. 20.

Eliacin: a name under which Joas, heir to David, is
brought up secretly in the Temple by the high priest
Joad in Racine's tragedy *Athalie* (1691).

61 **'Série Noire':** a popular series of crime thrillers published by Gallimard.

Wittgenstein: (1889–1951) Austrian logician and
philosopher.

Lycée Montaigne: This school is situated on the edge
of the Latin Quarter overlooking the Jardin du Luxembourg.

Page

donna les mains à tout: did everything that was necessary.

en huitième: equivalent to the English 'third year junior class'.

la première dictée: Traditionally in French schools, dictation holds a central place in the teaching of French at both primary and secondary levels.

'le lapen çovache ...': Jean-Paul's spelling is phonetically correct, apart from the 'ch' in 'sauvage', which may owe something to his Alsatian origins.

en dixième préparatoire: the class which is two years below the *huitième*.

62 **devenir vrai:** By taking his place amongst other children of his age, Jean-Paul would have entered the 'real' world. The idea that one finds the truth about oneself only amongst others is a familiar one in Sartre's works.

Vincent Auriol: (1884–1966) President of the Fourth Republic from 1947–54.

frère Trois-Points: a freemason (used here pejoratively); cf. the reference, three lines later, to *le triangle maçonnique*.

64 **Ce cafard ... un claironnement noir:** The rude word seems like a cockroach, ready to leap down Jean-Paul's throat and turn into a sinister, strident sound.

je ne faisais qu'en augurer le sens: I had only a vague idea of what it meant.

65 **les bons points:** cf. the 'stars' awarded in English primary schools.

notre académie de prodiges ... trente académiciens: note the build-up of irony here.

66 **Cet homme juste:** The rest of the sentence reveals the sarcasm in this phrase.

Absents, ils laissaient derrière eux leur regard ...: In these lines Sartre is saying that even when the

Page

adults were not there he kept up the role he played in their presence, as if each adult were still able to follow his thoughts (*chacun pouvait suivre leur manège*, p. 67). What spoilt everything was that he could never forget that it was only a game (*Comment jouer la comédie sans savoir qu'on la joue?* p. 67); he knew that every aspect of the 'character' he had composed for himself was false (*Elles se dénonçaient d'elles-mêmes*, p. 67), inexplicably and inescapably unreal (*par un défaut d'être*, p. 67).

67 **mon importance désœuvrée:** because now there is nothing for him to exercise his self-importance on.

son plaid: his tartan rug.

69 **J'étais préparé à admettre:** I had been brought up to accept.

des instants de foudre: devastating moments; cf. the two incidents described on p. 68.

un 'faux-beau-rôle' ... je donnais la réplique ...: All the expressions in these lines are about acting. The main idea is that even though he appeared to be the focus of attention Jean-Paul played only a supporting role in the *Comédie familiale*.

sans moi: If I had not existed; their way of life therefore in no way depended on him.

le mont Cervin: the Matterhorn.

à Mâcon ...: in the homes where they had been brought up.

70 **Un père m'eût lesté ...:** In Sartre's story 'L'enfance d'un chef', the main character, Lucien, also looks back: 'Il lui arrivait parfois de regretter ses complexes: ils étaient solides, ils pesaient lourd, leur énorme masse sombre le lestait. A présent, c'était fini, Lucien n'y croyait plus et il se sentait d'une légèreté pénible' (*Le Mur*, p. 216).

Page

71 **j'avais pensé mourir:** I had almost died.

73 **bec Auer:** a type of gaslight.

74 **Seul, M. Simonnot *manquait* . . . l'attente uni-
versielle:** cf. p. 140 (the arrival of Dickens in New
York) and in 'L'Enfance d'un chef' Lucien's dream of
the future: 'Tant de gens l'attendaient . . .: et lui il
était, il serait toujours cette immense attente des autres'
(*Le Mur*, p. 250).

77 *Le Roi des aulnes*: Goethe's ballad *Der Erlkönig*
(1812) was set to music by Schubert.

tout endeuillés d'ennui: utterly, dismally boring; the
games are so boring that they seem to be in mourning
like the rest of the household.

**accession à l'être, . . . comme si je m'étais trans-
formé, pompeusement, en M. Simonnot:** see pp.
72–4. Just as the absent M. Simonnot is 'present' in
everyone's mind, so the dead grandmother has been
transformed into an object, something that simply 'is';
both these states of being are enviable, compared to the
child's mere existence. Many of the phrases Sartre uses
here are a shorthand notation of ideas dealt with at
length in *L'Etre et le néant*.

78 **la Camarde:** Death, represented as a skull.

des bouches d'ombre: an echo of Hugo's visionary
poem, *Ce que dit la bouche d'ombre*.

de trop: The feeling of being superfluous, presented
here in the particular circumstances of a seven-year-old
boy, appears elsewhere in Sartre's work as a universal
fact of existence; for example: 'Et *moi* – veule, alangui,
obscène, digérant, ballottant de mornes pensées – *moi
aussi j'étais de trop*' (*La Nausée*, p. 181).

**un épanouissement fade en instance perpétuelle
d'abolition:** Sartre develops to an extreme of abstraction the idea that his sense of his own existence and

Page

development was rather feeble and under constant threat of annihilation (death).

79 **la haute bourgeoisie voltairienne:** see note to p. 5.

eût fait plus de manières: would have been more reluctant.

le ministère Combes: The Combes government (1902–5) pursued a vigorously anti-clerical policy leading to the separation of church and State in 1905.

80 **Saint-Sulpice:** Church situated near the Luxembourg gardens; several shops nearby sell religious trinkets.

Lohengrin: (1850) opera by Wagner.

se faire crémer: To be baptized, i.e. anointed with holy oil (*le saint chrême*).

nos provinces perdues: refers to Alsace-Lorraine.

Lourdes: A basilica stands on the spot where, at the age of 14, Bernadette Soubirous (1844–79) had a vision of the Virgin Mary, and where every year thousands come on pilgrimage, seeking a cure for physical infirmities.

81 **saint Labre:** an eighteenth-century ascetic.

sainte Marie Alacoque: a seventeenth-century nun.

mon frère noir: my hidden self.

82 **l'Institution de l'abbé Dibildos:** Religious instruction is not permitted in normal school hours in France; parents who wish it can send their children to lessons during the mid-week school holiday (now on a Wednesday).

83 **Pendant plusieurs années encore . . . Une seule fois . . .:** The incident related in the rest of this paragraph is taken from outside the main time-span of *Les Mots*.

84 **j'aurais le sexe des anges:** cf. beginning of Sartre's story 'L'Enfance d'un chef', where Lucien is confused by people's reactions to seeing him dressed up as

Page

an angel: 'Il n'était plus tout à fait sûr de ne pas être une petite fille: beaucoup de personnes l'avaient embrassé en l'appelant mademoiselle, tout le monde trouvait qu'il était si charmant avec ses ailes de gaze, sa longue robe bleue, ses petits bras nus et ses boucles blondes; il avait peur que les gens ne décident tout d'un coup qu'il n'était plus un petit garçon . . .' (*Le Mur*, p. 155).

Courbevoie: lies in the north-west suburbs of Paris.

mon petit ordinaire: my daily bread.

85 **Il y eut des cris:** Sartre gives more details in an interview: 'ma mère et ma grand-mère ont poussé des cris épouvantables et ont déclaré que j'étais très vilain. Et effectivement j'ai encore une photo de moi à peu près au même âge: j'étais très vilain' ('Sartre et les femmes' (1), *Le Nouvel Observateur*, 31 January 1977).

Je ne l'appris qu'à douze ans, brutalement: Sartre says more about this 'discovery', in an interview; he describes how, when he was living in La Rochelle, some classmates played a prank on him, involving a non-existent rendezvous with a shipowner's daughter: 'Mes camarades qui me savaient et me sentaient laid avaient fait de ce rendez-vous une espèce de moquerie autour de ma laideur. Ils m'ont dit: "Ben, évidemment, t'es trop moche!" Ça c'est resté, c'est entré en moi . . . Mais pas longtemps' (*le Nouvel Observateur*, 31 January 1977).

86 **'a poussé un "Oh!" de stupidité':** cried out in amazement.

87 **galalithe:** a hard plastic material.

88 **plus haut que mon âme:** beyond what I really felt.

89 **Eliacin:** see note to p. 60.

Quasimodo: the famous hunchback of Hugo's novel *Notre-Dame de Paris*.

aux lumières: under the (spot)lights.

débouté: rejected.

Page

90 **acculé à l'orgueil, je devins l'Orgueilleux:** To seek
an answer to his need for an identity, the boy uses the
role which has been thrust upon him. The process is
similar to the one described in Sartre's study of Jean
Genet; after the ten-year-old boy has been caught stealing, he 'becomes' a thief: 'On lui découvre qu'il *est* un
voleur et il plaide coupable . . .: il a volé, il est donc
voleur: quoi de plus évident?' (*Saint Genet, comédien et
martyr*).

91 **j'avais été mis au monde par l'élan qui me portait
vers le bien:** He sees his desire to be indispensable to
humanity as being what brought him into existence.

92 **coup de barre:** change of direction.

l'Oiseau Bleu, . . . (le) Chat Botté: seventeenth-
century children's stories.

93 **je fis de vrais actes en rêve:** The apparent paradox
underlines the child's need for a sense of his own reality.

Cri-Cri . . . Paul d'Ivoi: See notes to pp. 57–8.

janissaires: Turkish mercenaries (fourteenth to
nineteenth centuries).

margrave: In German, *Markgraf*, or baron of a
frontier province.

94 **la bouffonnerie quotidienne:** a further image of the
Comédie familiale.

je boulais: I rushed through, gabbled (theatre slang).

95 **le moment sublime qui changerait une bête de
hasard en passant providentiel:** The pattern of
these imaginary adventures is reflected in Sartre's first
stage play, *Les Mouches* (1943), where Oreste returns
to his native city, is reunited with his sister Electre
(Anne-Marie?), liberates his people from the tyrant,
then leaves: his personal adventure cannot end there:
'La suite au prochain numéro'.

grimaud: second-rate author.

Page

cléricature: priesthood; in this case, in the service of literature.

Battue, la France . . .: in the Franco-Prussian War of 1870.

Cyrano de Bergerac (1897), **L'Aiglon** (1900): heroic, patriotic plays by Edmond Rostand (1868–1918).

pour effacer Fachoda: a reference to an episode (1898–9) in the colonial rivalry between France and Britain for control of the upper Nile; the French withdrawal in the face of a British ultimatum was felt as a humiliation.

épigones: successors, imitators.

96 **Arsène Lupin:** gentleman housebreaker, hero of several novels by Maurice Leblanc (1844–1941).

97 **la noblesse qu'avaient assassinée leurs grand-pères:** an allusion to the French Revolution.

Jules Favre, Jules Ferry, Jules Grévy: Three French politicians, active in the second half of the nineteenth century, who represented in one way or another the political and social ideals of the Third Republic in its early years.

des façons populacières: vulgar, plebeian ways.

le Châtelet: a large theatre in the centre of Paris.

le Musée Grévin: the Paris waxworks, opened in 1882.

négligence: casualness.

98 **des poires violettes . . . je mangeais les lampes de secours:** The purple wall-lights look like sweets which Jean-Paul imagines himself eating; later he does eat some sweets and it is now as if he is eating the lights: *je suçais les lampes de secours* (p. 99).

99 **de grands chapeaux . . . rassuraient:** as a sign that there were middle-class ladies in the audience.

Page

le Stalag XII D: the camp where Sartre spent several months as a prisoner-of-war.

les salles du Boulevard . . .: the larger cinemas on the *grands boulevards* amongst the theatres.

Zigomar . . .: serialized thrillers, generally based on adventure novels.

100 **il en avait douze:** In fact, the Lumière brothers' first film show was given in 1895.

101 **des couleurs éminentes:** superior colours.

102 **Ils étaient attendus, eux:** cf. p. 73 (M. Simonnot) and p. 140 (Dickens).

la Damnation de Faust: opera (1846) by Berlioz.

103 **Gyp:** light novelist (1850–1932).

104 **mes récits nocturnes:** cf. pp. 94–5.

105 **se désoler à blanc:** Jean-Paul can act out, painlessly, feelings which in real life would be too painful to dwell on.

106 **mes juges ordinaires:** his mother and his grand-parents.

rechigné: sour, bad-tempered.

Grisélidis: A legendary figure, embodying all the passive virtues. She appears in the last tale of Boccaccio's *Decameron* (1353), and in a tale by Perrault (1628–1703). A misogynist prince marries Grisélidis, a peasant girl; her patience is put to the test when her husband sends her daughter away and persecutes Grisélidis; he announces that she is to become the servant of his new wife who however turns out to be their daughter. Finally the daughter marries the young man she loves, and Grisélidis' virtue and patience are publicly recognized by the prince. The tale has certain similarities with Anne-Marie's situation; Sartre, in his turn, identifies with Grisélidis (*je restai Grisélidis*, p. 109). A Freudian analysis of the role of the Grisélidis story as

Page

representing Jean-Paul's identification with his mother is given by A. J. Arnold and J.-P. Piriou in *Genèse et critique d'une autobiographie*, Les Mots *de Jean-Paul Sartre*, Paris: Minard 1973, pp. 45–56.

le défenseur . . .: Jean-Paul imagines himself punishing the little girl next door.

sans mémoire: immemorial.

107 *Michel Strogoff*: one of Jules Verne's best known novels (1876).

son petit cercueil: i.e. the book.

108 **Marcel Dunot:** the hero of a children's weekly.

à moins de s'abaisser . . .: unless one submitted to a higher authority (which alone could provide one's 'justification').

109 **magots:** ugly men, 'monkeys'.

sans-culotte: a republican (a reference to the French revolutionaries who wore trousers instead of breeches and hose).

Badinguet: pejorative nickname for Napoléon III.

Michel Zévaco: Popular author (1860–1918) of adventure novels, many of them serialized in the daily press. Pardaillan is the hero of several of these stories.

115 **la Saint-Charlemagne:** Schools' day, celebrated on 28 January.

116 **Minou Drouet:** a supposed 'child prodigy' as a poet, born in 1947.

Cocteau: writer, actor, artist, musician (1889–1963).

l'auteur en prenait à son aise: La Fontaine's fables are written in rhyming verse but with great variety in the length of line.

117 **'Poulou':** a diminutive of 'Jean-Paul' with overtones of *poulet* or *chou*.

je tenais les mots pour la quintessence des choses: see note to p. 38.

Page

luisance: brilliance.

nomination: the act of giving a name to something, of describing it in words.

118 **Boussenard:** writer of exotic novels (1847–1910).

119 **Fuégiens:** the inhabitants of the Tierra del Fuego in southernmost South America, largely wiped out in the nineteenth and twentieth centuries.

121 **'distanciation':** distancing, separation.

122 **Gœtz von Berlichingen:** Hero of Sartre's play *Le Diable et le bon Dieu* (1951); the understatement (*Un peu plus tard*) emphasizes the link between the child's and the adult's inventions.

démiurge: creator.

123 **A cette époque:** the period up to the outbreak of the First World War.

ectoplasmes: the substance emitted by the medium when in a trance, forming the shape of beings or objects.

'le mage': the medium, the leader of the spiritualist seance.

124 **positivisme:** the philosophy founded by Auguste Comte (1798–1857) based on observation and experience, rather than speculation as to the nature of things.

127 **contes noirs ... aventures blanches:** a play on metaphorical meanings: *noir*, macabre; *blanc*, empty, make-believe.

128 *on* **savait à quoi s'en tenir:** *he* knew where he stood (what he thought).

ces interminables silences: cf. the description by Sartre's mother of family evenings at home before her first marriage: 'C'est drôle, je pensais que nous étions une famille très unie. . . . Je nous revois le soir, rassemblés sous la lampe, mes parents, mes frères et moi. Mais je

Page

me rends compte qu'en fait, on ne se parlait pas. Chacun était tout seul' (S. de Beauvoir, *Tout compte fait*, p. 107).

Verlaine: (1844–96) poet who lived a chequered life and gained notoriety through his association with Rimbaud.

129 **rue Saint-Jacques:** situated in the Latin Quarter.

la voie royale: the most brilliant route to the top, in any career; hence, three lines later, *ce prince*.

L'Ecole Normale Supérieure ... le concours d'agrégation: This was in fact the path that Sartre followed except that he studied and taught philosophy not French literature.

un professeur de lettres: in either the upper classes of a secondary school or at a university. Similarly, twelve lines later, *universitaires*: academics.

130 **Horace:** Latin poet (65 BC–8 BC).

billets: articles.

Aurillac: chief town in a rural *département* of the Auvergne. The repeated references (on pp. 147–57, 171, 205, and 206) to *Aurillac* make it an ironic symbol of the humdrum provincial sphere within which Karl seeks to contain his grandson's ambitions; the irony is directed both at Karl and at Sartre himself for having so long cherished a set of life-denying illusions.

en m'appelant 'cadeau du Ciel': see also pp. 15–17.

elle mentait: i.e. the voice of Karl.

lui ai-je fait dire: did I interpret it as saying.

l'absent: Sartre's father.

131 **Moïse dictant la loi nouvelle:** On p. 91 *Moïse* referred to Sartre's father; now, Karl has taken over the father's role. Sartre spoke later in less dramatic terms of this 'commandment': 'j'ai cru être chargé de mission par mon grand-père, c'est-à-dire comme s'il m'avait

Page

commandé d'écrire, ce qui n'était pas vrai d'ailleurs, le pauvre homme (*Sartre, un film*, p. 14).

les immortels sanglots du XXᵉ siècle: a further example of Sartre imitating and satirizing Karl's Romantic, nineteenth-century view of 'the writer'. This view is amplified in the following paragraph; see pp. 135–6 for the reality, in Sartre's case!

133 **contrôleurs . . . billet:** see pp. 90–1.

titularisé: (1) in possession of a valid ticket; (2) having (security of) tenure, e.g. as of a civil servant.

Stendhal: (1783–1842) His novels are characterized by their freedom of thought and manner.

Renan: (1823–92) philosopher and historian, famous for his *Vie de Jésus* (1863).

134 **un noble . . . Voltaire:** Replying to an offensive remark by the chevalier de Rohan-Chabot, Voltaire is said to have declared: 'Mon nom, je le commence; vous finissez le vôtre'; a few days later, Voltaire received the beating referred to here.

débrochés: broken-backed.

dépareillés: having one or more missing in a set or series.

des cadets . . . voués de naissance à la cléricature: before the Revolution, the youngest son in a family generally entered the priesthood.

135 **au-dessous de Goethe:** a reference to the place of works by these authors on Karl's bookshelves (see pp. 50–1).

ma geste: The *chansons de geste* were medieval epic poems re-telling the heroic deeds of historical or legendary figures.

un très vieux mort: i.e. Karl.

Swann: The second part of Proust's *A la recherche du temps perdu*, 'Un amour de Swann', is the self-

Page

contained story of Swann's love for a woman of whom he says, at the end of the affair, a longer version of the words quoted here.

136 **une hygiène rudimentaire:** a crude way of preserving one's sanity.

nos aristocrates: a reference to those who accept only literature born of inspiration.

une contention d'esprit: state of mental tension.

à part quelques vieillards . . .: Sartre is saying that only a very small number of writers are capable of giving an entirely different image of themselves in their works from what they are in reality. These are the *forts en version*, an image coined as the opposite to the *fort en thème* of p. 136.

on écrit en langue étrangère: Writing is considered to be 'translating' thoughts into words: 'on écrit maintenant comme on fait un thème, dans une langue quasiment étrangère (Sartre, interviewed in *Radioscopie*, vol. 1 (Paris: J'ai lu), pp. 209–10).

137 **je déteste mon enfance . . .:** A more serene echo of this outburst can be found in Sartre's presentation of the Russian translation of *Les Mots*: 'je déteste le mythe éculé de l'enfance mis au point par les adultes. Je voudrais qu'on lise ce livre pour ce qu'il est en réalité: la tentative de destruction d'un mythe' (*Les Ecrits de Sartre*, p. 388).

dans l'arrogance . . . dans l'humilité: The process whereby Jean-Paul decides for himself that he has a 'mandate' to be a writer is in many respects similar to the account Sartre gives, in *Saint Genet, comédien et martyr*, of how Jean Genet, labelled a thief as a child, nevertheless manages, under very unfavourable circumstances, to make something of what others have made of him, so that something imposed on him from

Page

outside becomes the starting-point for his own character and conception of his life.

Chateaubriand: see notes to pp. 50 and 58.

combler une attente: see note to p. 74.

138 **la tête épique:** an epic cast of mind.

139 **Vévé:** see p. 116.

140 **gratulations:** marks of appreciation.

dépeuplée: a reference to Musset's famous line: 'Un seul être vous manque et tout est dépeuplé'.

Turcos: the name given to Algerian infantrymen in the Crimean War (1854).

141 **avant même qu'ils soient nés . . . l'on m'attendait:** cf. 'L'Enfance d'un chef': Bien avant sa naissance, sa place était marquée au soleil. . . . Déjà – bien avant, même, le mariage de son père – on l'*attendait*: s'il était venu au monde, c'était pour occuper cette place' (*Le Mur*, p. 251).

face de carême: joyless face.

Mal né: Having had a bad start in life.

j'ai dit mes efforts pour renaître: see pp. 22–4, 91–2, 127–8.

le grand prêtre: i.e. Karl.

142 **j'échappais à la Nature . . . ma liberté, dressée devant moi par mes soins:** The child has taken his first step towards the awareness of his autonomous moral existence, his responsibility for his own desires and ambitions. The existentialist terminology here is similar to that which Sartre used in his study of Jean Genet.

143 **l'on me rendit témoin . . . un beau jour, à Madrid:** This refers to an episode in the latest Zévaco story: the imaginary Pardaillan meets the real-life Cervantes.

posada: the Spanish name for a tavern.

Page

144 **chevalier de la Triste Figure:** another name for *Don Quichotte*.

j'avais honte de n'être que Cervantès: The intellectual's sense of inferiority to the man of action is a recurring theme in Sartre's works: cf. Hugo and Hoederer in *Les Mains sales*.

145 *Les Misérables*: The central figure in Hugo's epic novel (1862) is Jean Valjean, a reformed convict.

La Légende des Siècles: One of the legends recounted in Hugo's cycle of epic poems is that of Eviradnus.

Silvio Pellico: (1789–1854) His account of his long imprisonment in *Mes prisons* (1832) was a children's classic.

André Chénier: (1762–94) a poet who died on the guillotine.

Etienne Dolet: (1509–46) a printer who was hanged and burned in Paris for having denied the immortality of the soul.

Byron: (1788–1824) died fighting for the independence of Greece.

des hydres: The hydra of Greek mythology was a snake with seven heads, each of which if cut off grew again.

ferraillé: campaigned for liberty, justice; similarly, two lines later, *foudroyé* is used metaphorically.

Guernesey: Hugo spent the period of the Second Empire (1852–70) in exile in the Channel Islands.

146 **dreyfusard:** Alfred Dreyfus (1859–1933), a captain in the French army, was accused in 1894 of communicating secret documents to the German military attaché in Paris. He was convicted on flimsy and contradictory evidence and sentenced to life imprisonment. Amid mounting doubt as to Dreyfus' guilt and the suspicion that the case had arisen solely because of his jewish

Page

origins, another officer, Esterhazy, was accused of the crime, and acquitted in 1897. After Zola's open letter 'J'accuse', published in *L'Aurore*, 'l'affaire Dreyfus' split France into republican, largely anti-clerical 'dreyfusards', who campaigned for his release, and mainly catholic 'anti-dreyfusards', who maintained that the honour of the army was at stake. Although the only documentary evidence against Dreyfus was found in 1898 to be a forgery, his conviction was upheld in 1899; he was pardoned by the president of the Republic and rehabilitated in 1906.

je casse les reins: I lash out (at).

fuir en Angleterre: as Zola did in 1899 after his conviction following the publication of 'J'accuse' (see above).

le Panthéon m'attend: another reference to Zola, whose remains were transferred in 1908, six years after his death, to the Panthéon.

M. Lépine: the Chief of the Paris police for most of the period 1893–1912.

'une affaire d'homme': Frenchwomen were not given the vote until 1944.

Pams: the radical-socialist candidate who stood unsuccessfully against Poincaré in the presidential election of 1913.

147 **les radicaux se survivaient déjà:** Formed in 1901 from a coalition of left of centre elements, the Radical party soon came to occupy a central position in French politics; much of its support came from teachers and other civil servants. Depending on circumstances, it could be seen as a 'parti d'ordre' or as the 'parti du mouvement' (p. 147).

Fallières: President, 1906–13.

l'humanisme: see note to p. 54.

Page

l'écrivain-chevalier: cf. p. 139, *les grands auteurs s'apparentent aux chevaliers errants.*

écrivain-martyr: cf. in 'L'Enfance d'un chef', 'Lucien pensa que "martyr" en grec veut dire "témoin". Il était trop sensible pour faire un chef mais non pour faire un martyr' (*Le Mur*, p. 183).

J'ai dit . . . le Divin . . . la Culture: see p. 46. The following six lines are a sarcastic review of several previous references to Karl's life and ideas.

148 **cléricature:** see note to p. 95.

vieilles biles: stale and sour ideas. The authors Sartre mentions here were all men for whom, in one way or another, compassion for humanity took second place to purely artistic considerations.

149 **cathare:** The heretical Cathar church flourished in southern France and in Italy in the twelfth and thirteenth centuries; its adherents believed that the material world was the province and creation of the Devil; only the world of the spirit was God's creation.

Parsifal: the eponymous hero of Wagner's opera (1882). It is based on the medieval story of Perceval who, brought up alone by his mother, in ignorance of chivalry (after the death of his father and brothers) nevertheless becomes a knight and is successful in the quest for the Holy Grail.

Chantecler: the name of the cockerel which, in Rostand's play of the same name (1910), symbolizes the awakening of French national pride. The following lines describe the story and its effect on Jean-Paul. See also note to p. 95 ('Cyrano').

150 **je protégeais les orphelines:** see pp. 93–5.

la Nationale: The *Bibliothèque nationale* in Paris, which receives, by law, a copy of each book published in France.

Page

son perchoir: see pp. 46–7.

151 **L'écriture, mon travail noir, ne renvoyait à rien:** His writing was an unofficial, almost secret activity, without the reference-point that a reader or an audience would have provided.

du coup: as a result.

je tentais . . . je redevenais: The meaning is conditional; the imperfect tense is used to contrast with *je fus* in the next sentence.

Je l'ai dit plus haut: see, for example, pp. 38–9.

152 **de vains ramas de blancheurs:** useless heaps of stone.

cette substance incorruptible: *le texte*: Similarly Roquentin, listening to the scratched record of 'Some of these days', reflects: 'derrière ces sons qui, de jour en jour, se décomposent, s'écaillent et glissent vers la mort, la mélodie reste la même, jeune et ferme, comme un témoin sans pitié' (*La Nausée*, p. 244).

154 **Le Saint-Esprit:** cf. the previous *patron des lettres et des arts*, sarcastically described on pp. 147–8.

Musset: see note to p. 56. The essentially Romantic idea that the poet, shunned or misunderstood by society, draws inspiration from his suffering, is epitomized in the quotation from Musset given here.

155 **'les grandes œuvres . . . des plumes faciles':** The idea contained in this imaginary dialogue has already been expressed directly on p. 136.

Ces supplices, restait à les trouver: In the same way, 'real' suffering seems hard to come by for some of Sartre's fictional characters, e.g. Garcin in *Huis clos* who complains of 'cette souffrance de tête . . . qui ne fait jamais assez mal', and Hugo's constant feeling of unreality in *Les Mains sales*.

157 **un galopin:** a small glass.

Page

158 **les inventions de ma sixième année:** cf., for example, pp. 18–24.

mes paladins méconnus: cf., for example, pp. 104–109.

je maintenais, martyr inexorable, un malentendu: This trait of Sartre's character has already been seen on p. 136; the same relentless pursuit of self-inflicted tasks is shown in Sartre's approach to the writing of *Critique de la raison dialectique* and *L'Idiot de la famille.*

159 **coupé:** closed carriage, brougham.

mille verstes: 1067 km.

160 *Du vent dans les arbres:* see p. 124.

une fuite en avant: a refusal to face reality; rushing headlong into action as an escape from present problems without heed for the consequences. This is illustrated exactly in the folk-figure of Gribouille, who would, for example, jump into the river in order to get out of the rain.

j'avais redouté de finir ... Ma vocation changea tout: Sartre gives another description of this change in an interview in 1959: 'vers le même âge, la mort m'a fait très peur. Pourquoi? Peut-être, justement, parce que je n'avais pas le mythe bienfaisant (pour les enfants) de la survie. J'écrivais déjà, comme font les gosses. J'ai versé dans mon goût d'écrire mon désir de survie. De survie littéraire, bien entendu' (*Situations IX*, p. 32).

161 **A la considérer du haut de ma tombe, ma naissance ...:** This is what Sartre calls on p. 210 his *illusion rétrospective*: interpreting his life by working backwards from death to birth.

champignon: mildew.

162 **je n'existe plus ... je *suis*:** This fundamental distinction between mere existence and the full state of being is

Page

a constant theme in Sartre's works of fiction (see *La Nausée*) or of philosophy (*L'Etre et le néant*).

je ne pensai plus qu'à celle-ci, jamais à celle-là: from them on I thought only of (glory), never of (death).

163 **Nizan:** Paul Nizan (1905–40) was in Sartre's class at school (see p. 190) and became his close friend at the Ecole normale supérieure, after which their paths diverged. A longer evocation of Nizan's life and ideas is found in Sartre's preface to Nizan's *Aden-Arabie* (Paris: Maspéro, 1960).

Borsalino: a style of man's hat, in fashion in the 1920s.

ces condamnés: condemned men, because they saw their own death as imminent or always possible.

au quart de mot: The usual expressions are 'au quart de tour' or 'à demi-mot'.

par entraînement: despite myself.

164 **Mort d'honneur:** an honorary member of the ranks of the dead; cf. ten lines later, *je m'étais tué d'avance.*

166 **Dans les salons d'Arras:** Robespierre began his career as a lawyer in Arras.

167 **les clercs de l'époque:** refers to those cultured people, such as Karl or the author of *L'Enfance des hommes illustres*: see p. 167.

168 **Un an plus tard:** Sartre expresses several times in *Les Mots* how ideas sown in the child come to fruition at a later stage. Here, he searches out a book; on p. 139 (*j'en avais eu deux ans plus tôt le pressentiment*) it was an idea; on p. 147 some things Karl has said (*Deux ans plus tôt . . .*); on p. 179 comics (*Quelques mois plus tôt . . .*).

Fantômas: a fictional criminal whose first appearance dates from 1911.

Page

André Gide: His works have frequently been attacked for their pernicious influence on the young.

Jean-Sébastien ... Jean-Baptiste: Bach, Rousseau and Molière, respectively.

169 **Sanzio ... Raffaello:** the surname and first name of the painter Raphael (1483–1520).

Miguel: the first name of the writer Cervantes (1547–1616). The incident described here is an obvious reference to the 'hero' of his parodic novel *Don Quichotte:* See also p. 144.

170 **un blondinet du XXXᵉ siècle:** The idea of being judged by the thirtieth century occurs in a sterner context in *Les Séquestrés d'Altona* where, at the beginning of the second act and at the end of the last, Frantz, the central character, imagines a 'tribunal des crabes', judging the misdeeds of the twentieth century; at the end, however, 'Le trentième ne répond plus. Peut-être n'y aura-t-il pas de siècles après le nôtre.'

m'épingler à mon millénaire: replace me in my twentieth-century context.

171 **plus aveugle encore que Beethoven ne fût sourd:** Of all the references in *Les Mots* to sight or blindness, this is perhaps the most premonitory of the blindness which overtook him by the time he was 70.

172 **batelages:** circus tricks.

une vieille femme: Mme Picard. See p. 127.

je croyais en elles qui prétendaient croire en moi: In his works Sartre frequently draws attention to the way we attempt to model ourselves on what other people seem to be expecting of us: we mistakenly believe that *their* attitudes and ideas have a certainty and a consistency which we ourselves lack.

Thémistocle: the hero of the Greek victory over the Persians in 480 BC.

Page

Philippe Auguste: a popular French king, famous for his victory over the English at Bouvines (1214).

j'eusse aimé le rencontrer face à face: Another constant theme in Sartre's works is our impossible wish to be ourselves and, at the same time, to see ourselves as others see us.

173 **Père-Lachaise:** a large cemetery in the east end of Paris, containing the tombs of many famous Frenchmen and women, from Molière and La Fontaine to Colette and Edith Piaf. The *Panthéon*, on the other hand, is reserved for those who were, or were made, Establishment figures.

Saint-Anne: a psychiatric hospital in Paris.

174 **rosarosarosam . . .:** an example of a latin noun of the first declension, commonly used as a symbol of schooldays and rote-learning.

le 2 août: Germany declared war on France on 3 August 1914; Great Britain on Germany, the following day. Almost overnight, social and political differences were forgotten, and even personal quarrels as well. Only Louise remains aloof from the general mood!

175 **Arnould Galopin . . .:** writers of the adventure stories which Jean-Paul had so eagerly devoured (pp. 57–9) and imitated (pp. 116–17).

177 **l'Argonne:** a hilly region to the east of Paris, scene of numerous battles in the First World War.

la Pucelle: the Maid of Orleans, Joan of Arc.

le Kaiser: Wilhelm II, Emperor of Germany (1888–1918).

un gros bras: a strong man, a heavyweight.

178 **usurpa . . . le royal délaissement de mes héros:** The Kaiser, by becoming the underdog in Jean-Paul's story, has taken on the hero's role.

179 **de la gare d'Orsay à la gare d'Austerlitz:** the west-

Page

ern and eastern limits, approximately, of the riverside bookstalls.

180 **les années quatorze:** the war years; but see Chronology, 1917–20.

182 **j'ignorais tout de la chair:** I was totally ignorant of the facts of life.

l'évidence du désir est telle: desire manifests itself so plainly.

183 **au petit lycée:** in the junior section. *Henri IV* was, and is, one of the most prestigious schools in Paris.

Mlle Marie-Louise: see pp. 65–6.

A cinquante ans: see p. 161 (*aux environs de 1955*).

185 **fils à maman:** mummy's pets, by analogy with 'fils à papa'.

Homme parmi les hommes: This is a phrase which, in one form or another, occurs several times in Sartre's writings to denote a happy state of warmth and belonging, as opposed to the unhappiness of exclusion and isolation.

c'était un moment de bonheur grave . . . je me sentais d'acier: Jean-Paul has at last achieved in the real world a state which, previously, he had only imagined: *Bonheur d'acier! J'étais à ma place* (p. 93).

délivré du péché d'exister: cf. p. 160 (*écrire pour me faire pardonner mon existence*) and see note to p. 162.

186 **des collectivités:** i.e. their respective families (parents, grandparents, etc.).

'Poulou fait des embarras': 'Jean-Paul is always being awkward'.

187 **externes libres:** day-pupils who were free to go home as soon as lessons were over without having to do private study at school.

rhétorique: former name of the *classe de première*.

188 **cette couturière . . . cette malheureuse . . . ces bons**

Page

> **pauvres:** These phrases ironically convey the patronizing attitude of the bourgeois mothers.

189 **cinquième A I:** the classical stream, studying Latin and Greek.

190 **Nizan:** see note to p. 163. Each of the three classmates recalled in these pages had some infirmity and died prematurely: Bercot, *frêle, tuberculeux, mort à dix-huit ans*; Bénard, *frileux, ne vivait qu'à demi*, died aged eleven; Nizan *louchait* and was killed in 1940. The association of death and glory in pp. 187–91 can be contrasted with Sartre's presentation of his own case in pp. 158–64.

191 **bascula dans ma nuit:** passed into my unconscious mind.

   elle me fit: it shaped my character.

   ma folie fut de l'être ... en aveugle je *réalisai* tout: These are illustrations of what is meant by *mon mandat est devenu mon caractère*: Jean-Paul is no longer acting a part, he has become it.

192 **sauter vingt années, en feuilleter vingt autres... les jours lointains de mon triomphe:** a reference to the various ambitions, dreams and illusions described on pp. 152–71.

193 **tests projectifs:** tests designed to discover aspects of an individual's personality.

   le pouvoir d'arrachement: the impetus which forces something out of a stationary position.

   la place d'Italie: a major crossroads in the south of Paris.

   Giacometti: Swiss sculptor (1901–66).

   'Enfin quelque chose m'arrive!': In *Tout compte fait*, p. 102, Simone de Beauvoir recalls that Giacometti was angry with Sartre for having completely misrepresented the incident; he claimed that he had been glad because

Page

the accident forced him to stay in Paris, close to the woman he loved.

194 **l'exigence des peuples:** see pp. 141–2.

une monition: a warning.

l'ordre des fins: the idea that everything serves an ultimate purpose.

195 **pour ne me tenir que de moi:** so as to owe everything I am to no one but myself.

196 **la première République:** 1792–1804; **la deuxième:** 1848–51; **la troisième:** 1870–1940.

la bonne: the right one, the one that would last.

le programme des radicaux: see note to p. 147.

la multiplication des lumières: the spread of enlightenment, for example, by free State education.

la petite propriété: small-scale ownership, for example, of land, shops or small businesses.

la robe prétexte: In ancient Rome, the *praetexta* was the purple border of a magistrate's robe; it was also worn by adolescents. Hence to wear *la robe prétexte* is to take on, before maturity, the attributes of one's future career.

in aeternum: in eternity.

197 **qu'on reçût l'être du dehors:** that one's being should be shaped by external forces.

198 **j'ai fui en avant:** see note to p. 160.

pas de promiscuité: No mixing (of past emotions with the present.

199 **demain, on rasera gratis:** tomorrow never comes.

Je porte à son débit . . .: I blame him for . . . .

exposé: (he unfolds) a long tale.

202 **personne n'ira chercher . . . la petite bête:** no one will find fault with it: a neat pun, as *bête* refers to the insects missing from the new pattern.

Fallières: see note to p. 147.

Page

203 **un faux personnage secondaire:** cf. p. 69, *un 'faux-beau-rôle'* and note; now it is Jean-Paul who is directing the *Comédie*!

en profil perdu: facing partly away from the audience.

dans le ventre: in him, still to come.

en arrière: into the background.

le corpuscule . . . le train d'ondes . . .: Jean-Paul can be seen as being, at one and the same time, a body travelling through space (i.e. through his life), sending out radiowaves (his thoughts?) and also the reflection of these waves, bounced back from some fixed star or point (his death and future fame). Mixed into this extended metaphor, there is also the image of a railway train striking the buffers in the terminus.

Orphée perdit Eurydice: In the Homeric legend, Orpheus is allowed to lead his dead wife Eurydice out of hell and back to life, provided he does not look back at her; but he does so, thus losing her a second time. Hence Sartre's reference, two lines later, to *me retourner sur ma folie.*

204 **la finalité secrète:** refers back to his invention of *une longue histoire qui finissait bien* (p. 203).

la prédiction de Mme Picard: see pp. 127–8 (*ce petit écrira!*).

A vouloir sauver tous mes instants: because it sought to give meaning to every moment of my life.

205 **que je prête à Musset, à Hugo:** Jean-Paul must have imagined, from some of their more mystic poetry, that they had some intuitive knowledge of the future.

ma nécessité . . . mon existence: Here, as throughout *Les Mots*, these two ideas exist side by side, separate, poles apart even, while Jean-Paul vainly attempts to bring them together. Out of this struggle and Sartre's

Page

awareness of the impossibility of resolving it, was born *L'Etre et le néant*.

Saint-Esprit: see pp. 45–6 and 147–8.

je lui fais le coup de la confiance: I pretend to trust in it.

le petit prétendant calamiteux: the disaster-stricken little candidate (for immortality).

206 **Aurillac ignorera toujours . . .:** see note to p. 130. The ironic symbol makes its last bow on a threefold ironic note: *Aurillac* is an illusion, *ignorera toujours* therefore describes a void within a void and *cette éternité trouble* refers to a mere incident.

il est justement de sortie: he happens to be off duty.

je suis joué!: I've been foiled!

207 **enfantine:** refers to *la religion* on preceding line.

208 **en elle:** refers to *l'espèce humaine* in the previous line.

209 **Un matin, en 1917:** see note to p. 83.

je fus d'Eglise: I was one of the clergy (in this 'church' dedicated to writing).

210 **La Nausée . . . Roquentin:** see Chronology (1931–8).

annaliste: scribe, historian.

j'exposai gaîment que l'homme est impossible: a reference to *L'Etre et le néant*, and in particular to the end of the last chapter: 'Toute réalité humaine est une passion. . . . Mais l'idée de Dieu est contradictoire et nous nous perdons en vain; l'homme est une passion inutile' (p. 678).

j'écrivais joyeusement sur notre malheureuse condition: Now Sartre is referring to everything he wrote before, say, 1945. 'Tout cela, je l'ai ignoré jusqu'à quarante ans: simplement parce que je ne m'interrogeais jamais sur mes motifs d'écrire. Je contestais tout: sauf ma profession' (*Situations IX*, p. 33).

Je raconterai plus tard: This intention was never

Page

fully carried out; see Introduction, pp. xxv–xxvii. Not for the first time, Sartre is unable to finish one work without thinking of its possible continuation; cf. the conclusion to *L'Etre et le néant*: 'Toutes ces questions . . . ne peuvent trouver leur réponse que sur le terrain moral. Nous y consacrerons un prochain ouvrage' (p. 692).

la violence . . . ma laideur: Some account is given of these experiences in *Sartre, un film*, pp. 18–22. See also note to p. 85. Neither account bears out Sartre's description in *Les Mots* of ugliness as *mon principe négatif* (one line later).

penser systématiquement contre moi-même: see Chronology (April 1964). In an interview with Francis Jeanson in 1965 Sartre gives this definition of the process: 'essayer de réduire systématiquement tout ce qui peut provenir en vous d'une *enfance* et d'une *classe* en utilisant une méthode de connaissance élaborée par d'autres' (*Sartre dans sa vie*, p. 285); in the course of this, he had to give up 'des illusions que je n'avais pas du tout envie d'abandonner: surtout la plus importante d'entre elles, qui était précisément l'Absolu de la littérature' (ibid., p. 286).

l'illusion rétrospective: see, for example, pp. 160–2 or 170–1.

l'athéisme: A similar view is expressed in an article, 'Gide vivant' (1951): 'Décidé abstraitement à vingt ans, son athéisme eût été faux; lentement conquis, couronnement d'une quête d'un demi-siècle, cet athéisme devient sa vérité concrète et la nôtre' (*Situations IV*).

211 **depuis à peu près dix ans:** 1952–63, approximately.

et qui ne sait plus que faire de sa vie: cf. an interview given in 1964: 'Pendant 40 ans j'ai été mobilisé par l'absolu, la névrose. L'absolu est parti. Restent des

Page

tâches, innombrables, parmi lesquelles la littérature n'est aucunement privilégiée. C'est ainsi qu'il faut comprendre le "Je ne sais plus que faire de ma vie". On s'est trompé sur le sens de cette phrase où l'on a perçu un cri de désespoir' (*Le Monde*, 18 April 1964).

le voyageur sans billet: cf. pp. 90–1.

J'ai désinvesti mais je n'ai pas défroqué: Sartre has lost his original vocation but still goes on writing; cf. the following, from an interview given in 1960: 'l'écrivain continue à écrire, une fois ces illusions perdues, parce qu'il a, comme disent les psychanalystes, tout investi dans la littérature' (*Situations IX*, p. 38).

*Nulla dies sine linea***:** No day without (writing) a line; cf. p. 136.

La culture ne sauve rien ni personne: cf. in 'Ecrire pour son époque' (1946): 'Le plus beau livre ne sauvera pas les douleurs d'un enfant: on ne sauve pas le mal, on le combat. Le plus beau livre du monde se sauve lui-même; il sauve aussi l'artiste. Mais non pas l'homme' (*Les Ecrits de Sartre*, p. 671): this statement is half-way between the assumptions on which *La Nausée* is based and the ideas expressed in *Les Mots* (and in the *Le Monde* interview of 1964).

c'est aussi mon caractère: cf. 'notre propre enfance . . . finit par s'inscrire en nous sous forme de *caractère*' (*Questions de méthode*, p. 141).

rencoignés: The usual spelling would be *rencognés*.

tous les traits de l'enfant sont restés: cf. 'nos préjugés, nos idées, nos croyances sont pour la plupart d'entre nous indépassables *parce qu'ils ont été éprouvés d'abord dans l'enfance*' (*Questions de méthode*, p. 93).

212 **Grisélidis . . . Pardaillan . . . Strogoff:** see notes to pp. 106, 109 and 107 respectively.

Page

Allez vous y reconnaître: Make sense of that (if you can).

si je ne joue pas à qui perd gagne: whether I'm not playing loser takes all – a familiar concept in Sartre's works. Cf. the discussion between Frantz and his father in the last act of *Les Séquestrés d'Altona*: ' – Cette guerre, il fallait donc la perdre? – Il fallait la jouer à qui perd gagne: comme toujours'.

Philoctète: a Greek leader in the siege of Troy; he inherited from Hercules his poisoned arrows.

'Glissez, mortels . . .': see note to p. 5. Sartre seems to be suggesting that too much introspection is not good for you!

me sauver . . . par le travail et la foi: The Christian imagery used here recalls and sums up the extent to which writing had been a religion for Sartre.

213 **au magasin des accessoires:** The theatrical image is a final recall of the *Comédie familiale* in which salvation through writing was the last prop to be discarded.